2025

Abitur

Original-Prüfungsaufgaben
mit Lösungen

Hessen

Mathematik GK

STARK

© 2024 STARK Verlag GmbH, St.-Martin-Straße 82, 81541 München
20. ergänzte Auflage
www.stark-verlag.de

Inhalt

Landesabitur 2023

Landesabitur 2024

Sobald die Original-Prüfungsaufgaben 2024 freigegeben sind, können sie als PDF auf der Plattform MySTARK heruntergeladen werden (Zugangscode auf der Umschlaginnenseite).

Bei **MySTARK** finden Sie:
- **Interaktives Training** zum hilfsmittelfreien Prüfungsteil
- **Jahrgang 2024**, sobald dieser zum Download bereit steht
- **Übungsaufgaben** im Stil des Landesabiturs

Den Zugangscode zu MySTARK finden Sie auf der Umschlaginnenseite.

Sitzen alle mathematischen Begriffe? Im Interaktiven Training und unter www.stark-verlag.de/mathematik-glossar/ finden Sie ein kostenloses **Glossar** zum schnellen Nachschlagen aller wichtigen Definitionen mitsamt hilfreicher Abbildungen und Erläuterungen.

Kostenlose **Webinare** zur Prüfungsvorbereitung finden Sie ab Mitte März 2025 unter: www.stark-verlag.de/schule/unser-angebot/kurse/online-kurse

Autoren:

Viola Dengler:
- Lösungen zum Landesabitur 2019: Teil A, Aufgabe 2;
- Lösungen zum Landesabitur 2021: Aufgaben C2.1 (WTR/CAS), C2.2 (WTR/CAS);
- Lösungen zum Landesabitur 2022: Aufgaben B1 (WTR), C2.2 (WTR/CAS);
- Online: Übungsaufgaben Analysis 6; Stochastik 1, 2, 4, 6 – 9

Ingo Luft:
- Aufgabenserie für den hilfsmittelfreien Prüfungsteil: Aufgabe W4;
- Lösungen zum Landesabitur 2023: Aufgaben B1 (WTR), B2 (WTR), C2.2 (WTR/CAS);
- Online: Lösungen zum Landesabitur 2024: Aufgaben B2 (WTR), D (WTR/CAS)

Werner Neidhardt:
- Lösungen zum Landesabitur 2019: Teil A, Aufgabe 1;
- Online: Übungsaufgaben Analysis 1, 2, 8; Lineare Algebra

Ernst Payerl:
- Lösungen zum Landesabitur 2019: Teil A, Aufgabe 3;
- Lösungen zum Landesabitur 2021: Aufgaben B1 (WTR), B1 (CAS), B2 (CAS);
- Lösungen zum Landesabitur 2022: Aufgaben B1 (CAS), B2 (WTR), B2 (CAS), C2.1 (WTR/CAS);
- Lösungen zum Landesabitur 2023: Aufgaben A, B1 (CAS), B2 (CAS);
- Online: Übungsaufgaben Analysis 5, 7, 10; Analytische Geometrie 3, 5; Stochastik 3;
- Lösungen zum Landesabitur 2024: Aufgaben B1 (CAS), B2 (CAS)

Ullrich Rauch:
- Lösungen zum Landesabitur 2020: Teil A, Aufgaben 3, 4;
- Lösungen zum Landesabitur 2021: Aufgaben A, B2 (WTR), C1 (WTR/CAS);
- Lösungen zum Landesabitur 2022: Aufgaben A, C1 (WTR/CAS);
- Lösungen zum Landesabitur 2023: Aufgaben C1 (WTR/CAS), C2.1 (WTR/CAS);
- Online: Übungsaufgaben Analysis 3, 4, 9, Analytische Geometrie 1, 2, 6; Stochastik 5;
- Lösungen zum Landesabitur 2024: Aufgaben A, B1 (WTR), C (WTR/CAS)

Vorwort

Liebe Schülerinnen und Schüler,

dieses Übungsbuch ist die ideale Hilfe bei der Vorbereitung auf das **Landesabitur 2025 im Fach Mathematik in Hessen**.

- Sie erhalten im ersten Teil des Buches zahlreiche **Informationen zum Abitur**, deren Kenntnis für die gezielte Vorbereitung auf die Abiturklausur hilfreich und wichtig ist. Dazu gehören u. a. eine komplette Aufstellung der für die Prüfung 2025 relevanten Themen, Hinweise zum genauen Ablauf der Prüfung sowie alles Wissenswerte zur Struktur und zu den Anforderungen der Prüfungsaufgaben.
- Sie finden darüber hinaus viele **praktische Hinweise**, die Ihnen sowohl in der Vorbereitung auf das Abitur als auch während der Prüfung dazu verhelfen, Prüfungsaufgaben gut zu lösen.
- Seit dem Jahr 2024 hat der **Prüfungsteil ohne Hilfsmittel** eine neue Struktur mit Pflicht- und Wahlteil. Zur Vorbereitung finden Sie in diesem Band entsprechende Aufgabenserien, die in Format und Inhalt diesem Teil entsprechen.
- Außerdem enthält dieser Band die offiziellen, vom hessischen Kultusministerium gestellten **Original-Abituraufgaben** der Jahre **2021 bis 2023**. Zudem stehen Ihnen die Aufgaben des Jahres 2023 als PDF zum Download zur Verfügung, sobald sie zur Veröffentlichung freigegeben sind. Zu all diesen Aufgaben sind **vollständige und ausführlich kommentierte Lösungsvorschläge** von unseren Autoren vorhanden. Sie ermöglichen Ihnen, Ihre Lösungen eigenständig zu kontrollieren und die Rechenwege Schritt für Schritt nachzuvollziehen.
- Bei allen Original-Abituraufgaben, bei denen Hilfsmittel erlaubt sind, wurden von unseren Autoren **Hinweise und Tipps** ergänzt, die Ihnen Hilfestellungen für die Lösung der Aufgabe geben. Wenn Sie mit einer solchen Aufgabe nicht zurechtkommen, schauen Sie deshalb nicht gleich in die Lösungen, sondern nutzen Sie schrittweise die Lösungstipps, um selbst die Lösung zu finden.

Sollten nach Erscheinen dieses Bandes noch wichtige Änderungen in der Abitur-Prüfung 2025 vom Kultusministerium bekannt gegeben werden, finden Sie aktuelle Informationen dazu im Internet unter www.stark-verlag.de/mystark.

Die Autoren wünschen Ihnen für die Prüfungsvorbereitung und für das Abitur viel Erfolg!

Stichwortverzeichnis

I. Analysis

II. Analytische Geometrie

III. Stochastik

Hinweise und Tipps zum Landesabitur 2025

Ablauf der Prüfung

Die zentrale schriftliche Abiturprüfung

In Hessen gibt es im Fach Mathematik zentrale schriftliche Abiturprüfungen. Die Aufgaben werden im Auftrag des hessischen Kultusministeriums von einer Fachkommission erstellt. Die Beurteilung der Lösungen der Schüler/innen wird von zwei Fachlehrkräften durchgeführt. Es kann auch im Abitur 2025 möglich sein, dass die Zweitkorrektur durch Lehrkräfte anderer Schulen erfolgt. Die verbindlichen curricularen Vorgaben (Kerncurriculum Mathematik Hessen), nach denen in den drei ersten Schulhalbjahren der Qualifikationsphase der gymnasialen Oberstufe unterrichtet wird, bestimmen Inhalte und Anforderungen der Abituraufgaben. Hinzu kommt, dass die Bildungsstandards Mathematik verstärkt in den hessischen Abschlussarbeiten, also auch beim Landesabitur, in den Materialvorgaben und Fragestellungen der Aufgaben berücksichtigt werden.

Aufbau der Prüfungsaufgaben

Das Landesabitur Mathematik in Hessen besteht aus zwei unterschiedlichen Abschnitten im Bereich der schriftlichen Prüfungen.

Prüfungsteil 1: Vorschlag A
Dies ist der „hilfsmittelfreie" Teil der Prüfung, d. h., die Aufgaben sind ohne Formelsammlung und ohne Taschenrechner zu lösen. Es werden dem Prüfling insgesamt neun Teilaufgaben vorgelegt: drei Pflichtaufgaben zum Niveau 1 (zu den drei Sachgebieten Analysis, Lineare Algebra/Analytische Geometrie und Stochastik), drei Wahlaufgaben zum Niveau 1 (zu den drei Sachgebieten) und drei Wahlaufgaben zum Niveau 2 (zu den drei Sachgebieten). Der Prüfling wählt aus den Wahlaufgaben zu den Niveaus 1 und 2 jeweils eine Teilaufgabe aus. Insgesamt sind also fünf Teilaufgaben zu bearbeiten, vier zu Niveau 1 und eine zu Niveau 2 (Niveau 1 beinhaltet die Anforderungsbereiche I und II und Niveau 2 auch den Anforderungsbereich III, siehe die Seiten VII bis X).

Prüfungsteil 2 (mit Hilfsmitteln): Vorschläge B, C und D
Hier müssen insgesamt drei Vorschläge bearbeitet werden. Es werden zwei Vorschläge zum Sachgebiet Analysis (B1 und B2) sowie jeweils ein Vorschlag zum Sachgebiet Lineare Algebra/Analytische Geometrie (C) und zum Sachgebiet Stochastik (D) vorgelegt. Der Prüfling wählt aus den Vorschlägen B1 und B2 einen Vorschlag aus. Die Vorschläge C und D sind Pflichtvorschläge.

Bearbeitungszeit und Ablauf der Prüfung

Die Auswahlzeit ist in die Bearbeitungszeit integriert. Der genaue Zeitpunkt der Auswahl liegt in der Verantwortung der Prüflinge. Die Gesamtbearbeitungszeit beträgt im Grundkurs 285 Minuten.

Alle Aufgabenvorschläge, sowohl der Aufgabenvorschlag zum hilfsmittelfreien Prüfungsteil 1 als auch alle Vorschläge zum Prüfungsteil 2 (Prüfungsteil mit Hilfsmitteln), werden bereits zu Beginn der Prüfung ausgeteilt. Der Prüfling entscheidet selbst, wann er Vorschlag A (hilfsmittelfreier Prüfungsteil 1) und seine Bearbeitung von Vorschlag A abgibt. Nach Abgabe von Vorschlag A erhält er die zusätzlichen Hilfsmittel für Prüfungsteil 2. Alle Vorschläge zum Prüfungsteil 2 verbleiben bis zum Ende der Bearbeitungszeit beim Prüfling.

Bewertungseinheiten (BE)

Prüfungsteil 1: Hier werden im Grundkurs 25 BE vergeben.
Prüfungsteil 2: Hier werden im Grundkurs 75 BE vergeben, verteilt auf Analysis (35 BE), Lineare Algebra/Analytische Geometrie (20 BE) und Stochastik (20 BE).

Zugelassene Hilfsmittel

Prüfungsteil 1: Wörterbuch der deutschen Rechtschreibung; Liste der fachspezifischen Operatoren
Prüfungsteil 2: Außer den Hilfsmitteln in Prüfungsteil 1 ist ein wissenschaftlich-technischer Taschenrechner (WTR) oder ein Rechner bzw. PC mit CAS-Technologie zugelassen. Hinzu kommt die im Unterricht verwendete Formelsammlung (Tafelwerk eines Schulbuchverlages). Nicht zugelassen sind schulinterne Druckwerke, mathematische Fachbücher und mathematische Lexika.
Zur Bearbeitung der Aufgaben bekommen Sie Reinschrift- und Konzeptpapier von Ihrer Schule (versehen mit dem Stempel Ihrer Schule) zur Verfügung gestellt. Sämtliche Entwürfe und Aufzeichnungen gehören zur Abiturarbeit und dürfen nur auf diesem Papier angefertigt werden, das nach Beendigung der Bearbeitungszeit wieder komplett abgegeben werden muss.

Rechnertechnologie

Zu Beginn der Jahrgangsstufe 12 geht es um die Wahl der zu verwendenden Rechnertechnologie, also

- Wissenschaftlicher Taschenrechner WTR
- Taschenrechner mit einem Computeralgebrasystem CAS

Diese Entscheidung treffen die jeweiligen Schüler/innen eines Kurses in Abstimmung mit ihrem/ihrer Kurslehrer/in. In der Abiturprüfung werden dem Kurs nur die entsprechenden Aufgabenvorschläge vorgelegt.

Taschenrechner der Kategorie WTR müssen über erweiterte Funktionalitäten zur numerischen Berechnung

- der Lösungen von Polynomgleichungen bis dritten Grades,
- der (näherungsweisen) Lösung von Gleichungen,
- der Lösung eindeutig lösbarer linearer Gleichungssysteme mit bis zu drei Unbekannten,
- der Ableitung an einer Stelle,
- von bestimmten Integralen,
- von Gleichungen von Regressionsgeraden,
- von 2×2- und 3×3-Matrizen (Produkt, Inverse),
- von Mittelwert und Standardabweichung bei statistischen Verteilungen,
- von Werten der Binomial- und Normalverteilung (auch inverse Fragestellung)

verfügen.
Darüber hinaus müssen Taschenrechner der Kategorie WTR über Funktionalitäten zur (numerischen) Berechnung von Wahrscheinlichkeiten (Binomialverteilung und Standardnormalverteilung) verfügen.

Wichtiger Hinweis zur Arbeit mit diesem Buch

Ob eine Aufgabe für den WTR oder für ein CAS vorliegt, können Sie der Kennzeichnung der Aufgabe in der Kopfzeile entnehmen. Beachten Sie diese Kennzeichnung bei der Arbeit mit den Aufgaben bei diesem Buch.

Inhalte und Schwerpunktthemen

In der folgenden Übersicht sind die wesentlichen Schwerpunktthemen für die zentrale Abiturprüfung 2025 stichpunktartig aufgeführt:

Analysis II

Unterrichtsinhalte	Stichworte
Einführung in die Integralrechnung	• Bedeutung des Integrals als Bestandsgröße und als orientierter Flächeninhalt: Rekonstruktion des Bestands anhand der Änderungsrate und des Anfangsbestands in Sachzusammenhängen, Veranschaulichen des Bestands als Inhalt der Fläche unter einem Funktionsgraphen, Entwickeln der Grundvorstellung des Integralbegriffs als verallgemeinerte Produktsumme • Flächen unter einem Funktionsgraphen: Approximieren von Flächeninhalten durch Rechtecksummen, Übergang zum bestimmten Integral durch Grenzwertbildung auf Basis des propädeutischen Grenzwertbegriffs • Hauptsatz der Differenzial- und Integralrechnung: geometrisch-anschauliches Begründen des Hauptsatzes als Beziehung zwischen Differenzieren und Integrieren, Stammfunktionen, grafischer Zusammenhang zwischen Funktion und Stammfunktion • Entwickeln der Integrationsregeln mithilfe der Ableitungsregeln: Stammfunktion von $f(x) = x^n$ mit $n \in \mathbb{Z} \setminus \{-1\}$, Faktor- und Summenregel, Integrieren ganzrationaler Funktionen, Integrieren von e^x, $\sin(x)$, $\cos(x)$
Anwendung der Integralrechnung	• Flächeninhaltsberechnung: Berechnen der Inhalte von Flächen, die von einem oder mehreren Funktionsgraphen und/oder Parallelen zu den Koordinatenachsen begrenzt sind (auch in Sachzusammenhängen) • bestimmte Integrale als rekonstruierter Bestand: Anwenden des Integrals für Berechnungen in Sachzusammenhängen
Vertiefung der Differenzial- und Integralrechnung	• verständiges Umgehen mit den in der Einführungsphase erarbeiteten Inhalten: Funktionen und ihre Darstellung, Ableitungsbegriff und Anwendungen, ganzrationale Funktionen, Exponentialfunktionen, trigonometrische Funktionen, Ableitungsregeln

	• Untersuchen und Integrieren von e-Funktionen, die mit ganzrationalen Funktionen verknüpft sind (Addition, Multiplikation und Verkettung), auch in Realsituationen (nur lineare Substitution, Nachweis der Stammfunktion durch Ableiten, Ermitteln der Stammfunktion durch Formansatz mit Koeffizientenvergleich) • Grenzwert von Funktionen
Funktionenscharen	• ganzrationale Funktionenscharen: Untersuchen und Integrieren von Funktionenscharen, Bedeutung des Parameters für den Graphen

Lineare Algebra/Analytische Geometrie

Unterrichtsinhalte	Stichworte
Lineare Gleichungssysteme	• Einführung und Lösungsverfahren: Beispiele für LGS (auch über- und unterbestimmte), Darstellen von LGS mithilfe von Koeffizientenmatrizen, systematisches Lösen von LGS mithilfe eines algorithmischen Verfahrens, Lösen mithilfe eines digitalen Werkzeugs, Auswahl eines geeigneten Lösungswegs für ein gegebenes LGS • Anwenden von LGS: exemplarisches Behandeln außermathematischer Fragestellungen, die auf LGS führen • geometrische Interpretation der Lösungsmengen von LGS (in Verbindung mit dem Themenfeld „Geraden und Ebenen im Raum“)
Orientieren und Bewegen im Raum	• räumliche Koordinatensysteme: Darstellen räumlicher Objekte im dreidimensionalen Koordinatensystem (insbesondere Zeichnen von Schrägbildern und Beschreiben von Punkten mithilfe von Koordinaten), auch mithilfe von Geometriesoftware • Vektoren: Beschreiben von Verschiebungen im Raum mithilfe von Vektoren, Ortsvektor eines Punktes, Rechnen mit Vektoren (Addition und Vervielfachung von Vektoren), Kollinearität zweier Vektoren, Betrag eines Vektors, Abstand zweier Punkte im Raum • Winkel: Definition des Skalarprodukts, Untersuchen der Orthogonalität von Vektoren, Bestimmen des Winkels zwischen zwei Vektoren • einfache geometrische Figuren und Körper im Raum: Untersuchen einfacher geometrischer Figuren und Körper (Seitenlängen, Parallelität, Orthogonalität, Winkelgrößen), Begründen der Eigenschaften
Geraden und Ebenen im Raum	• Parameterdarstellungen: Darstellen von Geraden und Ebenen im Raum mit Parametergleichungen, Punktprobe

	• Lagebeziehung von Geraden und Ebenen: Untersuchen der Lagebeziehung zweier Geraden, Berechnen des Schnittpunktes und des Schnittwinkels zweier Geraden, Untersuchen der Lagebeziehung von Gerade und Ebene mithilfe von Parametergleichungen, Bestimmen von Durchstoßpunkten, Berechnen des Schnittwinkels zwischen Gerade und Ebene • komplexere Problemstellungen: Untersuchen geometrischer Objekte im Raum (z. B. Pyramide), Beschreiben und Untersuchen geradliniger Bewegungen, Untersuchen von Schattenwürfen
Vertiefung der Analytischen Geometrie	• Koordinatengleichung einer Ebene: Koordinatengleichung der Ebene, Umwandeln der verschiedenen Darstellungsformen ineinander, Untersuchen der Lagebeziehung von Geraden und Ebene und Bestimmen von Durchstoßpunkten mithilfe der Koordinatengleichung, Bestimmung des Normalenvektors einer Ebene *Hinweis:* Die Untersuchung der Lagebeziehung impliziert auch die Berechnung des Winkels zwischen den geometrischen Objekten. • Abstandsbestimmung: Erarbeiten und Anwenden von Lotfußpunktverfahren zur Abstandsbestimmung von Punkt und Ebene

Stochastik

Unterrichtsinhalte	Stichworte
Grundlegende Begriffe der Stochastik	• Grundlagen der Wahrscheinlichkeitstheorie: Beschreiben von Zufallsexperimenten (Laplace-Experimente) unter Verwendung der Begriffe Ergebnis, Ergebnismenge, Ereignis und Wahrscheinlichkeit • statistischer Wahrscheinlichkeitsbegriff: absolute und relative Häufigkeit (auch konkrete Ermittlung für selbst durchgeführte Zufallsexperimente), grafische Darstellung • Bestimmen von Wahrscheinlichkeiten bei mehrstufigen Zufallsexperimenten: Baumdiagramm, Pfadregeln
Berechnung von Wahrscheinlichkeiten	• bedingte Wahrscheinlichkeiten: Identifizieren und Beschreiben bedingter Wahrscheinlichkeiten in verschiedenen Sachzusammenhängen, Darstellen und Berechnen mittels Baumdiagrammen und Vierfeldertafeln, Überprüfen von Ereignissen auf (Un-)Abhängigkeit • Bestimmen von Laplace-Wahrscheinlichkeiten mithilfe von Zählverfahren: Lösen einfacher kombinatorischer Zählprobleme (geordnete Stichproben mit /ohne Zurücklegen, ungeordnete Stichproben ohne Zurücklegen), Binomialkoeffizient

Wahrscheinlichkeitsverteilungen	• Erarbeiten grundlegender Begriffe: Zufallsgröße, Wahrscheinlichkeitsverteilungen und ihre Darstellung durch Histogramme, Erwartungswert, Varianz, Standardabweichung, Untersuchen einfacher Glücksspiele • Bernoulli-Ketten: Bernoulli-Experiment, Bernoulli-Kette, Angeben der Kenngrößen von Bernoulli-Ketten, Entwickeln und Begründen der Formel $P(X=k)=\binom{n}{k}\cdot p^k\cdot(1-p)^{n-k}$ anhand eines geeigneten Beispiels, Berechnen von Trefferwahrscheinlichkeiten in verschiedenen Sachzusammenhängen, Modellierungsgrenzen • binomialverteilte Zufallsgrößen: Erwartungswert, Varianz, Standardabweichung, Analysieren von Histogrammen hinsichtlich ihrer Eigenschaften, kumulierte Binomialverteilung (Berechnen auch mit digitalen Werkzeugen) *Hinweis:* Das Stichwort „kumulierte Binomialverteilung (Berechnen auch mit digitalen Werkzeugen)“ beinhaltet insbesondere auch die inverse Fragestellung, z. B. Bestimmung der größtmöglichen Zahl k so, dass gilt $P(X \leq k) \leq 0{,}05$.
Hypothesentest für binomialverteilte Zufallsgrößen	• Erarbeiten grundlegender Begriffe: Hypothesen, Alternativtest, einseitiger Hypothesentest, Verwerfungsbereich, Entscheidungsregel, Fehler erster und zweiter Art • Berechnen von Irrtumswahrscheinlichkeiten (auch mittels digitaler Werkzeuge) • Entwickeln einseitiger Hypothesentests: Festlegen der Hypothesen, Ermitteln von Entscheidungsregeln zu vorgegebenen Signifikanzniveaus (maximal zulässige Wahrscheinlichkeit des Fehlers erster Art) *Hinweis:* Hier ist auch die Bestimmung des Ablehnungsbereichs beim Hypothesentest mit dem WTR/CAS gemeint.

Anmerkung: Die thematischen Schwerpunktsetzungen in den einzelnen Abiturjahrgängen können sich unterscheiden. Pro Halbjahr sind die drei in den Tabellen jeweils zuerst genannten Themenfelder verbindlich, zusätzlich wird jeweils ein viertes Themenfeld vom Hessischen Kultusministerium festgelegt. Für Q1 (Analysis) ist dies in den Abiturprüfungen 2021 bis 2025 jeweils „Funktionenscharen“ (siehe Tabelle); für Q2 (Lineare Algebra/Analytische Geometrie) ist dies in den Jahren 2021 bis 2025 jeweils „Vertiefung der Analytischen Geometrie“ (siehe Tabelle); für Q3 (Stochastik) war dies im Jahr 2021 „Hypothesentest für binomialverteilte Zufallsgrößen“, in den Jahren 2022 und 2023 gab es jeweils pandemiebedingt keines, in den Jahren 2024 und 2025 ist dies wieder „Hypothesentest für binomialverteilte Zufallsgrößen“ (siehe Tabelle).

Leistungsanforderungen und Bewertung

Ihre Prüfungsarbeit wird von zwei Fachlehrkräften bewertet. In der Regel ist Ihr Fachlehrer der Erstbeurteiler. Dieser korrigiert Ihre Arbeit und schreibt ein Gutachten mit entsprechender Benotung. Ihre Arbeit wird dann von einer zweiten Fachlehrkraft Ihrer Schule begutachtet. In Ausnahmefällen kann es vorkommen, dass die Zweitbeurteilung von einer Fachlehrkraft einer anderen Schule vorgenommen wird. In den meisten Fällen werden sich beide Fachlehrkräfte auf ein gemeinsames Gutachten und eine daraus folgende Bewertung einigen. Falls es nicht zu einer einheitlichen Beurteilung kommt, entscheidet der/die Prüfungsvorsitzende der eigenen Schule und legt abschließend die Note für Ihre Prüfungsarbeit fest.

In die Bewertung gehen zunächst einmal die **fachliche Richtigkeit** und die **Vollständigkeit** der Lösung ein. Ein weiteres wichtiges Bewertungskriterium stellt die **Darstellungsqualität** dar, in welche der richtige Einsatz der Fachsprache und die Strukturiertheit der Ausführungen einfließen. Sollten Sie in Ihrer Lösung unkonventionelle, aber richtige Wege gehen, so werden diese natürlich entsprechend gewürdigt.

Selbstverständlich geht auch die **Sprachrichtigkeit** (Rechtschreibung, Grammatik, Zeichensetzung) bei Erläuterungen, Beschreibungen etc. in die Bewertung ein.

Insgesamt können Sie 100 Bewertungseinheiten erreichen. Die Notenvergabe erfolgt nach folgendem Verteilungsschlüssel:

Prozent	unter 20	ab 20	ab 27	ab 33	ab 40	ab 45	ab 50	ab 55
Notenpunkte	0	1	2	3	4	5	6	7

Prozent	ab 60	ab 65	ab 70	ab 75	ab 80	ab 85	ab 90	ab 95
Notenpunkte	8	9	10	11	12	13	14	15

Operatoren und Anforderungsbereiche

Bei der Formulierung der zentralen Prüfungsaufgaben werden sogenannte **Operatoren** verwendet, die sicherstellen sollen, dass alle Schüler und Lehrer unter einer bestimmten Aufgabenstellung das gleiche verstehen. Damit Sie die Aufgabenstellungen korrekt erfassen können, ist es sehr zu empfehlen, sich mit diesen Operatoren auseinanderzusetzen. Die Operatoren sind in verschiedene Anforderungsbereiche untergliedert, die den Schwierigkeitsgrad der Aufgabe wiedergeben.
Im Folgenden finden Sie eine vollständige Liste dieser Operatoren. Es fällt auf, dass insbesondere die Operatoren „bestimmen“, „berechnen“ und „zeigen“ in den Aufgabentexten sehr stark vertreten sind, gefolgt von „angeben“, „beschreiben“, „erläutern“ und „begründen“.

Anforderungsbereich I

Arbeitsauftrag	Definition	Beispiele
angeben, nennen	Sachverhalte, Begriffe oder Daten ohne Erläuterungen, Begründungen und Lösungswege aufzählen	2022 – B1 (CAS), Teilaufgabe 2.2
berechnen	Ergebnisse von einem Ansatz ausgehend durch Rechenoperationen bestimmen	2022 – B1 (WTR), Teilaufgabe 1.1

Arbeitsauftrag	Definition	Beispiele
beschreiben	Aussagen, Sachverhalte, Strukturen o. Ä. in eigenen Worten strukturiert und fachsprachlich wiedergeben	2022 – B1 (WTR), Teilaufgabe 2.1
beschriften, einzeichnen, benennen	Elemente, Sachverhalte, Begriffe oder Daten mit einer kennzeichnenden Aufschrift, Nummer oder Namensangabe versehen	2021 – B1 (WTR), Teilaufgabe 1.2
skizzieren	eine graphische Darstellung so anfertigen, dass die wesentlichen Eigenschaften deutlich werden	2022 – B1 (WTR), Teilaufgabe 1.2
überführen	eine Darstellung in eine andere Darstellungsform bringen	
zeichnen	eine hinreichend exakte graphische Darstellung anfertigen	2023 – B1 (CAS), Teilaufgabe 2.2
zusammenfassen	das Wesentliche in strukturierter und komprimierter Form unter Verwendung der Fachsprache herausstellen	

Anforderungsbereich II

Arbeitsauftrag	Definition	Beispiele
abschätzen	durch begründete Überlegungen Größenordnungen physikalischer Größen angeben	
analysieren	eine konkrete Materialgrundlage untersuchen, einzelne Elemente identifizieren, Beziehungen zwischen Elementen erfassen und zusammenhängend darstellen	
anwenden	einen bekannten Sachverhalt, eine bekannte Methode auf eine neue Problemstellung beziehen	
begründen	einen Sachverhalt unter Verwendung von Regeln, mathematischen Beziehungen oder Gesetzmäßigkeiten auf bekannte Aussagen bzw. Zusammenhänge zurückführen	2022 – B1 (WTR), Teilaufgabe 2.4
bestimmen, ermitteln	einen Zusammenhang oder einen möglichen Lösungsweg aufzeigen und das Ergebnis formulieren	2022 – B1 (CAS), Teilaufgabe 3.4
darstellen	Sachverhalte o. Ä. strukturiert fachsprachlich oder graphisch wiedergeben und Bezüge sowie Zusammenhänge aufzeigen	2022 – B2 (WTR), Teilaufgabe 1

Arbeitsauftrag	Definition	Beispiele
deuten	Phänomene, Strukturen, Sachverhalte oder Ergebnisse auf Erklärungsmöglichkeiten untersuchen und diese gegeneinander abwägen und auf das ursprüngliche Problem beziehen	2021 – C1 (WTR/CAS), Teilaufgabe 2.4
entscheiden	bei Alternativen sich begründet und eindeutig auf eine Möglichkeit festlegen	2022 – C2.1 (WTR/CAS), Teilaufgabe 2.3
entwerfen	Herstellen und Gestalten eines Systems von Elementen unter vorgegebener Zielsetzung	
entwickeln	Sachverhalte und Methoden zielgerichtet in einen Zusammenhang bringen, also eine Hypothese, eine Skizze oder ein Modell weiterführen und ausbauen.	2021 – C2.1 (WTR/CAS), Teilaufgabe 1.5
erklären	Sachverhalte o. Ä. unter Verwendung der Fachsprache auf fachliche Grundprinzipien oder kausale Zusammenhänge zurückführen	2021 – B2 (WTR), Teilaufgabe 2.1
erläutern	Sachverhalte o. Ä. so darlegen und veranschaulichen, dass sie verständlich werden	2022 – B1 (WTR), Teilaufgabe 1.2
formulieren	eine Fragestellung, eine Strukturformel, eine Reaktionsgleichung oder einen Reaktionsmechanismus notieren	2021 – C2.1 (WTR/CAS), Teilaufgabe 1.5
herleiten	einen Sachverhalt oder ein Ergebnis aus gegebenen Daten oder Gesetzmäßigkeiten entwickeln	2022 – A (hilfsmittelfrei), Teilaufgabe 4.2
modellieren	zu einem Ausschnitt der Realität ein fachliches Modell anfertigen	
ordnen, einordnen, zuordnen	Sachverhalte begründet in einen genannten Zusammenhang stellen	2022 – B1 (WTR), Teilaufgabe 2.1
prüfen	Sachverhalte, Aussagen oder Ergebnisse an Gesetzmäßigkeiten messen, verifizieren oder Widersprüche aufdecken	2022 – B1 (CAS), Teilaufgabe 3.3
untersuchen	Sachverhalte unter bestimmten Aspekten betrachten	2022 – B1 (CAS), Teilaufgabe 1.2
vergleichen, gegenüberstellen	nach vorgegebenen oder selbst gewählten Gesichtspunkten Gemeinsamkeiten, Ähnlichkeiten und Unterschiede ermitteln und darstellen	
zeigen, bestätigen	einen Sachverhalt oder eine Behauptung unter Verwendung gültiger Schlussregeln oder Berechnungen auf bekannte, gültige Aussagen zurückführen	2023 – A (hilfsmittelfrei), Teilaufgabe 3.2

Anforderungsbereich III

Arbeitsauftrag	Definition	Beispiele
beurteilen, bewerten	zu einem Sachverhalt oder einer Aussage unter Verwendung von Fachwissen und Fachmethoden eine begründete Einschätzung geben	2023 – A (hilfsmittelfrei), Teilaufgabe 1.2
beweisen	im mathematischen Sinn zeigen, dass eine Behauptung /Aussage richtig ist, z. B. unter Verwendung bekannter mathematischer Sätze, logischer Schlüsse und Äquivalenzumformungen	
diskutieren, erörtern	zu einer Aussage, Problemstellung oder These eine Argumentation entwickeln, die zu einer begründeten Bewertung führt	2021 – C2.2 (WTR/ CAS), Teilaufgabe 1.5.1
Stellung nehmen	wie Operator „beurteilen“, aber zusätzlich die eigenen Maßstäbe darlegen und begründen	2023 – B1 (WTR), Teilaufgabe 3.2

Bildungsstandards/Kompetenzen und Anforderungsbereiche

Die Aufgabenformate der Abschlussarbeiten, also auch im Landesabitur, werden sich immer stärker an den Bildungsstandards/Kompetenzen orientieren.

1. **Kompetenzbereiche im Fach Mathematik:**
   K1: Mathematisch argumentieren
   K2: Probleme mathematisch lösen
   K3: Mathematisch modellieren
   K4: Mathematische Darstellungen verwenden
   K5: Mit symbolischen, formalen und technischen Elementen der Mathematik umgehen
   K6: Kommunizieren

   (Beschreibungen hierzu: Kerncurriculum Mathematik Hessen)

2. **Anforderungsbereiche zu den mathematischen Kompetenzbereichen:**

   Anforderungsbereich I: Reproduzieren
   Dieses Niveau umfasst die Wiedergabe und direkte Anwendung von grundlegenden Begriffen, Sätzen und Verfahren in einem abgegrenzten Gebiet und einem wiederholenden Zusammenhang.

   Anforderungsbereich II: Zusammenhänge herstellen
   Dieses Niveau umfasst das Bearbeiten bekannter Sachverhalte, indem Kenntnisse, Fertigkeiten und Fähigkeiten verknüpft werden, die in der Auseinandersetzung mit Mathematik auf verschiedenen Gebieten erworben wurden.

   Anforderungsbereich III: Verallgemeinern und Reflektieren
   Dieses Niveau umfasst das Bearbeiten komplexer Gegebenheiten u. a. mit dem Ziel, zu eigenen Problemformulierungen, Lösungen, Begründungen, Folgerungen, Interpretationen oder Wertungen zu gelangen.

Die Anforderungsbereiche spiegeln sich in der Operatorenliste wider und zeigen dort, welche Anforderungen an die einzelnen Operatoren gekoppelt sind.

Vorbereitung

- Bereiten Sie sich **langfristig** (spätestens ab Januar) auf die Abiturprüfung vor und fertigen Sie sich eine Übersicht über die von Ihnen bereits bearbeiteten Themen, Inhalte und Verfahren an. Teilen Sie die Inhalte in sinnvolle Teilbereiche ein und legen Sie fest, bis wann Sie welche Teilbereiche bearbeitet haben wollen.
  Es ist zweckmäßig, alle schriftlichen Bearbeitungen dieser Aufgaben übersichtlich aufzubewahren, das erleichtert spätere Wiederholungen.
- Benutzen Sie zur Prüfungsvorbereitung neben diesem Übungsbuch Ihre **Unterrichtsaufzeichnungen** und das Lehrbuch.
- Verwenden Sie während der Prüfungsvorbereitung grundsätzlich die **Hilfsmittel**, die auch in der Prüfung zugelassen sind. Prägen Sie sich wichtige Seiten in Ihrer Formelsammlung ein und nutzen Sie Ihren Taschenrechner mit allen Funktionen.
- Oft ist der Zeitfaktor ein großes Problem. Testen Sie, ob Sie eine Aufgabe in der dafür vorgegebenen Zeit allein lösen können. **Simulieren Sie selbst eine Prüfungssituation.**
- Gehen Sie optimistisch in die Prüfung. Wer sich gut vorbereitet hat, braucht sich keine Sorgen zu machen.

Bearbeitung der Prüfung

- Allgemein sei angemerkt, dass sich aufgrund der Pandemie Abweichungen von den dargestellten Regelungen nicht ausschließen lassen.
- Die Aufgaben des **hilfsmittelfreien Teils** beziehen sich auf alle drei Stoffgebiete Analysis, Analytische Geometrie/Lineare Algebra und Stochastik. Aufgrund des vorgegebenen Zeitrahmens ist zu erwarten, dass sich diese Aufgaben auf das Abprüfen **grundlegender Fähigkeiten** aus diesen Stoffgebieten beschränken werden. Dazu gehören unter anderem Aufgaben, die sich leicht durch Anwendung einfacher Regeln (z. B. Ableitungsregeln) lösen lassen oder zu deren Lösung eine Art „Kochrezept" (z. B. Bestimmung einer Nullstelle) angewandt werden kann. Auch die Interpretation einer Grafik bzw. der Zusammenhang zwischen dem Graphen einer Funktion und dem Funktionsterm selbst scheint in dieses Feld zu passen. Da die oben angesprochenen grundlegenden Fähigkeiten sowieso Voraussetzung sind, um sich mit komplexeren Fragestellungen auseinanderzusetzen, die im Prüfungsteil 2 kommen werden, müssen Sie nichts Zusätzliches lernen.
- Nehmen Sie sich Zeit für die **Auswahl der Aufgaben**. Lesen Sie die Aufgabenstellungen genau durch, bevor Sie eine Entscheidung treffen. Nicht immer ist die auf den ersten Blick einfachere Aufgabe tatsächlich die bessere Wahl.
- Es ist hilfreich, wenn Sie bei der Analyse der Aufgabenstellungen wichtige Angaben oder Informationen (z. B. gegebene Größen, Lösungshinweise) **farbig markieren**. Machen Sie sich klar, was gefordert ist. Beachten Sie insbesondere die verwendeten **Operatoren**.
- Gerade in den ersten Minuten macht man gerne Flüchtigkeitsfehler. Konzentrieren Sie sich hier besonders stark und kontrollieren Sie Ihre Ergebnisse noch einmal zu einem späteren Zeitpunkt.
- Um den Lösungsansatz zu einer Aufgabe zu finden oder die gegebene Problemstellung zu veranschaulichen, kann das **Anfertigen einer Skizze** nützlich sein.
- Verwenden Sie die Formelsammlung. Geben Sie immer, selbst wenn Sie die Rechnungen nicht durchführen können, die **Ansätze** an. Erläutern Sie gegebenenfalls eine Lösungsidee oder eine mögliche Vorgehensweise.

- Beachten Sie, dass in manchen Teilaufgaben **„Zwischenlösungen"** angegeben sind, die Ihnen als Kontrolle dienen bzw. mit denen Sie weiterarbeiten können. Nutzen Sie auch die häufig angegebenen Grafiken (Funktionsgraphen, Skizzen usw.). Arbeiten Sie auf alle Fälle mit der Kontrolllösung weiter, falls das von Ihnen ermittelte Ergebnis abweichen sollte.
- Bearbeiten Sie, wenn möglich, die Teilaufgaben innerhalb einer Aufgabe in der vorgegebenen Reihenfolge, da sie in der Regel zunehmend schwieriger werden. Weichen Sie nur im Notfall von dieser Regel ab. Bearbeiten Sie dann zunächst die Teilaufgaben, die Sie sicher beherrschen.
- Falls Sie mit einer Aufgabe gar nicht weiterkommen, so halten Sie sich nicht zu lange daran auf. Versuchen Sie, mit der nächsten Teilaufgabe oder mit einer Aufgabe aus einem anderen Schwerpunkt weiterzumachen. Wenn Sie die anderen Aufgaben bearbeitet haben, kommen Sie nochmals auf die angefangene Aufgabe zurück und versuchen Sie in Ruhe, eine Lösung zu finden. Vermeiden Sie jedoch, zwischen den einzelnen Themengebieten zu oft hin und her zu springen.
- Orientieren Sie sich an der angegebenen **Punktezahl**: Je mehr Punkte eine Aufgabe ergibt, desto mehr Zeit sollte für die Bearbeitung eingeplant werden.
- Achten Sie auf die **sprachliche Richtigkeit** und eine **saubere äußere Form** Ihrer Lösungen. Dies ist gerade für Sie während der Prüfung eine wertvolle Hilfe.
- Geben Sie nicht zu früh ab. Nutzen Sie die Zeit, um Ihre Ergebnisse noch einmal zu kontrollieren. Sie können sich auch nach einer kurzen Denkpause erneut an einer Aufgabenstellung versuchen.

Lösungsplan

Wegen des Umfangs und der Komplexität von Aufgaben auf Abiturniveau empfiehlt es sich, beim Lösen systematisch zu arbeiten. Folgende Vorgehensweise hilft Ihnen dabei:

Schritt 1:
Nehmen Sie sich ausreichend Zeit zum **Analysieren** der Aufgabenstellung. Stellen Sie fest, zu welchem Themenbereich die Aufgabe gehört. Sammeln Sie alle Informationen, welche direkt gegeben sind, und achten Sie darauf, ob evtl. versteckte Informationen enthalten sind.

Schritt 2:
Markieren Sie die **Operatoren** in der Aufgabenstellung. Diese geben an, was in der Aufgabe von Ihnen verlangt wird. Vergegenwärtigen Sie sich die Bedeutung der verwendeten Fachbegriffe.

Schritt 3:
Versuchen Sie, den Sachverhalt zu veranschaulichen. Fertigen Sie gegebenenfalls mithilfe der Angaben und Zwischenergebnisse aus vorherigen Teilaufgaben eine **Skizze** an.

Schritt 4:
Erarbeiten Sie nun schrittweise den **Lösungsplan**, um aus den gegebenen Größen die gesuchte Größe zu erhalten. Notieren Sie sich, welche Einzel- bzw. Zwischenschritte auf dem Lösungsweg notwendig sind. Prinzipiell haben Sie zwei Möglichkeiten, oft hilft auch eine Kombination beider Vorgehensweisen:

- Sie gehen vom Gegebenen aus und versuchen, das Gesuchte zu erschließen.
- Sie gehen von dem Gesuchten aus und überlegen „rückwärts", wie Sie zur Ausgangssituation kommen.

Bei diesem Schritt wird dann sukzessive die **Lösung dargestellt**.

Schritt 5:
Suchen Sie nach geeigneten Möglichkeiten, das Endergebnis zu **kontrollieren**. Oftmals sind bereits Überschlagsrechnungen, Punktproben oder Grobskizzen ausreichend.

Hinweise zum Lösen mit dem CAS

Schülerinnen und Schüler, die im Unterricht der gymnasialen Oberstufe mit einem Computer-Algebra-System (CAS) arbeiten, können dieses auch im Abitur einsetzen. Für das CAS werden in Hessen eigene Abituraufgaben formuliert. Damit Sie die damit verbundenen Vorteile auch effektiv nutzen können, sind hier einige Hinweise für das Lösen von Abituraufgaben mit CAS-Rechnern aufgelistet. Sie sind so formuliert, dass sie für alle Systeme Gültigkeit haben. Die in diesem Buch gelösten Abituraufgaben enthalten „Screenshots" von zwei verschiedenen CAS-Rechnern. Sie müssen diese auf Ihr eigenes System übertragen. Es ist aus nachvollziehbaren Gründen nicht möglich, alle auf dem Markt befindlichen Systeme hier einzubeziehen.

1. Es versteht sich von selbst, dass Sie vor der Prüfung alle Speicher Ihres Systems leeren, alle von Ihnen definierten Variablen und Funktionen löschen und alle Programme, die nicht zum ursprünglichen Auslieferungszustand des CAS gehören, entfernen müssen. Gönnen Sie Ihrem CAS vor der Prüfung neue Batterien und nehmen Sie zur Sicherheit noch eine Ersatzpackung mit.

2. Moderne CAS bieten die Möglichkeit, für neue Aufgaben eigene Ordner oder Arbeitsbereiche anzubieten. Dies hat den Vorteil, dass der Variablenspeicher für diesen Ordner wieder zurückgesetzt wird und damit der gleiche Variablen- bzw. Funktionsname, wie evtl. in einer anderen Aufgabe vorher, benutzt werden kann. Wechselt man dann wieder in einen alten Ordner zurück, können die Variablen mit ihren vorherigen Belegungen und die Funktionen mit ihren vorherigen Definitionen zum Fortsetzen einer zuvor unterbrochenen Aufgabe weiter benutzt werden.
   Dieses Vorgehen empfiehlt sich, da dadurch das unwissentliche Übernehmen von bereits belegten Variablen oder definierten Funktionen in andere Aufgaben vermieden werden kann. Man wird dadurch auch in die Lage versetzt, ohne aufwendiges Neueingeben eine bereits teilbearbeitete Aufgabe im späteren Verlauf zu beenden. Bei manchen CAS wird bei der Neuanlage eines Ordners auch der Bildschirminhalt gelöscht. Um die Funktionsweise seines CAS genau kennenzulernen, sollte man auf jeden Fall das Handbuch heranziehen.

3. Die Benutzung des CAS birgt die Gefahr, dass Ergebnisse zu unkritisch akzeptiert werden. Dies kann schnell katastrophale Auswirkungen haben, wenn die Ergebnisse weiterverarbeitet werden müssen. Wann immer es möglich ist, sollte man seine Ergebnisse auf Plausibilität überprüfen. Neben dem „gesunden Menschenverstand" bieten insbesondere die grafischen Möglichkeiten des CAS oft eine Gelegenheit, ein Ergebnis zu überprüfen.

4. Auch das CAS muss manchmal mit Näherungslösungen arbeiten. Nicht jede Gleichung lässt sich exakt lösen. Manchmal gibt es auch mehr Lösungen einer Gleichung, als in der Aufgabenstellung gefragt sind. Das CAS gibt hier nur wenige Lösungen an und verweist auf mögliche weitere Lösungen. Auch hier ist es unabdingbar, dass man durch Studium des Handbuchs schon im Vorfeld der Prüfung weiß, wie man in solchen Fällen vorgehen muss, um zu den Lösungen zu kommen, die im Sinne der Aufgabenstellung passend sind.

5. Das CAS bietet die Möglichkeit, sehr exakt zu arbeiten. Will man Lösungen weiterverarbeiten, sollte man nicht einfach eine dezimale Näherung aus einer Berechnung übernehmen. Rein technisch bietet sich beim CAS das Kopieren von Zwischenlösungen in eine neue Formel oder Gleichung an. Grundsätzlich muss man sich entscheiden, in welcher Darstellung die Lösungen ausgegeben werden sollen. Will man exakt arbeiten, so ist die Bruchdarstellung sicher nicht nur aus ästhetischen Gründen am besten geeignet. Benötigt man nur Näherungen oder will Koordinaten in eine Grafik

übertragen, so bietet sich die Dezimaldarstellung an. Ein Vorteil des CAS ist in diesem Zusammenhang auch, dass man jederzeit eine Berechnung mit einer anderen Grundeinstellung wiederholen kann, ohne diese neu eingeben zu müssen.

6. Die Benutzung eines CAS schützt nicht vor Fehleingaben oder falschen Ansätzen. Soweit es möglich ist, sollte jedes Ergebnis einer Plausibilitätsüberprüfung unterzogen werden. Entweder hat man eine belegbare Vorstellung vom Rahmen, innerhalb dessen sich ein Ergebnis bewegen sollte, oder man hilft sich mit dem guten alten „Bauchgefühl“, in dem unbewusst immer eine Menge Erfahrung steckt. Es gibt je nach Art der Aufgabe oft auch andere Möglichkeiten, das Ergebnis in Form einer Gegenprobe zu verifizieren.

7. Es ist nützlich, die Namen und Bezeichnungen von Funktionen und Variablen so zu wählen, wie sie auch im Aufgabentext vorgegeben sind. Dies hat einen Wiedererkennungswert. Bei den Variablen gibt es außer der Gefahr, dass sie vielleicht schon zuvor mit einem Wert belegt sein könnten (siehe 2.) bei bestimmten CAS-Systemen Probleme, wenn der gleiche Buchstabe als Name für eine Variable und als Name für eine Funktion benutzt wird (z. B. f(x) und x(t)). Manche CAS-Systeme erlauben es, Variablen mit mehr als einem Buchstaben zu definieren. Das kann zu Problemen führen, wenn man eigentlich z. B. die Variable a mit der Variablen b multiplizieren will und „ab“ in das CAS eingibt. Dieses interpretiert „ab“ dann als neue Variable. Man muss also unbedingt „$a \times b$“ schreiben und das Multiplikationssymbol benutzen.

8. Weil das CAS Ihnen viel Arbeit abnimmt, kann es passieren, dass Ihre Lösungsdarstellung zu knapp ausfällt. Gewöhnen Sie sich daran, den Lösungsweg immer so zu notieren, dass er von anderen und vor allem von Ihnen selbst nachvollzogen werden kann. Selbstverständlich und unabdingbar ist das Notieren der Lösungsansätze. Die Stellen, an denen Sie das CAS für Berechnungen einsetzen, sollten Sie entsprechend markieren. Besonders in den Klausuren kann das für Ihren Lehrer oder Ihre Lehrerin eine durchaus nützliche Information sein. Notieren Sie Zwischenergebnisse. Das hilft auch Ihnen beim Nachvollziehen eines Gedankengangs und eventuellen Korrekturen. Benutzen Sie in Ihrer Lösung und bei der Dokumentation des Lösungsweges die mathematische Fachsprache und nicht die manchmal sehr spezielle Sprache Ihres CAS.

9. Beachten Sie, dass durch die Operatoren in der Aufgabenstellung deutlich wird, ob eine ausführliche, vielleicht auch symbolische Berechnung ohne den Einsatz des CAS verlangt wird oder nicht. Fordern Sie Ihre Lehrerin bzw. Ihren Lehrer auf, Ihnen für jeden Operator Beispiele anzugeben.

10. Abschließend sei insbesondere auf die Webseiten des Hessischen Kultusministeriums hingewiesen. Hier gibt es unter dem Menüpunkt „Landesabitur“ neben den Operatoren und Erlassen auch Handreichungen und Arbeitsmaterialien, die laufend erneuert und ergänzt werden.

Hessen – Grundkurs Mathematik
Hilfsmittelfreier Prüfungsteil – Aufgabenserie zum Pflichtteil

P1 – Analysis (aus: Landesabitur 2019, Teil A, Aufgabe 1)

1 In Material 1 sind der Graph der Funktion g mit $g(x)=\frac{1}{3}x^2-\frac{2}{3}x+\frac{4}{3}$ sowie der Graph einer weiteren Funktion f dargestellt.

1.1 Berechnen Sie $\int_0^3 g(x)\,dx$ und zeichnen Sie die Fläche, deren Inhalt mit dem Integral berechnet wird, in Material 1. **(3 BE)**

1.2 Entscheiden Sie nur anhand der Abbildung in Material 1, ob der Wert des Integrals $\int_2^5 (f(x)-g(x))\,dx$ eine positive Zahl, eine negative Zahl oder gleich null ist. **(2 BE)**

Material 1

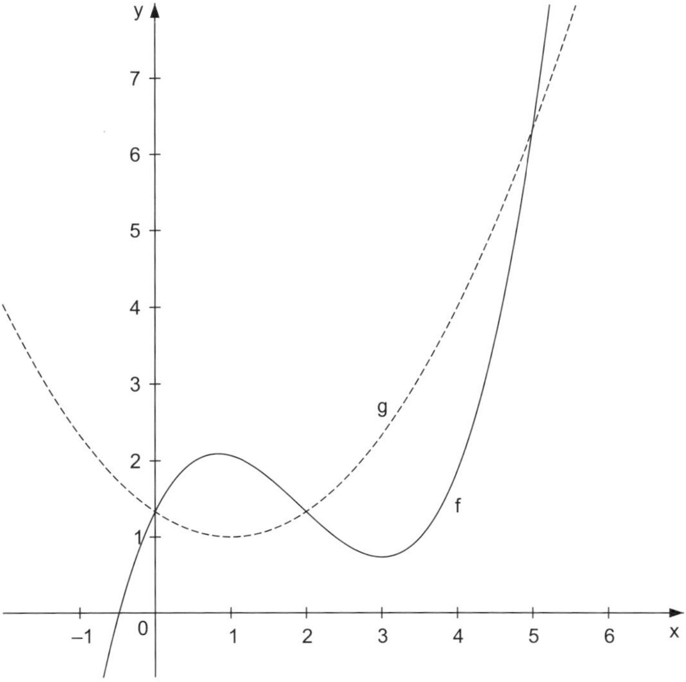

P2 – Lineare Algebra / Analytische Geometrie (aus: Landesabitur 2019, Teil A, Aufgabe 3)

2 Gegeben sind die Punkte A(5 | 7 | 2), B(3 | 10 | 3), C(4 | 7 | 7) und D(6 | 4 | 6).

2.1 Zeigen Sie, dass das Viereck ABCD ein Parallelogramm, aber kein Rechteck ist. **(3 BE)**

2.2 Bestimmen Sie die Koordinaten des Mittelpunkts M der Diagonalen $\overline{AC}$. **(2 BE)**

P3 – Stochastik (aus: Landesabitur 2019, Teil A, Aufgabe 2)

3 In einem Behälter befinden sich 2 blaue und 3 weiße Kugeln.

3.1 Zwei Kugeln werden nacheinander zufällig ohne Zurücklegen gezogen.
Geben Sie für die folgenden Ereignisse jeweils einen Term zur Berechnung der Wahrscheinlichkeit an:
A: „Beide Kugeln sind blau."
B: „Mindestens eine Kugel ist weiß."
C: „Eine Kugel ist weiß und eine blau." **(3 BE)**

3.2 Bestimmen Sie, wie viele grüne Kugeln zusätzlich in den Behälter gelegt werden müssen, damit die Wahrscheinlichkeit, beim einmaligen Ziehen zufällig eine grüne Kugel zu ziehen, $\frac{2}{3}$ beträgt. **(2 BE)**

Lösung

1.1 Berechnung des Integrals mit dem Hauptsatz der Differenzial- und Integralrechnung:

$$\int_0^3 \left(\frac{1}{3}\cdot x^2 - \frac{2}{3}\cdot x^1 + \frac{4}{3}\right) dx = \left[\frac{1}{9}\cdot x^3 - \frac{1}{3}\cdot x^2 + \frac{4}{3}\cdot x^1\right]_0^3$$

$$= \frac{1}{9}\cdot 3^3 - \frac{1}{3}\cdot 3^2 + \frac{4}{3}\cdot 3 - (0 - 0 + 0) = 3 - 3 + 4 = 4$$

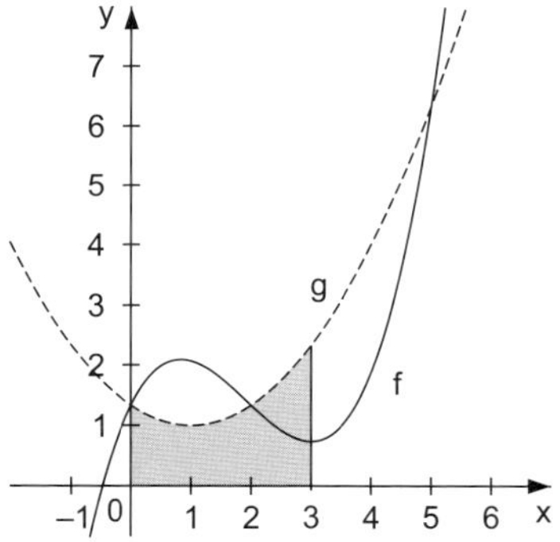

1.2 Der Graph von f verläuft im Inneren des zu untersuchenden Intervalls [2; 5] ausschließlich unterhalb des Graphen von g. Daher ist die zu ihm gehörende Flächenmaßzahl kleiner als die entsprechende Maßzahl von g und der Wert des Integrals ist somit negativ.

2.1 Das Viereck ABCD ist ein Parallelogramm, wenn für die Seitenvektoren gilt:

$$\overrightarrow{AB} = \overrightarrow{DC}$$

Alternativ kann man auch $\overrightarrow{AD}$ und $\overrightarrow{BC}$ auf Gleichheit überprüfen.

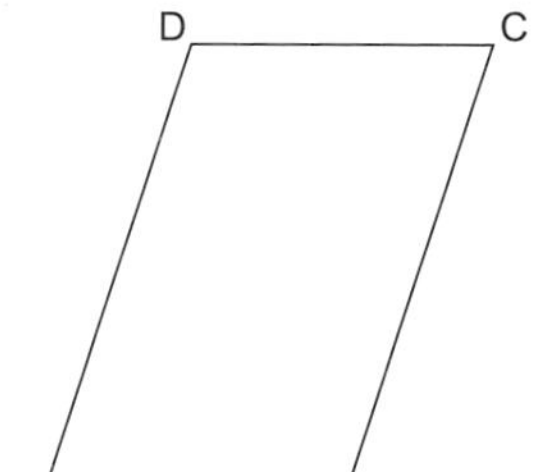

$$\overrightarrow{AB} = \begin{pmatrix} 3 \\ 10 \\ 3 \end{pmatrix} - \begin{pmatrix} 5 \\ 7 \\ 2 \end{pmatrix} = \begin{pmatrix} -2 \\ 3 \\ 1 \end{pmatrix} \text{ und } \overrightarrow{DC} = \begin{pmatrix} 4 \\ 7 \\ 7 \end{pmatrix} - \begin{pmatrix} 6 \\ 4 \\ 6 \end{pmatrix} = \begin{pmatrix} -2 \\ 3 \\ 1 \end{pmatrix}$$

Also gilt $\overrightarrow{AB} = \overrightarrow{DC}$ und ABCD ist ein Parallelogramm.

Das Parallelogramm ist kein Rechteck, wenn irgendein Innenwinkel kein rechter Winkel ist. Das ist zum Beispiel der Fall, wenn das Skalarprodukt von $\overrightarrow{AB}$ und $\overrightarrow{AD}$ ungleich null ist.

Mit $\overrightarrow{AD} = \begin{pmatrix} 6 \\ 4 \\ 6 \end{pmatrix} - \begin{pmatrix} 5 \\ 7 \\ 2 \end{pmatrix} = \begin{pmatrix} 1 \\ -3 \\ 4 \end{pmatrix}$ gilt:

$$\overrightarrow{AB} \circ \overrightarrow{AD} = \begin{pmatrix} -2 \\ 3 \\ 1 \end{pmatrix} \circ \begin{pmatrix} 1 \\ -3 \\ 4 \end{pmatrix} = -2\cdot 1 + 3\cdot(-3) + 1\cdot 4 = -7 \neq 0$$

Damit liegt also kein Rechteck vor.

2.2 Für den Mittelpunkt M als Schnittpunkt der Diagonalen gilt:

$$\overrightarrow{OM} = \overrightarrow{OA} + \frac{1}{2}(\overrightarrow{AD} + \overrightarrow{DC}) = \begin{pmatrix} 5 \\ 7 \\ 2 \end{pmatrix} + \frac{1}{2}\left(\begin{pmatrix} 1 \\ -3 \\ 4 \end{pmatrix} + \begin{pmatrix} -2 \\ 3 \\ 1 \end{pmatrix}\right) = \begin{pmatrix} 5 \\ 7 \\ 2 \end{pmatrix} + \frac{1}{2}\begin{pmatrix} -1 \\ 0 \\ 5 \end{pmatrix} = \begin{pmatrix} \frac{9}{2} \\ 7 \\ \frac{9}{2} \end{pmatrix}$$

$M\left(\frac{9}{2} \mid 7 \mid \frac{9}{2}\right)$ ist also der Mittelpunkt der Diagonalen.

3 Informationsentnahme:
Im Behälter befinden sich 5 Kugeln, davon sind 2 blau und 3 weiß.

3.1 Zwei Kugeln werden ohne Zurücklegen gezogen.

Es ist nur die Angabe der entsprechenden Terme verlangt, eine weitere Rechnung ist, genau wie eine Begründung, nicht notwendig.

Ereignis A: Beim ersten Ziehen sind 2 von 5 Kugeln blau, beim zweiten Ziehen ist nur noch eine von 4 verbliebenen Kugeln blau. Daher gilt:

$$P(A) = P(\text{„beide Kugeln sind blau“}) = \frac{2}{5} \cdot \frac{1}{4} \left(= \frac{1}{10}\right)$$

Ereignis B:

$$P(B) = P(\text{„mindestens eine Kugel ist weiß“}) = 1 - P(\text{„keine Kugel ist weiß“})$$
$$= 1 - P(\text{„beide Kugeln sind blau“}) = 1 - \frac{2}{5} \cdot \frac{1}{4} \left(= 1 - \frac{1}{10} = \frac{9}{10}\right)$$

Alternativ:

$$P(B) = P(\text{„mindestens eine Kugel ist weiß“})$$
$$= \frac{3}{5} \cdot \frac{2}{4} + \frac{2}{5} \cdot \frac{3}{4} + \frac{3}{5} \cdot \frac{2}{4} \left(= 3 \cdot \frac{3 \cdot 2}{5 \cdot 4} = \frac{9}{10}\right)$$

Erläuterung: Zum Ereignis B gehören folgende Ergebnisse: Die erste gezogene Kugel ist weiß und die zweite ist blau *oder* die erste ist blau und die zweite ist weiß *oder* beide gezogenen Kugeln sind weiß.

Ereignis C: Entweder ist die erste gezogene Kugel weiß oder die zweite Kugel; zwei gleichfarbige Kugel sollen nicht vorkommen. Daher gilt:

$$P(C) = P(\text{„eine Kugel ist weiß und eine Kugel ist blau“})$$
$$= \frac{3}{5} \cdot \frac{2}{4} + \frac{2}{5} \cdot \frac{3}{4} \left(= 2 \cdot \frac{3}{5} \cdot \frac{1}{2} = \frac{3}{5}\right)$$

3.2 Hier ist die Anzahl n der zusätzlichen grünen Kugeln gesucht, die hinzugefügt werden müssen, damit die Wahrscheinlichkeit für das Ziehen einer grünen Kugel beim einmaligen Ziehen $\frac{2}{3}$ ist.

Die neue Anzahl aller Kugeln ist nun also $5+n$. Daher muss $\frac{n}{5+n}=\frac{2}{3}$ gelten. Durch die Umformungen

$$\frac{n}{5+n}=\frac{2}{3} \qquad \Big| \cdot (5+n)\cdot 3$$

$$\Leftrightarrow \quad 3\cdot n = 2\cdot(5+n)$$

$$\Leftrightarrow \quad 3\cdot n = 10+2\cdot n \qquad \Big| -2\cdot n$$

$$\Leftrightarrow \quad n = 10$$

ergibt sich, dass 10 grüne Kugeln hinzugefügt werden müssen.

Anhand des Ansatzes $\frac{n}{5+n}=\frac{2}{3}$ kann man auch argumentieren, dass $n=10$ die Anzahl von grünen Kugeln ist, die diese Verhältnisgleichung erfüllt. Da zwei Anteile n Stück sind und $5+n$ Stück drei Anteilen entsprechen müssen, muss $n=2\cdot 5=10$ sein.

Hessen – Mathematik Grundkurs
Hilfsmittelfreier Prüfungsteil – Aufgabenserie zum Wahlteil – Niveau 1

W1 – Analysis (aus: Landesabitur 2020, Teil A, Aufgabe 2)

1 Gegeben ist die Funktion f mit $f(x) = (x^2 - x) \cdot e^x$.

1.1 Entscheiden Sie, welcher der drei dargestellten Graphen zur Funktion f gehört.

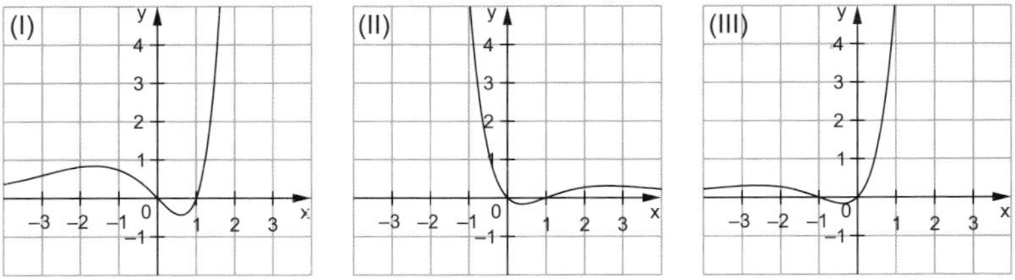

(3 BE)

1.2 Ermitteln Sie die Funktionsgleichung der Ableitungsfunktion f'.
Hinweis: Ein Vereinfachen des Funktionsterms ist nicht erforderlich. **(2 BE)**

W2 – Lineare Algebra/Analytische Geometrie (aus: Landesabitur 2020, Teil A, Aufgabe 3)

2 Berechnen Sie die Lösung des folgenden linearen Gleichungssystems:

$$\begin{array}{ll} \text{I} & 2x - 3y + 2z = 0 \\ \text{II} & -2x + y - z = -1 \\ \text{III} & 6x - 10y + 2z = -14 \end{array}$$

(5 BE)

W3 – Stochastik (aus: Landesabitur 2022, Teil A, Aufgabe 2)

3 Zwei Schützen zielen auf eine Scheibe.

3.1 Schütze 1 trifft die Scheibe mit einer Trefferwahrscheinlichkeit von $p_1 = \frac{2}{3}$. Berechnen Sie die Wahrscheinlichkeit dafür, dass er bei drei Schüssen die Scheibe mindestens zweimal trifft. **(3 BE)**

3.2 Bei Schütze 2 beträgt die Wahrscheinlichkeit, dass er bei zwei Schüssen die Scheibe beide Male trifft, $\frac{9}{25}$. Bestimmen Sie seine Trefferwahrscheinlichkeit p_2. **(2 BE)**

Lösung

1.1 Ein Unterscheidungskriterium könnten die Nullstellen sein, die sich ausgehend vom Ansatz $f(x) = 0$ berechnen lassen:

$$(x^2 - x) \cdot e^x = 0$$

Da e^x nie null ist, muss gelten:

$$x^2 - x = 0$$
$$x \cdot (x - 1) = 0$$
$$x_1 = 0 \quad \text{und} \quad x_2 = 1$$

Graph (III) kann daher nicht zu f gehören.

Man benötigt ein weiteres Kriterium, da noch zwei Graphen zur Auswahl stehen: Diese unterscheiden sich zum Beispiel in ihrem Verhalten für $x \to \infty$.

Für $x \to \infty$ wächst sowohl e^x wie auch $(x^2 - x)$ ins (positiv) Unendliche. Damit wächst auch deren Produkt $(x^2 - x) \cdot e^x$ ins Unendliche. Lediglich Graph (I) weist dieses Verhalten auf und gehört somit zur Funktion f.

1.2 Da es sich bei dem Funktionsterm um ein Produkt handelt, muss die Produktregel angewendet werden:

$$f(x) = (x^2 - x) \cdot e^x \quad \Rightarrow \quad u(x) = x^2 - x, \qquad v(x) = e^x$$
$$u'(x) = 2x - 1, \qquad v'(x) = e^x$$

Ausgehend von $f' = u'v + uv'$ erhält man:

$$f'(x) = (2x - 1) \cdot e^x + (x^2 - x) \cdot e^x$$

Eine Vereinfachung des Terms ist explizit nicht gefordert.

2 Man erhält die Lösung des Gleichungssystems, indem man die Variablen schrittweise eliminiert. So bietet es sich bei den vorgegebenen Gleichungen an, zunächst die Variable x zu entfernen.

$$\begin{array}{lrcl} \text{I} & 2x - 3y + 2z & = & 0 \\ \text{II} & -2x + y - z & = & -1 \\ \text{III} & 6x - 10y + 2z & = & -14 \end{array}$$

Addiert man die ersten beiden Gleichungen, (I) + (II), so erhält man:

$$\text{IV} \quad -2y + z = -1$$

Und $-3 \cdot$ (I) + (III) ergibt:

$$\text{V} \quad -y - 4z = -14$$

Nun lässt sich y eliminieren, indem man (IV) $- 2 \cdot$ (V) rechnet und dann erhält:

$$9z = 27$$
$$z = 3$$

$z = 3$ eingesetzt in (IV) liefert:

$$-2y + 3 = -1$$
$$y = 2$$

y = 2 und z = 3 eingesetzt in (II) liefert:

$$-2x + 2 - 3 = -1$$
$$x = 0$$

Die Lösung des Gleichungssystems ist also x = 0, y = 2, z = 3.

3.1 Mithilfe des nebenstehenden (verkürzten) Baumdiagramms ermittelt man (T: Schütze 1 trifft die Scheibe):

$$P(\text{drei Treffer}) = \frac{2}{3} \cdot \frac{2}{3} \cdot \frac{2}{3} = \frac{8}{27}$$

$$P(\text{zwei Treffer}) = 3 \cdot \frac{2 \cdot 2 \cdot 1}{3 \cdot 3 \cdot 3} = \frac{12}{27}$$

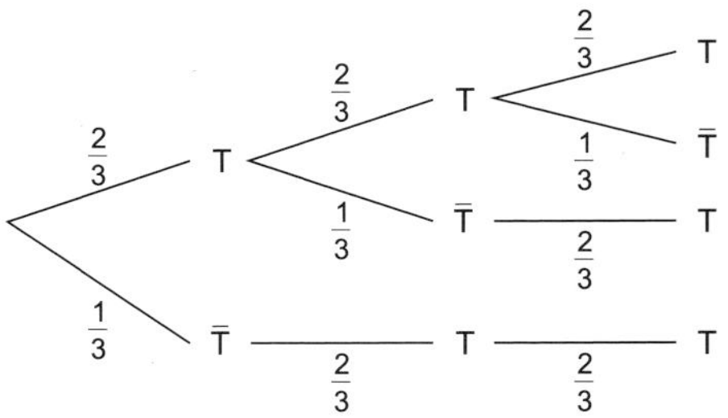

Damit ist:

$$P(\text{mindestens zwei Treffer}) = P(\text{zwei Treffer}) + P(\text{drei Treffer}) = \frac{12}{27} + \frac{8}{27} = \frac{20}{27}$$

3.2 Bei einer Trefferwahrscheinlichkeit von p_2 für Schütze 2 gilt:

$$P(\text{zwei Treffer}) = p_2 \cdot p_2 = p_2^2 = \frac{9}{25}$$

Damit ist:

$$p_2 = \sqrt{\frac{9}{25}} = \frac{3}{5}$$

Hessen – Mathematik Grundkurs
Hilfsmittelfreier Prüfungsteil – Aufgabenserie zum Wahlteil – Niveau 2

W4 – Analysis

4 Gegeben ist die Funktionenschar $f_a(x) = -\frac{1}{a}x^2 + ax$ für $a > 0$.

4.1 Begründen Sie, dass der Graph von f_a für alle $a > 0$ genau ein Maximum besitzt. **(1 BE)**

4.2 Berechnen Sie a so, dass der Graph von f_a exakt an der Stelle $x = 8$ ein solches Maximum besitzt. **(4 BE)**

W5 – Lineare Algebra/Analytische Geometrie (aus: Landesabitur 2020, Teil A, Aufgabe 4)

5 Gegeben ist die Ebene E mit der Koordinatengleichung E: $x + z = -3$.

5.1 Bestimmen Sie die Koordinaten der Schnittpunkte von E mit den Koordinatenachsen und geben Sie die besondere Lage von E im Koordinatensystem an. **(3 BE)**

5.2 Gegeben ist weiterhin die Gerade g: $\vec{x} = \begin{pmatrix} 0 \\ 0 \\ 1 \end{pmatrix} + t \cdot \begin{pmatrix} -1 \\ 0 \\ 1 \end{pmatrix}$, $t \in \mathbb{R}$. Untersuchen Sie die besondere Lage von g sowohl zu E als auch im Koordinatensystem. **(2 BE)**

W6 – Stochastik (aus: Landesabitur 2021, Teil A, Aufgabe 4)

6 In einem Kindergarten mit 120 Kindern, darunter 68 Mädchen und 52 Jungen, befinden sich 14 Mädchen und 10 Jungen, die eine Brille tragen.
Eine Umfrage unter den Eltern aller Kinder ergibt, dass bei 30 Kindern beide Elternteile eine Brille tragen. Unter diesen 30 Kindern tragen 8 eine Brille.

6.1 Ermitteln Sie den Anteil der Kinder, die eine Brille tragen, unter allen Kindern dieses Kindergartens. **(2 BE)**

6.2 Prüfen Sie die beiden folgenden Ereignisse A und B auf stochastische Unabhängigkeit:

A: Beide Elternteile tragen eine Brille.
B: Kind trägt eine Brille.

Hinweis: Zwei Ereignisse A und B sind stochastisch unabhängig, falls gilt:
$P(B) = P_A(B)$ bzw. $P(A \cap B) = P(A) \cdot P(B)$ **(3 BE)**

Lösung

4.1 An der Funktionsgleichung kann man erkennen, dass es sich hierbei um eine Parabel handelt. Da der Parameter a nur positive Werte annehmen kann, wird der gesamte Vorfaktor $-\frac{1}{a}$ in jedem Fall ein negatives Vorzeichen besitzen. Daher ist die Parabel nach unten geöffnet und hat in jedem Fall genau ein Maximum.

4.2 Notwendige Bedingung für ein Maximum: $f_a'(x) = 0$

$$f_a'(x) = -\frac{2}{a}x + a$$

$$0 = -\frac{2}{a}x + a \qquad \left| -a \right.$$

$$-a = -\frac{2}{a}x \qquad \left| :\left(-\frac{2}{a}\right) \right.$$

$$x = \frac{a^2}{2}$$

Mit der Bedingung $x = 8$ ergibt sich unter Beachtung von $a > 0$:

$$8 = \frac{a^2}{2} \quad \Leftrightarrow \quad a = 4$$

5.1 Ein Schnittpunkt mit einer der Koordinatenachsen liegt vor, wenn zwei Koordinaten null sind. Der Schnittpunkt mit der x-Achse hat zum Beispiel die Koordinaten $P_x(x\,|\,0\,|\,0)$. Damit lassen sich die Schnittpunkte berechnen.

Für den Schnittpunkt mit der x-Achse ist $y = 0$ und $z = 0$. Setzt man diese Koordinaten in die Ebenengleichung E: $x + z = -3$ ein, so erhält man:

$$x + 0 = -3$$

$$x = -3$$

Der Schnittpunkt mit der x-Achse ist also $P_x(-3\,|\,0\,|\,0)$.

Analog erhält man für den Schnittpunkt mit der y-Achse $x = 0$ und $z = 0$. Dies liefert:

$$0 + 0 = -3$$

$0 = -3$ ist eine falsche Aussage. Die Ebene hat also keinen Schnittpunkt mit der y-Achse.

Für den Schnittpunkt mit der z-Achse ergibt sich mit $x = 0$ und $y = 0$:

$$0 + z = -3$$

$$z = -3$$

Der Schnittpunkt mit der z-Achse ist demnach $P_z(0\,|\,0\,|\,-3)$.

Aus dem Nachweis, dass die Ebene E die y-Achse nicht schneidet, ergibt sich, dass E parallel zur y-Achse liegt.

5.2 Zunächst soll untersucht werden, ob die Gerade g die Ebene E schneidet.

Setzt man die der Geradengleichung entnommenen Komponenten x, y und z in die Koordinatengleichung der Ebene ein, erhält man:

$$(0-t)+(1+t)=-3$$
$$1=-3$$

Dies ist eine falsche Aussage. Die Gerade und die Ebene haben keine gemeinsamen Punkte. Die Gerade g verläuft daher parallel zur Ebene E.

Die besondere Lage der Geraden im Koordinatensystem wird an der y-Komponente des Richtungsvektors $\begin{pmatrix}-1\\0\\1\end{pmatrix}$ deutlich. Da keine Ablenkung in y-Richtung vorliegt, muss die Gerade parallel zur x-z-Ebene liegen oder sogar in ihr enthalten sein.

Zur Unterscheidung der Fälle genügt es, zu untersuchen, ob der Aufpunkt $A(0\,|\,0\,|\,1)$ der Geraden in der x-z-Ebene liegt. Damit ein Punkt in der x-z-Ebene liegt, muss seine y-Koordinate null sein. Dies ist hier der Fall. Der Aufpunkt und damit die komplette Gerade liegen in der x-z-Ebene.

6.1 Dem einleitenden Aufgabentext ist zu entnehmen, dass 14 Mädchen und 10 Jungen eine Brille tragen. Insgesamt tragen also 24 von 120 Kindern eine Brille und man erhält für den gesuchten Anteil:

$$P(\text{Kind trägt Brille})=\frac{24}{120}=\frac{1}{5}$$

6.2 Stellt man die im einleitenden Aufgabentext enthaltenen Informationen in einer Vierfeldertafel zusammen, so erhält man:

	A: Eltern tragen beide eine Brille.	$\overline{A}$: Mindestens ein Elternteil trägt keine Brille.	
B: Kind trägt Brille.	8		14 + 10
$\overline{B}$: Kind trägt keine Brille.			
	30		120

Daraus ergibt sich:

$$P(A)=\frac{30}{120}=\frac{1}{4};\qquad P(B)=\frac{24}{120}=\frac{1}{5}\quad \text{(vgl. Teilaufgabe 6.1)}$$

$$P(A\cap B)=\frac{8}{120}=\frac{1}{15};\quad P_A(B)=\frac{8}{30}=\frac{4}{15}$$

Mit den in der Aufgabenstellung formulierten Hinweisen ergibt sich

$$P(B)=\frac{24}{120}=\frac{1}{5}=\frac{3}{15}\neq\frac{4}{15}=P_A(B)$$

oder alternativ:

$$P(A\cap B)=\frac{8}{120}=\frac{1}{15}\neq\frac{1}{20}=\frac{1}{4}\cdot\frac{1}{5}=P(A)\cdot P(B)$$

Die beiden Merkmale sind also nicht stochastisch unabhängig.

Hessen – Grundkurs Mathematik
2021 – A: hilfsmittelfreier Teil

Analysis – Niveau 1

1 Gegeben ist die Funktion f mit $f(x) = 2x^3 - 6x$. Der Graph von f ist in der Abbildung im Material dargestellt.

1.1 Berechnen Sie $\int_0^2 f(x)\,dx$ und begründen Sie mithilfe der Abbildung, warum der Wert dieses Integrals negativ ist. **(4 BE)**

1.2 Geben Sie den Wert des Integrals $\int_{-a}^{a} f(x)\,dx$ an. **(1 BE)**

Material

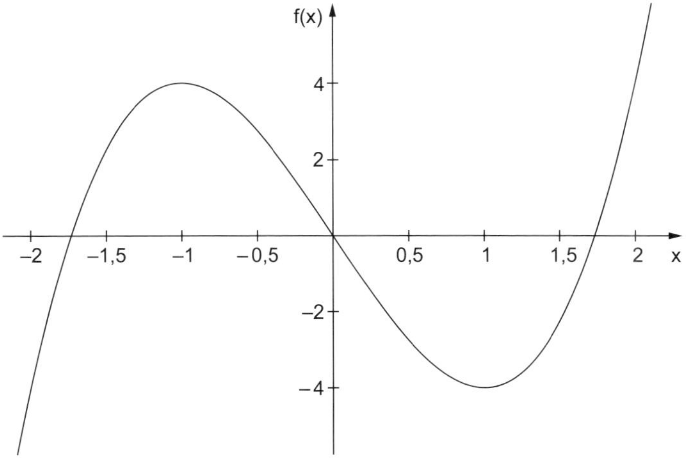

Lineare Algebra / Analytische Geometrie – Niveau 1

2 Gegeben ist das Dreieck ABC mit den Punkten $A(2\,|\,3\,|\,-4)$, $B(-1\,|\,1\,|\,0)$ und $C(2\,|\,1\,|\,-4)$.

2.1 Zeigen Sie rechnerisch, dass das Dreieck im Punkt C einen rechten Winkel hat. **(3 BE)**

2.2 Berechnen Sie den Flächeninhalt der Dreiecksfläche. **(2 BE)**

Stochastik – Niveau 1

3 Feline besitzt eine Kiste mit den sechs gleichartigen Kugeln ① ❷ ❸ ④ ❺ ❻ und führt zwei verschiedene Experimente durch.

3.1 Sie zieht zweimal hintereinander zufällig eine Kugel und legt jede Kugel nach dem Zug wieder zurück in die Kiste. Berechnen Sie die Wahrscheinlichkeit für das Ereignis
A: Mindestens eine Kugel ist mit einer geraden Zahl beschriftet. **(2 BE)**

3.2 Sie zieht dreimal hintereinander zufällig eine Kugel, ohne diese zurückzulegen. Berechnen Sie die Wahrscheinlichkeit für das Ereignis
B: Unter den gezogenen Kugeln ist genau eine weiße Kugel. **(3 BE)**

Stochastik – Niveau 2

4 In einem Kindergarten mit 120 Kindern, darunter 68 Mädchen und 52 Jungen, befinden sich 14 Mädchen und 10 Jungen, die eine Brille tragen.
Eine Umfrage unter den Eltern aller Kinder ergibt, dass bei 30 Kindern beide Elternteile eine Brille tragen. Unter diesen 30 Kindern tragen 8 eine Brille.

4.1 Ermitteln Sie den Anteil der Kinder, die eine Brille tragen, unter allen Kindern dieses Kindergartens. **(2 BE)**

4.2 Prüfen Sie die beiden folgenden Ereignisse A und B auf stochastische Unabhängigkeit:

A: Beide Elternteile tragen eine Brille.
B: Kind trägt eine Brille.

Hinweis: Zwei Ereignisse A und B sind stochastisch unabhängig, falls gilt:
$P(B) = P_A(B)$ bzw. $P(A \cap B) = P(A) \cdot P(B)$ **(3 BE)**

Lösung

1.1 Als Stammfunktion der Funktion f ermittelt man:

$$F(x) = 2 \cdot \frac{1}{4} x^4 - 6 \cdot \frac{1}{2} x^2 = \frac{1}{2} x^4 - 3x^2$$

Die Berechnung des Integralwertes liefert:

$$\int_0^2 (2x^3 - 6x)\,dx = \left[\frac{1}{2} x^4 - 3x^2\right]_0^2 = \left(\frac{1}{2} \cdot 2^4 - 3 \cdot 2^2\right) - \left(\frac{1}{2} \cdot 0^4 - 3 \cdot 0^2\right)$$
$$= 8 - 12 - (0 - 0) = -4$$

Der Integralwert zeigt die Flächenbilanz der beiden Teilflächen über dem Intervall [0; 2]. Dabei ist die negativ orientierte Teilfläche unterhalb der x-Achse größer als die positiv orientierte Teilfläche oberhalb der x-Achse. Der Wert ist daher negativ.

1.2 Die Abbildung zeigt, dass der Graph der Funktion f punktsymmetrisch bezüglich des Ursprungs ist. Die orientierten Flächen rechts und links der y-Achse heben sich in der Bilanz auf. Es gilt daher:

$$\int_{-a}^{a} (2x^3 - 6x)\,dx = 0$$

2.1 Der rechte Winkel soll bei C liegen. Man benötigt also die Kantenvektoren $\overrightarrow{CA}$ und $\overrightarrow{CB}$. Man erhält:

$$\overrightarrow{CA} = \begin{pmatrix} 2 \\ 3 \\ -4 \end{pmatrix} - \begin{pmatrix} 2 \\ 1 \\ -4 \end{pmatrix} = \begin{pmatrix} 0 \\ 2 \\ 0 \end{pmatrix} \quad \text{und} \quad \overrightarrow{CB} = \begin{pmatrix} -1 \\ 1 \\ 0 \end{pmatrix} - \begin{pmatrix} 2 \\ 1 \\ -4 \end{pmatrix} = \begin{pmatrix} -3 \\ 0 \\ 4 \end{pmatrix}$$

Zwei Vektoren stehen senkrecht zueinander, wenn ihr Skalarprodukt null ist. Die Berechnung des Skalarprodukts liefert:

$$\overrightarrow{CA} \circ \overrightarrow{CB} = \begin{pmatrix} 0 \\ 2 \\ 0 \end{pmatrix} \circ \begin{pmatrix} -3 \\ 0 \\ 4 \end{pmatrix} = 0 \cdot (-3) + 2 \cdot 0 + 0 \cdot 4 = 0 + 0 + 0 = 0$$

Damit liegt im Punkt C ein rechter Winkel vor.

2.2 Wählt man die Dreiecksseite $\overline{AC}$ als Grundseite g des Dreiecks, dann entspricht die Länge der Dreiecksseite $\overline{CB}$ der Höhe h des Dreiecks (siehe Nachweis der Rechtwinkligkeit in Teilaufgabe 2.1). Für die Längen dieser Seiten erhält man:

$$g = |\overrightarrow{CA}| = \left|\begin{pmatrix} 0 \\ 2 \\ 0 \end{pmatrix}\right| = \sqrt{0^2 + 2^2 + 0^2} = \sqrt{4} = 2$$

$$h = |\overrightarrow{CB}| = \left|\begin{pmatrix} -3 \\ 0 \\ 4 \end{pmatrix}\right| = \sqrt{(-3)^2 + 0^2 + 4^2} = \sqrt{9 + 16} = \sqrt{25} = 5$$

Mit der Flächenformel für Dreiecke erhält man damit:

$$A = \frac{1}{2} gh = \frac{1}{2} \cdot 2 \cdot 5 = 5$$

Das Dreieck hat einen Flächeninhalt von 5 FE.

3.1 Da die gezogene Kugel zurückgelegt wird und je drei der sechs Kugeln gerade bzw. ungerade Zahlen zeigen, gilt für jeden Zug:

$$P(\text{gerade}) = \frac{3}{6} = \frac{1}{2} \quad \text{und} \quad P(\text{ungerade}) = \frac{3}{6} = \frac{1}{2}$$

Damit erhält man:

$$P(A) = P(\text{gerade-ungerade}) + P(\text{ungerade-gerade}) + P(\text{gerade-gerade})$$

$$= \frac{1}{2} \cdot \frac{1}{2} + \frac{1}{2} \cdot \frac{1}{2} + \frac{1}{2} \cdot \frac{1}{2} = \frac{1}{4} + \frac{1}{4} + \frac{1}{4} = \frac{3}{4} = 0{,}75 = 75\ \%$$

Alternativ lässt sich die gesuchte Wahrscheinlichkeit auch über die Wahrscheinlichkeit des Gegenereignisses berechnen und man erhält:

$$P(A) = 1 - P(\text{ungerade-ungerade}) = 1 - \frac{1}{2} \cdot \frac{1}{2} = 1 - \frac{1}{4} = \frac{3}{4} = 0{,}75 = 75\ \%$$

3.2 Das Ereignis B umfasst die Kombinationsmöglichkeiten weiß-schwarz-schwarz (WSS), schwarz-weiß-schwarz (SWS) und schwarz-schwarz-weiß (SSW). Die Kugeln werden nicht zurückgelegt, sodass sich mit jedem Zug die Wahrscheinlichkeiten verändern. Man erhält:

$$P(WSS) = \frac{2}{6} \cdot \frac{4}{5} \cdot \frac{3}{4} = \frac{1}{5}; \quad P(SWS) = \frac{4}{6} \cdot \frac{2}{5} \cdot \frac{3}{4} = \frac{1}{5}; \quad P(SSW) = \frac{4}{6} \cdot \frac{3}{5} \cdot \frac{2}{4} = \frac{1}{5}$$

Damit ergibt sich für die gesuchte Wahrscheinlichkeit:

$$P(B) = P(WWS) + P(WSW) + P(SWW) = \frac{1}{5} + \frac{1}{5} + \frac{1}{5} = \frac{3}{5} = 0{,}6 = 60\ \%$$

4.1 Dem einleitenden Aufgabentext ist zu entnehmen, dass 14 Mädchen und 10 Jungen eine Brille tragen. Insgesamt tragen also 24 von 120 Kindern eine Brille und man erhält für den gesuchten Anteil:

$$P(\text{Kind trägt Brille}) = \frac{24}{120} = \frac{1}{5}$$

4.2 Stellt man die im einleitenden Aufgabentext enthaltenen Informationen in einer Vierfeldertafel zusammen, so erhält man:

	A: Eltern tragen beide eine Brille.	$\overline{A}$: Mindestens ein Elternteil trägt keine Brille.	
B: Kind trägt Brille.	8		14 + 10
$\overline{B}$: Kind trägt keine Brille.			
	30		120

Daraus ergibt sich:

$$P(A) = \frac{30}{120} = \frac{1}{4}; \qquad P(B) = \frac{24}{120} = \frac{1}{5} \quad \text{(vgl. Teilaufgabe 4.1)}$$

$$P(A \cap B) = \frac{8}{120} = \frac{1}{15}; \quad P_A(B) = \frac{8}{30} = \frac{4}{15}$$

Mit den in der Aufgabenstellung formulierten Hinweisen ergibt sich

$$P(B) = \frac{24}{120} = \frac{1}{5} = \frac{3}{15} \neq \frac{4}{15} = P_A(B)$$

oder alternativ:

$$P(A \cap B) = \frac{8}{120} = \frac{1}{15} \neq \frac{1}{20} = \frac{1}{4} \cdot \frac{1}{5} = P(A) \cdot P(B)$$

Die beiden Merkmale sind also nicht stochastisch unabhängig.

Hessen – Grundkurs Mathematik
2021 – B1: Analysis (WTR)

An einem geradlinig verlaufenden Fluss steht ein Deich älteren Baujahres, der erhöht werden soll, um den Hochwasserschutz zu verbessern. Das horizontale ebene Gelände links und rechts des Deichs liegt bei der folgenden Modellierung auf der Höhe der x-Achse. Die Funktionswerte der folgenden Funktionen geben die Höhen des Deichs in Bezug auf dieses ebene Gelände an. Eine Einheit im Koordinatensystem entspricht einem Meter.

1 Die obere Profillinie des alten Deichs wird für $0 \leq x \leq 20$ durch den Graphen der Funktion f mit $f(x) = \frac{3}{4} \cdot x \cdot e^{1-\frac{1}{4}x}$ beschrieben (Material 1). Für $20 \leq x \leq x_N$ wird die obere Profillinie des Deichs durch die Tangente t an den Graphen von f im Punkt $P(20 \mid f(20))$ beschrieben, wobei x_N die Nullstelle der Tangente t bezeichnet.

1.1 Berechnen Sie die Funktionsgleichung der Tangente t.
Zeigen Sie, dass der Deich eine Breite von 25 m besitzt.
Zeichnen Sie die Tangente im Bereich $20 \leq x \leq x_N$ in das Koordinatensystem im Material 1.
[zur Kontrolle: $t(x) = -\frac{3}{e^4} \cdot x + \frac{75}{e^4}$] **(9 BE)**

1.2 Berechnen Sie den höchsten Punkt der Profillinie des Deichs. Die Untersuchung der notwendigen Bedingung ist hierbei ausreichend.
Beschriften Sie die y-Achse im Koordinatensystem im Material 1 mit einer geeigneten Skalierung. **(4 BE)**

1.3 Berechnen Sie mithilfe des Formansatzes $F(x) = (a \cdot x + b) \cdot e^{1-\frac{1}{4}x}$ eine Stammfunktion der Funktion f.
[zur Kontrolle: $F(x) = (-3 \cdot x - 12) \cdot e^{1-\frac{1}{4}x}$] **(5 BE)**

1.4 Berechnen Sie das Volumen des gesamten Erdreichs, das zum Bau des 1 km langen alten Deichs aufgeschüttet wurde. **(5 BE)**

2 Der alte Deich soll nun durch einen neuen, gleich langen, aber höheren Deich ersetzt werden, dessen obere Profillinie für $0 \leq x \leq 25$ durch den Graphen einer Funktion g beschrieben wird, wobei g eine Funktion der Funktionenschar g_k mit $g_k(x) = \frac{k}{1000} \cdot x \cdot (x-25)^2$ für $k > 0$ ist. Die Hochpunkte der Graphen der Funktionenschar g_k liegen in Abhängigkeit vom Parameter k bei $H\left(\frac{25}{3} \,\middle|\, \frac{125}{54}k\right)$.

2.1 Geben Sie an, welchen Einfluss der Parameter k auf die Höhe und auf die Breite des neuen Deichs besitzt. Berücksichtigen Sie dabei auch die Lage der Nullstellen.
Berechnen Sie, wie der Parameter k gewählt werden muss, damit der neue Deich höher als 3 m ist. **(3 BE)**

2.2 Zeigen Sie, dass die Graphen der Funktionenschar g_k unabhängig vom Parameter k einen Wendepunkt an der Stelle $x_W = \frac{50}{3}$ besitzen.
[zur Kontrolle: $g_k'(x) = \frac{3 \cdot k}{1000} \cdot x^2 - \frac{k}{10} \cdot x + \frac{5 \cdot k}{8}$] **(6 BE)**

2.3 Moderne Deiche werden mit einem möglichst flachen Gefälle auf der Flussseite konstruiert. Für den Steigungswinkel α des (flussseitigen) Deichprofils gegenüber der Horizontalen soll $|\alpha| \leq 30°$ gelten.
Berechnen Sie, für welchen Wert des Parameters k der Graph der Funktionenschar g_k die Bedingung $|\alpha| = 30°$ an der steilsten Stelle des (flussseitigen) Deichprofils erfüllt. **(4 BE)**

2.4 Für die Profillinie des neuen Deichs wird die Funktion g mit $g(x) = g_2(x)$ gewählt und die Rechnung im unten stehenden Kasten durchgeführt. Erläutern Sie mithilfe von Material 2 die Rechenschritte und deuten Sie das Ergebnis in Zeile (2) im Sachzusammenhang.

(1) $g(x) = f(x) \Leftrightarrow \frac{2}{1000} \cdot x \cdot (x-25)^2 = \frac{3}{4} \cdot x \cdot e^{1-\frac{1}{4}x} \Rightarrow x_1 = 0,\ x_2 \approx 3\ (x_3 \approx 23,\ x_4 \approx 26)$

(2) $\Rightarrow V = 1000 \cdot \int_0^3 \left(f(x) - g(x)\right) dx \approx 889$

(4 BE)

Material 1

Der alte Deich

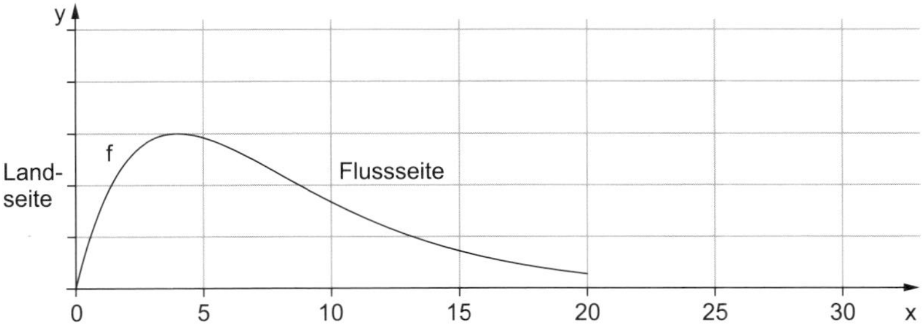

Material 2

Profillinien des alten und des neuen Deichs

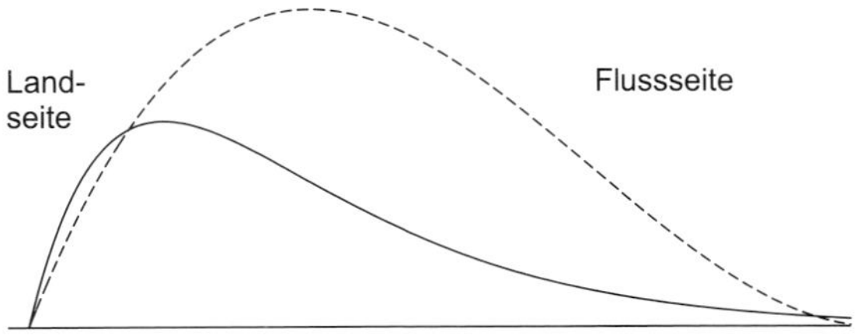

Hinweise und Tipps

Teilaufgabe 1.1

- Die Tangente ist eine Gerade der Form $t(x) = m \cdot x + b$, wobei $m = f'(20)$ ist.
- Die Tangente geht durch den Punkt $P(20 \mid f(20))$.
- Die Breite des Deichs ist bestimmt durch die Nullstelle von f und die Nullstelle von t.

Teilaufgabe 1.2

- Der höchste Punkt des Deichs ist der Hochpunkt des Graphen von f.
- Für die notwendige Bedingung muss die 1. Ableitung null gesetzt werden.

Teilaufgabe 1.3

- Da F eine Stammfunktion ist, gilt: $F'(x) = f(x)$
- Die Koeffizienten a und b erhält man durch den Vergleich der beiden Terme.

Teilaufgabe 1.4

- Bestimmen Sie zuerst die Fläche zwischen der Profillinie und der x-Achse.
- Beachten Sie, dass die Profillinie aus zwei Teilen (f(x) und t(x)) besteht.
- Das Volumen erhält man durch Multiplikation mit der Deichlänge.

Teilaufgabe 2.1

- Für die Breite des Deichs sind die beiden Nullstellen maßgebend. Hängen diese von k ab?
- Der Einfluss von k auf die Deichhöhe ergibt sich aus der y-Koordinate des Hochpunkts.

Teilaufgabe 2.2

- Multiplizieren Sie den Term von $g_k(x)$ aus.
- Die notwendige Bedingung für eine Wendestelle x_W ist $g_k''(x_W) = 0$ und die hinreichende Bedingung ist $g_k'''(x_W) \neq 0$.

Teilaufgabe 2.3

- Die steilste Stelle des Graphen (unabhängig vom Vorzeichen) liegt an der Wendestelle vor.
- Gesucht ist derjenige Parameter k, für den $g_k'(x_W) = \tan(-30°)$ gilt.

Teilaufgabe 2.4

- Hier werden Schnittstellen bestimmt. Vergleichen Sie (1) mit dem Material 2.
- Um den Deich mit der neuen Profillinie zu bauen, muss offensichtlich ein Teil des alten Deichs abgetragen werden.

Lösung

1.1 Die Funktionsgleichung der Tangente ist eine Geradengleichung der Form $t(x) = m \cdot x + b$. Hierbei ist die Steigung m die Ableitung der Funktion f an der Stelle 20, also $m = f'(20)$.

Aus $f(x) = \frac{3}{4} \cdot x \cdot e^{1-\frac{1}{4}x}$ folgt mittels der Produktregel und der Kettenregel der Differenzialrechnung:

$$f'(x) = \frac{3}{4} \cdot e^{1-\frac{1}{4}x} + \frac{3}{4} \cdot x \cdot e^{1-\frac{1}{4}x} \cdot \left(-\frac{1}{4}\right) = \frac{3}{4} \cdot e^{1-\frac{1}{4}x} \cdot \left(1 - \frac{1}{4} \cdot x\right)$$

Durch Einsetzen von $x = 20$ erhält man:

$$f'(20) = \frac{3}{4} \cdot e^{1-\frac{1}{4} \cdot 20} \cdot \left(1 - \frac{1}{4} \cdot 20\right) = \frac{3}{4} \cdot e^{-4} \cdot (-4) = -3 \cdot e^{-4} = -\frac{3}{e^4}$$

Damit ist $m = -\frac{3}{e^4}$.

Die gesuchte Tangente ist die Tangente an den Graphen von f im Punkt $P(20 \mid f(20))$:

$$f(20) = \frac{3}{4} \cdot 20 \cdot e^{1-\frac{1}{4} \cdot 20} = 15 \cdot e^{-4} = \frac{15}{e^4}$$

Einsetzen der Koordinaten des Punktes P und der Steigung m in die Tangentengleichung $t(x) = m \cdot x + b$ ergibt zusammen mit der Bedingung $f(20) = t(20)$:

$$f(20) = t(20) \quad \Rightarrow \quad \frac{15}{e^4} = -\frac{3}{e^4} \cdot 20 + b$$

Löst man nach b auf, erhält man:

$$b = \frac{15}{e^4} + \frac{60}{e^4} = \frac{75}{e^4}$$

Damit lautet die komplette Tangentengleichung:

$$t(x) = -\frac{3}{e^4} \cdot x + \frac{75}{e^4}$$

Für die Breite des Deichs benötigt man die Nullstelle der Tangente. Aus $t(x) = 0$ erhält man durch Auflösen nach x:

$$-\frac{3}{e^4} \cdot x + \frac{75}{e^4} = 0 \quad \Rightarrow \quad -\frac{3}{e^4} \cdot x = -\frac{75}{e^4} \quad \Rightarrow \quad x = \frac{e^4}{3} \cdot \frac{75}{e^4} = 25$$

Der Deich ist also 25 Meter breit.

Das Einzeichnen der Tangente (Material 1) ergibt die folgende Abbildung.

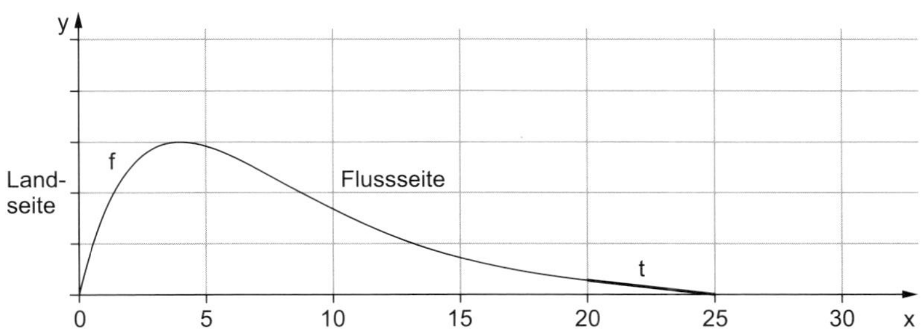

1.2 Der höchste Punkt des Deichs ist der Hochpunkt von f(x). Hierzu muss die 1. Ableitung null gesetzt werden (notwendige Bedingung; laut Aufgabenstellung ist diese auch ausreichend). Die 1. Ableitung wurde bereits in Teilaufgabe 1.1 berechnet, also:

$$f'(x) = 0 \quad \Rightarrow \quad \frac{3}{4} \cdot e^{1-\frac{1}{4}x} \cdot \left(1 - \frac{1}{4} \cdot x\right) = 0$$

Da der Exponentialterm nicht null werden kann, ist f'(x) nur dann gleich null, wenn die Klammer null wird: Aus $1 - \frac{1}{4} \cdot x = 0$ erhält man $x = 4$ als Extremstelle.

Eingesetzt in die Funktionsgleichung f(x) bekommt man die y-Koordinate:

$$f(4) = \frac{3}{4} \cdot 4 \cdot e^{1-\frac{1}{4} \cdot 4} = 3 \cdot e^0 = 3$$

Der höchste Punkt ist damit H(4 | 3).

Der Deich ist also 3 Meter hoch und erreicht diese Höhe an der Stelle 4 Meter.

Die geeignete Skalierung der y-Achse zeigt die folgende Abbildung.

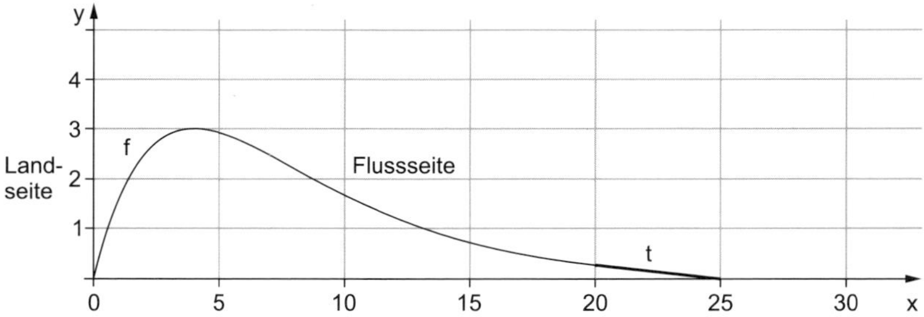

1.3 Da F eine Stammfunktion von f sein soll, muss $F'(x) = f(x)$ gelten. Die Koeffizienten a und b ergeben sich dann durch Vergleich der beiden Terme.

Durch Anwendung der Produktregel und der Kettenregel erhält man:

$$F'(x) = a \cdot e^{1-\frac{1}{4}x} + (a \cdot x + b) \cdot e^{1-\frac{1}{4}x} \cdot \left(-\frac{1}{4}\right) = a \cdot e^{1-\frac{1}{4}x} - \left(\frac{1}{4} \cdot a \cdot x + \frac{1}{4} \cdot b\right) \cdot e^{1-\frac{1}{4}x}$$

Durch Ausklammern erhält man:

$$F'(x) = \left(-\frac{1}{4} \cdot a \cdot x + a - \frac{1}{4} \cdot b\right) \cdot e^{1-\frac{1}{4}x}$$

Da weiterhin $f(x) = \frac{3}{4} \cdot x \cdot e^{1-\frac{1}{4}x}$ und $F'(x) = f(x)$ gilt, ergibt der Vergleich der beiden Terme für die Koeffizienten:

$$-\frac{1}{4} \cdot a = \frac{3}{4} \quad \text{und} \quad a - \frac{1}{4} \cdot b = 0$$

Daraus folgt $a = -3$ und $b = -12$. Damit lautet die gesuchte Stammfunktion:

$$F(x) = (-3 \cdot x - 12) \cdot e^{1-\frac{1}{4}x}$$

1.4 Die Profillinie des Deiches besteht aus zwei Teilen, der Kurve f(x) im Bereich zwischen 0 m und 20 m sowie der Gerade (Tangente) zwischen 20 m und 25 m.

Für die Berechnung des Volumens muss man beide Flächen berechnen und mit der Länge des Deichs (1 000 m) multiplizieren.

Für die erste Fläche gilt:

$$A_1 = \int_0^{20} f(x)\,dx = \int_0^{20} \left(\frac{3}{4} \cdot x \cdot e^{1-\frac{1}{4}x}\right) dx = [F(x)]_0^{20} = \left[(-3 \cdot x - 12) \cdot e^{1-\frac{1}{4}x}\right]_0^{20}$$

$$= -72 \cdot e^{-4} - (-12 \cdot e) \approx 31{,}30$$

Die zweite Fläche ist ein rechtwinkliges Dreieck mit den Seitenlängen 5 und $f(20) = \frac{15}{e^4}$ (wurde bereits in Teilaufgabe 1.1 berechnet). Für die Fläche A_2 erhält man somit:

$$A_2 = \frac{1}{2} \cdot 5 \cdot \frac{15}{e^4} \approx 0{,}69$$

Alle Einheiten sind Quadratmeter.

Die gesamte Querschnittsfläche $A_1 + A_2$ beträgt also etwa 31,99 Quadratmeter.

Multipliziert mit der Deichlänge von 1 000 Metern erhält man also ein Volumen von etwa 31 990 Kubikmetern.

2.1 Der Deich ist umso höher, je größer der Wert von k ist. Auf die Breite des Deichs hat der Wert von k keinen Einfluss, da die Nullstellen immer bei $x = 0$ und $x = 25$ liegen, unabhängig von k.

Damit der Deich höher als 3 m wird, muss die y-Koordinate des Hochpunkts größer als 3 sein. Daraus folgt der Ansatz:

$$\frac{125}{54} \cdot k > 3$$

Aufgelöst nach k erhält man:

$$k > 3 \cdot \frac{54}{125} = 1{,}296$$

2.2 An der Stelle x_W liegt ein Wendepunkt vor, wenn die 2. Ableitung an dieser Stelle gleich 0 und die 3. Ableitung ungleich 0 ist.

Um die Ableitung zu erhalten, kann man entweder den Term $\frac{k}{1000} \cdot x \cdot (x-25)^2$ zuerst ausmultiplizieren und dann ableiten, oder man kann die Ableitung mithilfe der Produktregel bilden. Da man dreimal ableiten muss, ist der Aufwand bei vorherigem Ausmultiplizieren weitaus geringer.

$$g_k(x) = \frac{k}{1000} \cdot x \cdot (x-25)^2 = \frac{k}{1000} \cdot x \cdot (x^2 - 50 \cdot x + 625)$$

$$= \frac{k}{1000} \cdot (x^3 - 50 \cdot x^2 + 625 \cdot x)$$

Damit erhält man:

$$g_k'(x) = \frac{k}{1000} \cdot (3 \cdot x^2 - 100 \cdot x + 625)$$

$$g_k''(x) = \frac{k}{1000} \cdot (6 \cdot x - 100)$$

$$g_k'''(x) = \frac{k}{1000} \cdot 6$$

Aus

$$g_k''(x) = 0 \quad \Leftrightarrow \quad \frac{k}{1\,000} \cdot (6 \cdot x - 100) = 0$$

folgt $6 \cdot x - 100 = 0$, da $k > 0$, und daraus:

$$x = \frac{100}{6} = \frac{50}{3}$$

Für die hinreichende Bedingung gilt:

$$g_k'''\left(\frac{50}{3}\right) = \frac{k}{1\,000} \cdot 6 > 0, \text{ da } k > 0$$

Also ist $x_W = \frac{50}{3}$ Wendewert und außerdem unabhängig vom Parameter k.

2.3 Die steilste Stelle des Deichs auf der Flussseite stimmt mit der Wendestelle x_W des Profilgraphen überein. Da die Ableitung der Funktion für jede Stelle des Graphen den Tangens des Steigungswinkels angibt und die Steigungen auf der Flussseite alle negativ sind, lautet die Bedingung:

$$g_k'(x_W) = \tan(-30°) \quad \Rightarrow \quad \frac{k}{1\,000} \cdot (3 \cdot x_W^2 - 100 \cdot x_W + 625) \approx -0{,}577$$

Setzt man für $x_W = \frac{50}{3}$ ein, so erhält man:

$$\frac{k}{1\,000} \cdot \left(3 \cdot \left(\frac{50}{3}\right)^2 - 100 \cdot \frac{50}{3} + 625\right) \approx -0{,}577$$

Durch Vereinfachung ergibt sich:

$$\frac{k}{1\,000} \cdot \left(\frac{2\,500}{3} - \frac{5\,000}{3} + \frac{1\,875}{3}\right) \approx -0{,}577$$

$$\frac{k}{1\,000} \cdot \left(-\frac{625}{3}\right) \approx -0{,}577$$

$$-\frac{5}{24} \cdot k \approx -0{,}577$$

Daraus folgt $k \approx 2{,}77$.

2.4 In (1) werden die Stellen berechnet, an denen sich die alte und die neue Profillinie des Deichs schneiden. Es ergeben sich vier Schnittstellen, wobei die Stellen x_3 und x_4 außerhalb des Definitionsbereichs von f liegen.

In (2) wird die Fläche zwischen den beiden Profillinien innerhalb der ersten beiden Schnittstellen $x_1 = 0$ und $x_2 \approx 3$ berechnet. Multipliziert mit der Länge des Deichs von 1 000 m ergibt sich die Materialmenge, die weggenommen werden muss, um die alte Profillinie an die neue anzugleichen. Diese Menge hat etwa ein Volumen von 889 m^3.

Hessen – Grundkurs Mathematik
2021 – B1: Analysis (CAS)

An einem geradlinig verlaufenden Fluss steht ein Deich älteren Baujahres, der erhöht werden soll, um den Hochwasserschutz zu verbessern. Das horizontale ebene Gelände links und rechts des Deichs liegt bei der folgenden Modellierung auf der Höhe der x-Achse. Die Funktionswerte der folgenden Funktionen geben die Höhen des Deichs in Bezug auf dieses ebene Gelände an. Eine Einheit im Koordinatensystem entspricht einem Meter.

1 Die obere Profillinie des alten Deichs wird für $0 \le x \le 20$ durch den Graphen der Funktion f mit $f(x) = \frac{3}{4} \cdot x \cdot e^{1-\frac{1}{4}x}$ beschrieben. Für $20 \le x \le x_N$ wird die obere Profillinie des Deichs durch die Tangente t an den Graphen von f im Punkt $P(20 \mid f(20))$ beschrieben, wobei x_N die Nullstelle der Tangente t bezeichnet.

1.1 Bestimmen Sie die Funktionsgleichung der Tangente t.
Zeigen Sie, dass der Deich eine Breite von 25 m besitzt.
Zeichnen Sie die Profillinie des gesamten Deichs in ein geeignetes Koordinatensystem.
[zur Kontrolle: $t(x) = -\frac{3}{e^4} \cdot x + \frac{75}{e^4}$] **(8 BE)**

1.2 Berechnen Sie den höchsten Punkt der Profillinie des Deichs. **(4 BE)**

1.3 Berechnen Sie mithilfe des Formansatzes $F(x) = (a \cdot x + b) \cdot e^{1-\frac{1}{4}x}$ eine Stammfunktion der Funktion f. **(5 BE)**

1.4 Berechnen Sie das Volumen des gesamten Erdreichs, das zum Bau des 1 km langen alten Deichs aufgeschüttet wurde. **(5 BE)**

2 Der alte Deich soll nun durch einen neuen, gleich langen, aber höheren Deich ersetzt werden, dessen obere Profillinie für $0 \le x \le 25$ durch den Graphen einer Funktion g beschrieben wird, wobei g eine Funktion der Funktionenschar g_k mit $g_k(x) = \frac{k}{1000} \cdot x \cdot (x-25)^2$ für $k > 0$ ist.

2.1 Untersuchen Sie, welchen Einfluss der Parameter k auf die Höhe und auf die Breite des neuen Deichs besitzt. Berechnen Sie, wie der Parameter k gewählt werden muss, damit der neue Deich höher als 3 m ist. **(6 BE)**

2.2 Moderne Deiche werden mit einem möglichst flachen Gefälle auf der Flussseite konstruiert. Die Flussseite liegt in der Modellierung rechts bzw. in Richtung der positiven x-Achse.
Für den Steigungswinkel α des (flussseitigen) Deichprofils gegenüber der Horizontalen soll $|\alpha| \le 30°$ gelten.
Ermitteln Sie, für welchen Wert des Parameters k der Graph der Funktionenschar g_k die Bedingung $|\alpha| = 30°$ an der steilsten Stelle des (flussseitigen) Deichprofils erfüllt. **(4 BE)**

2.3 Für die Profillinie des neuen Deichs wird die Funktion g mit $g(x) = g_2(x)$ gewählt.

2.3.1 Zeichnen Sie den Graphen der Funktion g in das Koordinatensystem aus Aufgabe 1.1 ein. **(2 BE)**

2.3.2 Untersuchen Sie, in welchem Bereich für den Bau des neuen Deichs Erde vom alten Deich abgetragen werden muss und in welchem Bereich Erde neu aufgeschüttet werden muss. Die abgetragene Erde wird bei der Erneuerung wieder eingesetzt. Bestimmen Sie das Volumen der Erde, die zusätzlich zur abgetragenen Erde benötigt wird, um den Deich auf der gesamten Länge von 1 km zu erneuern. **(6 BE)**

Hinweise und Tipps

Teilaufgabe 1.1

- Die Tangente ist eine Gerade der Form $t(x) = m \cdot x + b$, wobei $m = f'(20)$ ist.
- Die Tangente geht durch den Punkt $P(20 \mid f(20))$.
- Die Breite des Deichs ist bestimmt durch die Nullstelle von f und die Nullstelle von t.

Teilaufgabe 1.2

- Der höchste Punkt des Deichs ist der Hochpunkt des Graphen von f.
- Für die notwendige Bedingung muss die 1. Ableitung null gesetzt werden.
- Beachten Sie, dass auch die hinreichende Bedingung $f''(x) \neq 0$ geprüft werden muss.

Teilaufgabe 1.3

- Da F eine Stammfunktion ist, gilt: $F'(x) = f(x)$
- Die Koeffizienten a und b erhält man durch den Vergleich der beiden Terme.

Teilaufgabe 1.4

- Bestimmen Sie zuerst die Fläche zwischen der Profillinie und der x-Achse.
- Beachten Sie, dass die Profillinie aus zwei Teilen ($f(x)$ und $t(x)$) besteht.
- Das Volumen erhält man durch Multiplikation mit der Deichlänge.

Teilaufgabe 2.1

- Für die Breite des Deichs sind die beiden Nullstellen maßgebend. Hängen diese von k ab?
- Der Einfluss von k auf die Deichhöhe ergibt sich aus der y-Koordinate des Hochpunkts.

Teilaufgabe 2.2

- Die steilste Stelle des Graphen (unabhängig vom Vorzeichen) liegt an der Wendestelle x_W vor.
- Gesucht ist derjenige Parameter k, für den $|g_k'(x_W)| = \tan(30°)$ gilt.

Teilaufgabe 2.3.2

- Bestimmen Sie die Schnittstellen und daraus die Querschnittsflächen, an denen abgetragen bzw. hinzugefügt werden muss.
- Beachten Sie, dass der zweite Teil der ursprünglichen Profillinie aus einer Tangente besteht.
- Das Volumen ergibt sich aus dem Produkt der Querschnittsflächen und der Länge des Deichs.

Lösung

1.1 Die Funktionsgleichung der Tangente ist eine Geradengleichung der Form $t(x) = m \cdot x + b$. Hierbei ist die Steigung m die Ableitung der Funktion f an der Stelle 20, also $m = f'(20)$. Mithilfe das CAS erhält man:

$$f'(x) = -\frac{1}{16} \cdot (3 \cdot x - 12) \cdot e^{1-\frac{1}{4}x} \quad \text{und} \quad f'(20) = -\frac{3}{e^4}$$

Damit ist $m = -\frac{3}{e^4}$.

Die gesuchte Tangente ist die Tangente an den Graphen von f im Punkt $P(20 \mid f(20))$. Daher gilt:

$$f(20) = t(20), \text{ also } \frac{15}{e^4} = -\frac{3}{e^4} \cdot 20 + b$$

Löst man diese Gleichung mithilfe des CAS nach b auf, so ergibt sich $b = \frac{75}{e^4}$.

Damit lautet die komplette Tangentengleichung:

$$t(x) = -\frac{3}{e^4} \cdot x + \frac{75}{e^4}$$

Für die Breite des Deiches benötigt man die Nullstelle der Tangente. Aus $t(x) = 0$ erhält man die Gleichung

$$-\frac{3}{e^4} \cdot x + \frac{75}{e^4} = 0$$

Define $f(x)=\frac{3}{4} \times x \times e^{1-\frac{1}{4}x}$	done
$\frac{d}{dx}(f(x))$	$\frac{-(3 \cdot x-12) \cdot e^{\frac{-x}{4}+1}}{16}$
$\frac{d}{dx}(f(x)) \mid x=20$	$-3 \cdot e^{-4}$
Define $t(x)=-3 \cdot e^{-4} \times x+b$	done
f(20)	$15 \cdot e^{-4}$
solve$(t(20)=15 \cdot e^{-4}, b)$	$\{b=75 \cdot e^{-4}\}$
$75 \cdot e^{-4} \Rightarrow b$	$75 \cdot e^{-4}$
solve(t(x)=0, x)	{x=25}

und daraus $x = 25$ als Nullstelle. Der Deich ist also 25 Meter breit.

Die Profillinie des gesamten Deichs setzt sich aus zwei Teilen zusammen, die in der folgenden Abbildung dargestellt sind.

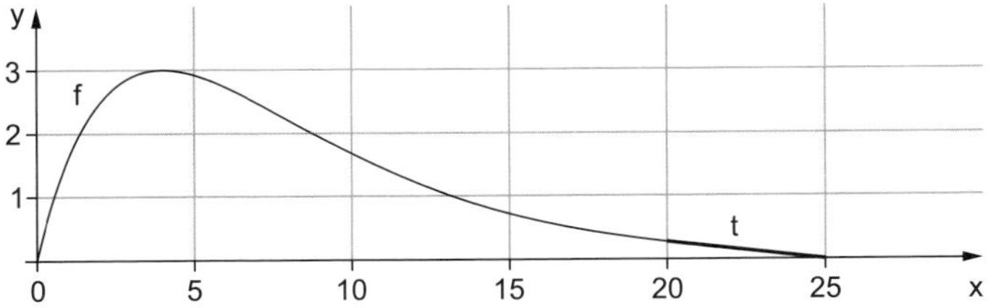

1.2 Der höchste Punkt des Deichs ist der Hochpunkt von f(x). Hierzu muss die 1. Ableitung null gesetzt werden (notwendige Bedingung). Die 1. Ableitung wurde bereits in Teilaufgabe 1.1 berechnet, also:

$$f'(x) = 0 \;\Rightarrow\; -\frac{1}{16} \cdot (3 \cdot x - 12) \cdot e^{1-\frac{1}{4}x} = 0$$

Mithilfe des CAS erhält man $x = 4$ als mögliche Extremstelle. Dort liegt ein Maximum vor, wenn die 2. Ableitung an dieser Stelle kleiner als 0 ist (hinreichende Bedingung). Mittels des CAS erhält man:

$$f''(4) = -\frac{3}{16} < 0$$

solve$(\frac{d}{dx}(f(x))=0, x)$	{x=4}
$\frac{d^2}{dx^2}(f(x)) \mid x=4$	$-\frac{3}{16}$
f(4)	3

Eingesetzt in die Funktionsgleichung f(x) bekommt man die y-Koordinate $f(4)=3$. Der höchste Punkt ist damit $H(4\,|\,3)$.

Der Deich ist also 3 Meter hoch und erreicht diese Höhe an der Stelle 4 Meter.

1.3 Da F eine Stammfunktion von f sein soll, muss $F'(x)=f(x)$ gelten. Die Koeffizienten a und b ergeben sich dann durch Vergleich der beiden Terme.

Durch Anwendung der Produktregel und der Kettenregel erhält man:

$$F'(x)=a\cdot e^{1-\frac{1}{4}x}+(a\cdot x+b)\cdot e^{1-\frac{1}{4}x}\cdot\left(-\frac{1}{4}\right)=a\cdot e^{1-\frac{1}{4}x}-\left(\frac{1}{4}\cdot a\cdot x+\frac{1}{4}\cdot b\right)\cdot e^{1-\frac{1}{4}x}$$

Durch Ausklammern erhält man:

$$F'(x)=\left(-\frac{1}{4}\cdot a\cdot x+a-\frac{1}{4}\cdot b\right)\cdot e^{1-\frac{1}{4}x}$$

Da weiterhin $f(x)=\frac{3}{4}\cdot x\cdot e^{1-\frac{1}{4}x}$ und $F'(x)=f(x)$ gilt, ergibt der Vergleich der beiden Terme für die Koeffizienten:

$$-\frac{1}{4}\cdot a=\frac{3}{4}\quad\text{und}\quad a-\frac{1}{4}\cdot b=0$$

Daraus folgt $a=-3$ und $b=-12$. Damit lautet die gesuchte Stammfunktion:

$$F(x)=(-3\cdot x-12)\cdot e^{1-\frac{1}{4}x}$$

1.4 Die Profillinie des Deiches besteht aus zwei Teilen, der Kurve f(x) im Bereich zwischen 0 m und 20 m sowie der Gerade (Tangente) zwischen 20 m und 25 m.

Für die Berechnung des Volumens muss man beide Flächen berechnen und mit der Länge des Deichs (1 000 m) multiplizieren.

Für die erste Fläche gilt:

$$A_1=\int_0^{20} f(x)\,dx=\int_0^{20}\left(\frac{3}{4}\cdot x\cdot e^{1-\frac{1}{4}x}\right)dx=\left[F(x)\right]_0^{20}=\left[(-3\cdot x-12)\cdot e^{1-\frac{1}{4}x}\right]_0^{20}$$

$$=-72\cdot e^{-4}-(-12\cdot e)\approx 31{,}30$$

Die zweite Fläche ist ein rechtwinkliges Dreieck mit den Seitenlängen 5 und $f(20)=\frac{15}{e^4}$ (wurde bereits in Teilaufgabe 1.1 berechnet). Für die Fläche A_2 erhält man somit:

$$A_2=\frac{1}{2}\cdot 5\cdot\frac{15}{e^4}\approx 0{,}69$$

Alle Einheiten sind Quadratmeter.

Die gesamte Querschnittsfläche A_1+A_2 beträgt also etwa 31,99 Quadratmeter.

Multipliziert mit der Deichlänge von 1 000 Metern erhält man ein Volumen von etwa 31 990 Kubikmetern.

Da in dieser Aufgabe der Operator „Berechnen“ benutzt wird, muss man ohne Anwendung des CAS auskommen. Man kann ihn allerdings zur Bestätigung des Ergebnisses einsetzen.

$$\int_0^{20} f(x)\,dx+\int_{20}^{25} t(x)\,dx$$

31.9874924

2.1 Die Breite des Deichs wird durch die Nullstellen der Funktionen g_k bestimmt. Wie man aus dem Ansatz

$$g_k(x) = 0 \quad \Rightarrow \quad \frac{k}{1\,000} \cdot x \cdot (x-25)^2 = 0$$

erkennt, liegen die Nullstellen unabhängig von k immer bei $x_1 = 0$ und $x_2 = 25$. Der neue Deich besitzt also immer eine Breite von 25 m.

Für die Höhe des Deichs müssen die Hochpunkte bestimmt werden. Das Vorgehen ist analog dem in der Teilaufgabe 1.1, es hat sich nur die Funktion geändert. Man setzt also die 1. Ableitung von $g_k(x)$ gleich 0 und bestätigt das Vorliegen eines Hochpunkts durch das Vorzeichen der 2. Ableitung.

Mithilfe des CAS erhält man $x = 25$ und $x = \frac{25}{3}$ als mögliche Extremstellen. Einsetzen in die 2. Ableitung ergibt:

$$g_k''(25) = \frac{k}{20} > 0 \text{ und } g_k''\left(\frac{25}{3}\right) = -\frac{k}{20} < 0$$

Der Hochpunkt liegt also an der Stelle $x = \frac{25}{3}$ vor.

Für die y-Koordinate erhält man:

$$g_k\left(\frac{25}{3}\right) = \frac{125}{54}k$$

Das heißt, dass der Deich umso höher ist, je größer k ist. Die Höhe des Deichs steigt proportional zu k.

Damit der Deich höher als 3 m wird, muss die y-Koordinate des Hochpunkts größer als 3 sein. Daraus folgt der Ansatz:

$$\frac{125}{54} \cdot k > 3$$

Aufgelöst nach k erhält man:

$$k > 3 \cdot \frac{54}{125} = 1{,}296$$

```
Define g(x,k)=k/1000×x×(x−25)^2
                                   done
solve(d/dx(g(x,k))=0,x)|k>0
                       {x=25, x=25/3}
d²/dx²(g(x,k))|x=25
                                   k/20
d²/dx²(g(x,k))|x=25/3
                                  −k/20
g(25/3,k)
                                125·k/54
```

2.2 Die steilste Stelle des Deichs auf der Flussseite stimmt mit der Wendestelle x_W des Graphen von g_k überein. Man sucht also eine Stelle x, für die $g_k''(x) = 0$ und $g_k'''(x) \neq 0$ gilt.

Mithilfe des CAS erhält man aus dem Ansatz $g_k''(x) = 0$ die Lösung:

$$x = \frac{50}{3}$$

Die 3. Ableitung ist an dieser Stelle $\frac{3k}{500} > 0$, da $k > 0$ vorausgesetzt ist.

Der Tangens des Steigungswinkels ist gleich der 1. Ableitung an der Stelle $x = \frac{50}{3}$. Man sucht also den Parameter k, für den gilt:

$$\left| g_k'\left(\frac{50}{3}\right) \right| = \tan(30°) \quad \Rightarrow \quad \frac{5k}{24} = \tan(30°)$$

Daraus folgt $k \approx 2{,}77$.

```
solve(d²/dx²(g(x,k))=0,x)
                              {x=50/3}
d³/dx³(g(x,k))|x=50/3
                                3·k/500
|d/dx(g(x,k))|x=50/3| |k>0
                                 5·k/24
solve(5k/24=tan(30),k)
                       {k=2.771281292}
```

2.3.1 Der Graph von g wird in das Koordinatensystem aus Teilaufgabe 1.1 eingezeichnet. Für die nachfolgende Teilaufgabe 2.3.2 wird außerdem die Schnittstelle x_2 markiert.

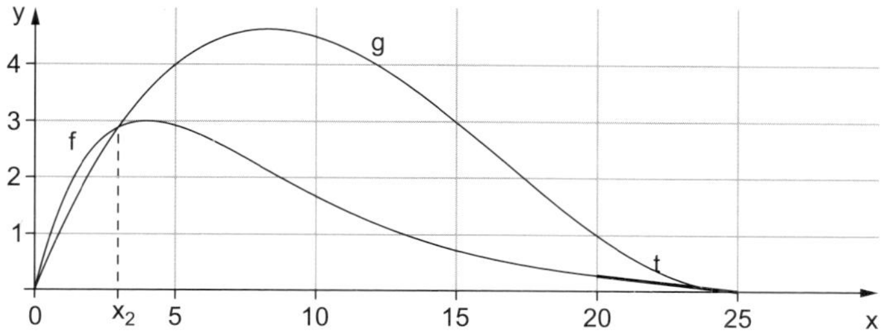

2.3.2 Die Schnittstellen der beiden Profillinien sind $x_1 = 0$, $x_2 \approx 2{,}97$ und $x_3 = 25$. Die weiteren vom CAS ermittelten Schnittstellen sind nicht relevant, da sie im Bereich der Tangente ($x \approx 23{,}26$) bzw. außerhalb des Definitionsbereichs ($x \approx 26{,}21$) liegen. Hierbei ist zu beachten, dass die erste Profillinie aus zwei Teilen besteht, der Funktion f(x) im Bereich zwischen 0 und 20 sowie der Tangente t(x) im Bereich zwischen 20 und 25.

Define $g(x)=\frac{2}{1000}\times x\times(x-25)^2$

done

solve(f(x)=g(x), x)

{x=0, x=2.967586381, x=23.25537164, x=26.20642337}

$\int_{2.97}^{20} g(x)-f(x)\,dx+\int_{20}^{25} g(x)-t(x)\,dx-\int_{0}^{2.97} f(x)-g(x)\,dx$

33.11667427

Wie man an den Graphen in Teilaufgabe 2.3.1 erkennt, muss zwischen x_1 und x_2 etwas vom alten Damm abgetragen werden und zwischen x_2 und x_3 etwas hinzugefügt werden. Um das Volumen des zusätzlichen Erdreichs zu bestimmen, berechnet man die Flächen zwischen den Graphen, zieht die kleinere Fläche von der größeren ab und multipliziert das Ergebnis mit der Länge des Deichs von 1 000 m.

Mithilfe des CAS ergibt sich eine zu ergänzende Querschnittsfläche von etwa 33,12 m^2 und damit ein Volumen von etwa 33 120 m^3, das für den neuen Deich zusätzlich benötigt wird.

Hessen – Grundkurs Mathematik
2021 – B2: Analysis (WTR)

1 In einem Zoo wird ein Giraffenweibchen mit einer Körpergröße von 1,80 Metern geboren. Die Wachstumsphase des Giraffenweibchens beginnt unmittelbar mit der Geburt und endet nach sechs Jahren. Die Funktion g mit $g(t) = -2{,}5t^3 + 22{,}5t^2 - 60t + 90$ beschreibt im Intervall $0 \leq t \leq 6$ in sehr guter Näherung die Wachstumsgeschwindigkeit des Giraffenweibchens (in cm pro Jahr) in Abhängigkeit von der Zeit t (in Jahren nach der Geburt). Der Graph von g ist in Material 1 dargestellt.

1.1 Berechnen Sie g(0) und g(6).
Erläutern Sie die Bedeutung dieser beiden Werte im Sachzusammenhang und beschriften Sie die Achsen in Material 1. **(6 BE)**

1.2 Berechnen Sie zunächst ohne Beachtung des Sachkontexts die Koordinaten der Extrempunkte des Graphen von g.
Hinweis: Die Untersuchung der notwendigen Bedingung ist ausreichend. **(5 BE)**

1.3 Erläutern Sie nun, warum die in Aufgabe 1.2 für t berechneten Werte in Bezug auf die gesamte Wachstumsphase des Giraffenweibchens nicht diejenigen sind, an denen die Wachstumsgeschwindigkeit am größten bzw. am kleinsten ist. **(2 BE)**

1.4 Berechnen Sie den Wert des Terms $\frac{1}{3} \cdot \int_1^4 g(t)\,dt$.

Deuten Sie das Ergebnis im Sachzusammenhang. **(6 BE)**

1.5 Für $0 \leq t \leq 6$ stellt die Funktion G die Größe des Giraffenweibchens (in cm) in Abhängigkeit von der Zeit t (in Jahren nach der Geburt) dar.
Geben Sie eine Funktionsgleichung von G an und erläutern Sie die Bedeutung des Wertes von G zum Zeitpunkt $t = 0$. **(3 BE)**

1.6 Begründen Sie mithilfe des Verlaufs des Graphen von g, dass der Graph der Funktion G im betrachteten Intervall monoton steigend ist, und erklären Sie, wie viele Wendepunkte der Graph von G besitzt. **(3 BE)**

2 In einem anderen Zoo wird zur selben Zeit wie das Weibchen in Aufgabe 1 ein Giraffenmännchen mit einer Körpergröße von 1,95 Metern geboren. Das Weibchen wird 4,50 Meter groß, das Männchen erreicht dagegen am Ende seiner sechsjährigen Wachstumsphase eine Größe von 6 Metern.
Es wird angenommen, dass die Wachstumsgeschwindigkeit des Männchens für $0 \leq t \leq 6$ durch eine Funktion der Schar f_a mit $f_a(t) = a \cdot g(t)$ beschrieben wird, wobei der Parameter a eine positive reelle Zahl ist.

2.1 Erklären Sie den Einfluss des Parameters a auf den Verlauf des Graphen von f_a und beschreiben Sie, was $a > 1$ in Bezug auf das Wachstum des Giraffenmännchens bedeutet. **(3 BE)**

2.2 Untersuchen Sie den Einfluss des Parameters a auf die jeweilige Lage des Wendepunktes der Graphen der Schar f_a. **(3 BE)**

2.3 Erläutern Sie die Ergebnisse der Berechnungen in Zeile (1) und (2) im Sachzusammenhang.
Zeigen Sie mithilfe des folgenden Kastens, dass $a = 1{,}5$ gelten muss.
Geben Sie an, um wieviel Prozent die Wachstumsgeschwindigkeit des Männchens größer ist als die des Weibchens.

(1) $\int_0^6 a \cdot g(t)\,dt = 600 - 195 = 405$

(2) $\int_0^6 g(t)\,dt = 450 - 180 = 270$

(3) Es gilt: $\int_0^6 a \cdot g(t)\,dt = a \cdot \int_0^6 g(t)\,dt$

(5 BE)

3 Der Größenunterschied zwischen Männchen und Weibchen wird für $0 \le t \le 6$ durch die Funktion D mit $D(t) = -0{,}3125t^4 + 3{,}75t^3 - 15t^2 + 45t + 15$ beschrieben. Der Graph von D ist in Material 2 abgebildet.
Die Fläche unter dem Graphen von D soll wie in der Abbildung dargestellt in ein flächeninhaltsgleiches Rechteck gleicher Breite umgewandelt werden.

Es gilt daher $\int_0^6 D(t)\,dt = m \cdot 6$, wobei m die Höhe des Rechtecks angibt.

Bestimmen Sie den Wert von m und deuten Sie das Ergebnis im Sachzusammenhang.
(4 BE)

Material 1

Verlauf der Wachstumsgeschwindigkeit des Giraffenweibchens

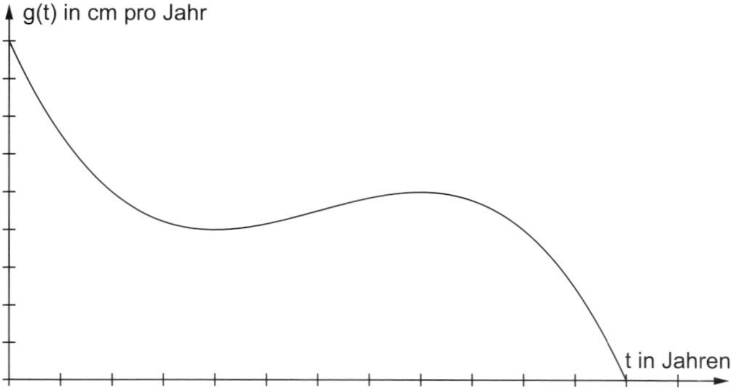

Material 2

Größenunterschied von Giraffenmännchen und Giraffenweibchen

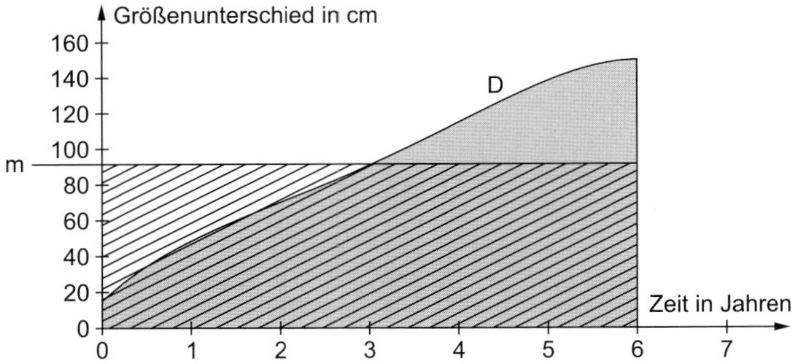

Hinweise und Tipps

Teilaufgabe 1.1

Berechnen Sie die gesuchten Werte und beachten Sie die Informationen zur Funktion g im Aufgabentext.

Teilaufgabe 1.2

Die Berechnung von Extrempunkten ist eine Standardaufgabe aus dem Bereich der Funktionsuntersuchungen. Beachten Sie, dass Sie ausschließlich die notwendige Bedingung untersuchen sollen. Vergessen Sie aber nicht, die y-Koordinaten der Extrempunkte zu berechnen.

Teilaufgabe 1.3

Lokalisieren Sie die in Teilaufgabe 1.2 berechneten Punkte in Material 1 und begründen Sie, dass an diesen Punkten weder der maximale noch der minimale Funktionswert vorliegt. Geben Sie die Punkte an, die den maximalen bzw. minimalen Funktionswert liefern.

Teilaufgabe 1.4

Finden Sie eine Stammfunktion von g und führen Sie die notwendigen Schritte zur Berechnung des Integrals durch. Vergessen Sie nicht den Faktor $\frac{1}{3}$.

Der Term $\frac{1}{m-n} \cdot \int\limits_n^m f(x)\,dx$ liefert den Mittelwert der Funktionswerte im Intervall [n; m]. Deuten Sie dies im Sachzusammenhang.

Teilaufgabe 1.5

Die Stammfunktionen der Funktion g unterscheiden sich in der Integrationskonstanten. Gesucht ist nun diejenige Stammfunktion, die für den Zeitpunkt der Geburt die vorgegebene Körpergröße liefert.

Teilaufgabe 1.6

Beachten Sie, dass die vorgegebene Funktion g die Ableitungsfunktion von G ist. Beachten Sie, dass der Graph von g ausschließlich im I. Quadranten verläuft, und formulieren Sie die Schlussfolgerung hinsichtlich des Steigungsverhaltens von G.

Die Anzahl der Wendepunkte von G ergibt sich aus dem Zusammenhang zwischen den Wendepunkten im Ausgangsgraphen und den Extrempunkten im Graphen der 1. Ableitungsfunktion.

Teilaufgabe 2.1

Nutzen Sie Ihre Kenntnis darüber, wie das Hinzufügen eines konstanten Faktors den Verlauf des Graphens verändert, z. B. für $f(x) = x^2$ und $g(x) = 2x^2$. Stellen Sie den Zusammenhang zu den unterschiedlichen Wachstumsgeschwindigkeiten von Giraffenweibchen und -männchen her.

Teilaufgabe 2.2

Verwenden Sie Ihre Ergebnisse aus Teilaufgabe 2.1. Betrachten Sie die x- und die y-Koordinaten der Wendepunkte separat. Die Berechnung der Wendepunkte wird nicht von Ihnen erwartet.

Teilaufgabe 2.3

- Stellen Sie die Zusammenhänge mit den im Aufgabentext gegebenen Informationen her. Beachten Sie, dass Werte in den Zeilen (1) und (2) in cm angegebenen sind, die Werte im Aufgabentext jedoch in m. Der Parameterwert für a lässt sich berechnen, indem Sie die Integralwerte aus (1) und (2) in die Gleichung in Zeile (3) einsetzen.
- Für welches prozentuale Wachstum steht der Wachstumsfaktor 1,5?

Teilaufgabe 3

- Verwenden Sie den Taschenrechner zur Bestimmung des Integralwertes und berechnen Sie damit m. Auch hier wird der Mittelwert der Funktionswerte betrachtet (vgl. Teilaufgabe 1.4). Nutzen Sie die im Aufgabentext gegebenen Informationen zur verwendeten Funktion.

Lösung

1.1 Man berechnet:

$$g(0) = -2{,}5 \cdot 0^3 + 22{,}5 \cdot 0^2 - 60 \cdot 0 + 90 = 90$$

$$g(6) = -2{,}5 \cdot 6^3 + 22{,}5 \cdot 6^2 - 60 \cdot 6 + 90 = 0$$

Mithilfe dieser Informationen lassen sich die Achsen im Material beschriften:

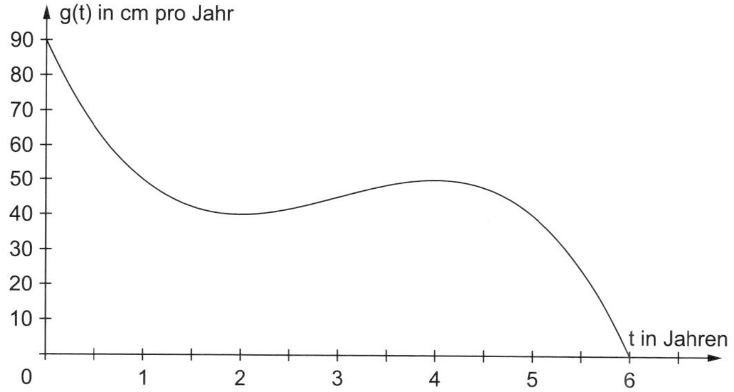

Da die Funktion g laut Aufgabentext die Wachstumsgeschwindigkeit des Giraffenweibchens beschreibt, bedeuten diese Werte, dass die Wachstumsgeschwindigkeit des Giraffenweibchen

- zum Zeitpunkt seiner Geburt (also $t = 0$) 90 cm pro Jahr
- und am Ende der Wachstumsphase (also zum Zeitpunkt $t = 6$) 0 cm pro Jahr beträgt.

1.2 Laut Aufgabenstellung ist zur Berechnung der Extrempunkte die Untersuchung der notwendigen Bedingung ausreichend. Man benötigt also nur die erste Ableitung der Funktion g und erhält:

$$g'(t) = -2{,}5 \cdot 3 \cdot t^2 + 22{,}5 \cdot 2 \cdot t - 60 = -7{,}5t^2 + 45t - 60$$

Damit ein Extrempunkt vorliegt, muss $g'(t) = 0$ gelten. Der Operator „berechnen“ fordert die Durchführung und Dokumentation der einzelnen Berechnungsschritte. Der Ansatz

$$-7{,}5t^2 + 45t - 60 = 0$$

führt zu:

$$t^2 - 6t + 8 = 0$$

Die pq-Formel liefert:

$$t_{1/2} = 3 \pm \sqrt{9-8} \quad \Rightarrow \quad t_1 = 3 - 1 = 2 \text{ und } t_2 = 3 + 1 = 4$$

Die Berechnungen

$$g(2) = -2{,}5 \cdot 2^3 + 22{,}5 \cdot 2^2 - 60 \cdot 2 + 90 = 40 \text{ und}$$

$$g(4) = -2{,}5 \cdot 4^3 + 22{,}5 \cdot 4^2 - 60 \cdot 4 + 90 = 50$$

liefern die zugehörigen y-Koordinaten.

Damit erhält man die Extrempunkte $E_1(2 \mid 40)$ und $E_2(4 \mid 50)$.

1.3 Ausgehend von den bisherigen Ergebnissen und dem vorliegenden Funktionsgraphen (Material 1) lässt sich erkennen, dass es sich bei den in Teilaufgabe 1.2 berechneten Extrempunkten lediglich um relative Extrema handelt. Das absolute Maximum der Wachstumsgeschwindigkeit liegt zum Zeitpunkt $t=0$ mit $g(0)=90$ und das absolute Minimum der Wachstumsgeschwindigkeit zum Zeitpunkt $t=6$ mit $g(6)=0$ vor.

1.4 Zur Berechnung des gesuchten Integralwertes benötigt man eine Stammfunktion G von g. Man ermittelt:

$$G(t) = -2{,}5 \cdot \frac{1}{4} t^4 + 22{,}5 \cdot \frac{1}{3} t^3 - 60 \cdot \frac{1}{2} t^2 + 90t = -0{,}625t^4 + 7{,}5t^3 - 30t^2 + 90t$$

Damit lässt sich nun der Wert des Integrals berechnen:

$$\frac{1}{3} \cdot \int_1^4 (-2{,}5t^3 + 22{,}5t^2 - 60t + 90)\, dt = \frac{1}{3} \cdot \left[-0{,}625t^4 + 7{,}5t^3 - 30t^2 + 90t\right]_1^4$$

$$= \frac{1}{3} \cdot \left(-0{,}625 \cdot 4^4 + 7{,}5 \cdot 4^3 - 30 \cdot 4^2 + 90 \cdot 4 - (-0{,}625 \cdot 1^4 + 7{,}5 \cdot 1^3 - 30 \cdot 1^2 + 90 \cdot 1)\right)$$

$$= \frac{1}{3} \cdot (200 - 66{,}875) = 44{,}375$$

Dieser Wert beschreibt das durchschnittliche Wachstum des Giraffenweibchens im Zeitraum von $t=1$ bis $t=4$: Das Weibchen wächst in dieser Zeit durchschnittlich 44,375 cm pro Jahr.

1.5 Alle Stammfunktionen von g lassen sich angeben in der Form:

$$G_C(t) = -0{,}625t^4 + 7{,}5t^3 - 30t^2 + 90t + C$$

Die Stammfunktion aus Aufgabe 1.4 mit $C=0$ beschreibt den Gesamtzuwachs des Giraffenweibchens seit seiner Geburt bis zum Zeitpunkt t, daher gilt für diese Stammfunktion $G_0(0)=0$.

Gesucht ist nun diejenige Stammfunktion, die für die Größe des Giraffenweibchens zum Zeitpunkt seiner Geburt $G_C(0)=180$ liefert. Dafür muss $C=180$ gelten.

Die gesuchte Funktion ist daher:

$$G_{180}(t) = -0{,}625t^4 + 7{,}5t^3 - 30t^2 + 90t + 180$$

1.6 Der abgebildete Graph zeigt die Funktion g, also die Ableitung von G. Da die Ableitung g die Steigung des Ausgangsgraphen G angibt und im Intervall [0; 6] (von $g(6)=0$ abgesehen) ausschließlich positive Werte vorliegen, bedeutet das, dass der Graph von G in diesem Intervall streng monoton steigend sein muss.

Wendepunkte im Ausgangsgraphen werden zu Extrempunkten im Graph der Ableitungsfunktion. Da die Funktion g – wie in Teilaufgabe 1.2 berechnet – zwei Extrempunkte besitzt, muss der Graph von G zwei Wendepunkte besitzen.

2.1 Der Faktor a in der Funktionsgleichung $f_a(t) = a \cdot g(t)$ bewirkt, dass der Graph der Funktion g aus Teilaufgabe 1 in y-Richtung gestreckt bzw. gestaucht wird.

In Bezug auf das Wachstum des Giraffenmännchens bedeutet $a > 1$, dass der Graph gestreckt wird, dass also die Wachstumsgeschwindigkeit des Männchens stets um den Faktor a über der Wachstumsgeschwindigkeit des Weibchens liegt. Das Männchen wächst schneller.

2.2 Ausgehend von den Überlegungen in Teilaufgabe 2.1 ergibt sich, dass sich die Extremstellen nicht verändern, da der Graph in y-Richtung gestreckt bzw. gestaucht wird. Lediglich die y-Koordinaten der Extrempunkte werden durch die Streckung bzw. Stauchung verändert.

2.3 Zeile (1): Betrachtet wird das Wachstum des Giraffenmännchens im Zeitraum von $t=0$ bis $t=6$. Dem Aufgabentext ist zu entnehmen, dass das Männchen mit einer Körpergröße von 195 cm geboren wird und am Ende der sechsjährigen Wachstumsphase 600 cm groß ist. Das Gesamtwachstum, das mit dem angegebenen Integral berechnet werden kann, beträgt damit 405 cm.

Zeile (2): Betrachtet wird das Wachstum des Giraffenweibchens im Zeitraum von $t=0$ bis $t=6$. Dem Aufgabentext ist zu entnehmen, dass das Weibchen mit einer Körpergröße von 180 cm geboren wird und am Ende der sechsjährigen Wachstumsphase 450 cm groß ist. Das Gesamtwachstum, das mit dem angegebenen Integral berechnet werden kann, beträgt damit 270 cm.

Aus Zeile (3) folgt mit den Ergebnissen aus (1) und (2):

$$405 = a \cdot 270$$

Damit ergibt sich:

$$a = \frac{405}{270} = 1{,}5$$

Die Wachstumsgeschwindigkeit des Männchens ist also 50 % größer als die des Weibchens.

3 Laut Aufgabenstellung gilt:

$$\int_0^6 (-0{,}3125t^4 + 3{,}75t^3 - 15t^2 + 45t + 15)\, dt = m \cdot 6$$

Der Operator „bestimmen" lässt die Verwendung der erweiterten Funktionalität des Taschenrechners zu. Diese liefert:

$$\int_0^6 (-0{,}3125t^4 + 3{,}75t^3 - 15t^2 + 45t + 15)\, dt = 549$$

Daraus folgt

$$549 = m \cdot 6,$$

also:

$$m = \frac{549}{6} = 91{,}5$$

Der Wert m gibt den durchschnittlichen Größenunterschied zwischen Giraffenmännchen und -weibchen in der sechsjährigen Wachstumsphase von $t=0$ bis $t=6$ an: Das Männchen ist in dieser Zeit im Durchschnitt um 91,5 cm größer als das Weibchen.

Hessen – Grundkurs Mathematik
2021 – B2: Analysis (CAS)

Der Ederstausee in Hessen ist bezogen auf sein Volumen der drittgrößte Stausee in Deutschland und wird unter anderem dazu genutzt, die Schifffahrt auf der Weser in den Sommermonaten sicherzustellen. Sein maximales Fassungsvermögen beträgt rund 200 Millionen Kubikmeter Wasser. Über eine Staumauer wird der Pegelstand und somit die Füllmenge reguliert. Für die Monate Januar ($t = 0$) bis Oktober 2019 konnten folgende Füllmengen ermittelt werden:

Zeit t in Monaten	0	1	2	3	4	5	6	7	8	9
Füllmenge in Mio. m^3	22	120	180	198	185	155	115	75	40	25

Dabei beziehen sich die Zeitpunkte t jeweils auf die Monatsmitte, die Füllmengen sind Mittelwerte der jeweiligen Monate. Vereinfachend wird angenommen, dass jeder Monat mit 30 Tagen gleich lang ist.

1 Die Füllmenge des Stausees (in Mio. m^3) soll in Abhängigkeit von der Zeit t (in Monaten) näherungsweise durch verschiedene Funktionen modelliert werden.

1.1 Zeichnen Sie die gegebenen Datenpunkte in ein skaliertes und beschriftetes Koordinatensystem ein. **(3 BE)**

1.2 Die Füllmenge des Stausees soll durch zwei ganzrationale Funktionen dritten Grades, f und g, modelliert werden.

1.2.1 Bestimmen Sie die Funktionsgleichung der Funktion f, deren Graph durch die vier Datenpunkte zu den Zeitpunkten $t = 0$, 3, 6 und 9 verläuft. **(4 BE)**

1.2.2 Erläutern Sie den folgenden Lösungsansatz zur Rekonstruktion der Funktion g. Beurteilen Sie, ob er geeignet ist.

(1) $g(1) = 120$

(2) $g(6) = 115$

(3) $g''(6) = 0$ **(4 BE)**

1.3 Eine andere Näherungsfunktion für die Modellierung der Füllmenge des Stausees ist die Funktion i mit $i(t) = 1{,}525t^3 - 28t^2 + 129t + 21$.
Bestimmen Sie mithilfe der Funktionsgleichung unter Angabe aller notwendigen Ableitungen die Extrem- und Wendepunkte des Graphen von i und deuten Sie die Ergebnisse im Sachzusammenhang. **(8 BE)**

1.4 Berechnen Sie die mittlere Füllmenge des Stausees in den Monaten April bis Oktober, die sich aus den Datenpunkten der zu Beginn der Aufgabe gegebenen Tabelle ergibt. Entscheiden Sie begründet ohne weitere Rechnung, mit welchem der nachfolgenden Terme die mittlere Füllmenge des Stausees in dem betrachteten Zeitraum näherungsweise berechnet werden kann und mit welchem nicht.

(1) $\frac{1}{6}\int_{3}^{9} i(t)\,dt$ (2) $\frac{1}{7}\int_{2,5}^{9,5} i(t)\,dt$ **(5 BE)**

2 Am Fuße der Staumauer befindet sich das Kraftwerk Hemfurth I, welches aus dem herabströmenden Wasser Strom erzeugt. Die Zuflussgeschwindigkeit durch den Fluss „Eder“ in den Stausee beträgt konstant $5{,}2\ \frac{m^3}{s}$. Durch den zusätzlichen Zulauf durch Bäche ist die tatsächliche Zuflussgeschwindigkeit allerdings um 10 % höher. Für die Stromerzeugung wird täglich in der Zeit von 17.00 Uhr bis 21.15 Uhr Wasser abgegeben. Die Abflussgeschwindigkeit aus dem Stausee beträgt hierbei konstant $36\ \frac{m^3}{s}$. Untersuchen Sie anhand einer geeigneten Rechnung die Auswirkungen der Zu- und Abflüsse auf die tägliche Füllmenge des Stausees. **(4 BE)**

3 Zum Schutz vor Hochwasser wird im Stausee ein sogenannter Hochwasserschutzraum mit einem Volumen von 30 Mio. m^3 freigehalten. Nach starken Regenfällen kann die Zuflussgeschwindigkeit des Wassers in den Stausee innerhalb der ersten 72 Stunden durch die Funktion z mit $z(t) = -\frac{1}{600}(t-30)^2 + 1{,}5$ und die Abflussgeschwindigkeit nach dem Öffnen von Notschleusen durch die Funktion a mit $a(t) = -\frac{1}{1620}(t-36)^2 + 0{,}8$ dargestellt werden (Material 1). Hierbei gibt t jeweils die Zeit in Stunden ab dem Beginn des Zu- bzw. Abflusses an und z(t) bzw. a(t) die Fließgeschwindigkeit in Mio. $\frac{m^3}{h}$. Dabei sind die Funktionen z und a nur in Intervallen mit positiven Funktionswerten definiert, sonst seien die Funktionswerte konstant null.

3.1 Erläutern Sie die folgende Rechnung im Sachzusammenhang.
Begründen Sie, dass die getroffene Schlussfolgerung nicht richtig sein muss.

> $$\int_0^{60} z(t)\,dt - \int_0^{72} a(t)\,dt = 60 - 38{,}4 = 21{,}6$$
>
> Der Hochwasserschutzraum von 30 Mio. m^3 ist ausreichend, da in dem betrachteten Zeitraum nur 21,6 Mio. m^3 mehr zu- als abfließen.

(3 BE)

3.2 Ermitteln Sie den Zeitpunkt, zu dem die Füllmenge des Hochwasserschutzraums in den betrachteten 72 Stunden maximal ist. **(3 BE)**

4 Die maximale Füllhöhe h über dem tiefsten Punkt des Sees beträgt ca. 40 m, die maximale Füllmenge 200 Mio. m^3. Der zugehörige Füllgraph, der die Füllmenge V des Sees in Mio. m^3 in Abhängigkeit von der Höhe h der Wasseroberfläche über dem tiefsten Punkt des Sees in Meter beschreibt, ist in Material 2 abgebildet und kann durch eine quadratische Funktion V beschrieben werden.

4.1 In Material 3 sind zwei stark vereinfachte Formen eines Seebeckens vorgegeben. Entscheiden Sie, welche der Formen zum Füllgraph V gehört, und welche nicht. Begründen Sie jeweils Ihre Entscheidung unter Bezugnahme auf Material 3. **(4 BE)**

4.2 Durch das Fluten des Edersees befinden sich heute einige Gebäude, Straßen und Brücken je nach Füllmenge des Sees unter Wasser. Beträgt die Füllmenge des Sees nur ca. 80 Mio. m^3, kommt der alte Friedhof wieder zum Vorschein.
Ermitteln Sie mithilfe von Material 2 die zugehörige Höhe h der Wasseroberfläche über dem tiefsten Punkt des Sees. **(2 BE)**

Material 1

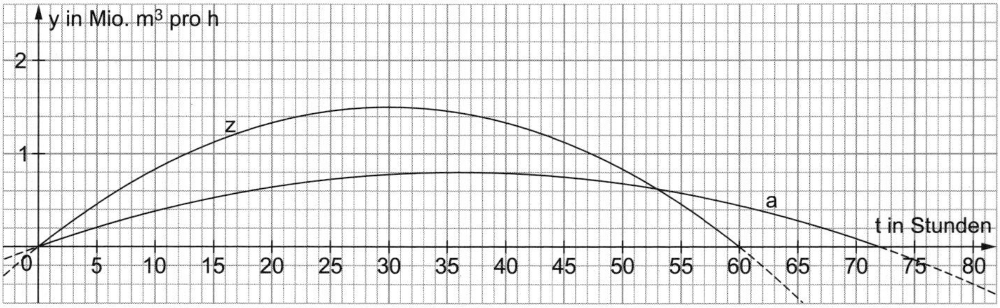

Material 2

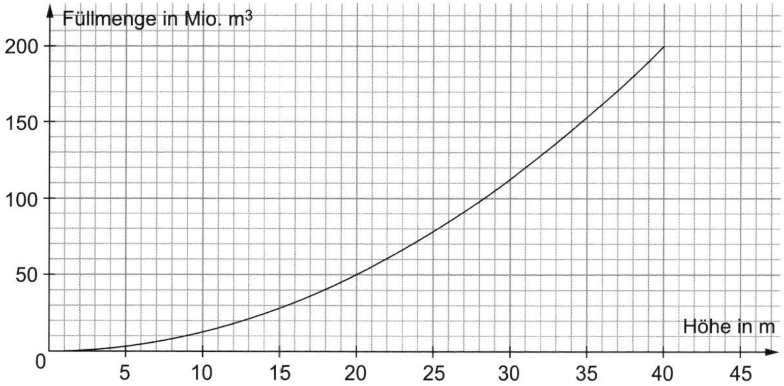

Material 3

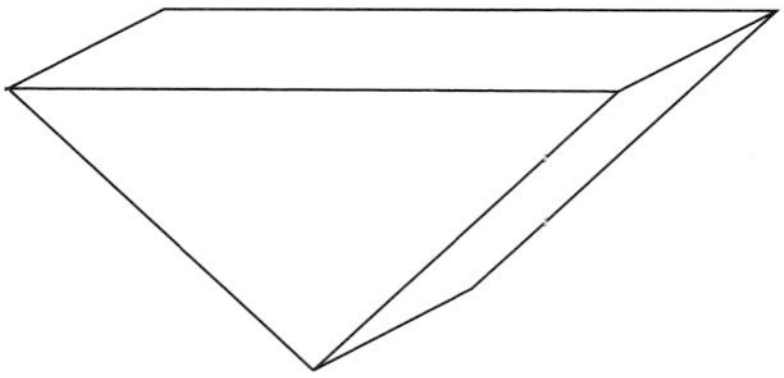

Prisma

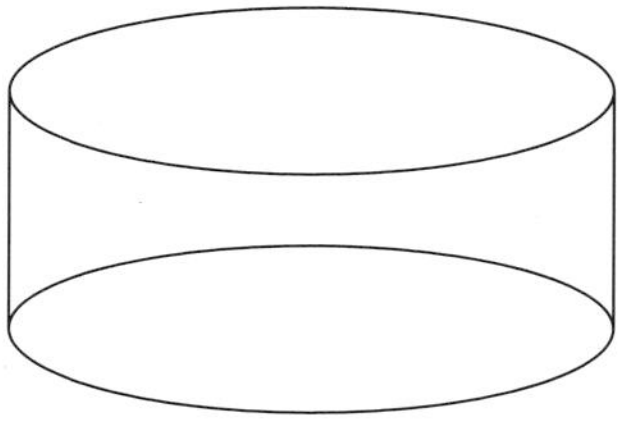

Zylinder

Hinweise und Tipps

Teilaufgabe 1.1

- Orientieren Sie sich bei der Achseneinteilung und der Größe der Zeichnung an den maximalen Werten von t und der Füllmenge.

Teilaufgabe 1.2.1

- Sie benötigen als Ansatz die allgemeine Form einer ganzrationalen Funktion 3. Grades.
- Setzen Sie die Koordinaten der Punkte in die allgemeine Gleichung der Funktion ein.
- Lassen Sie Ihr CAS das lineare Gleichungssystem lösen.

Teilaufgabe 1.2.2

- Überlegen Sie, wie viele Parameter ermittelt werden müssen und wie viele Bedingungen Sie hierfür benötigen.

Teilaufgabe 1.3

- Benutzen Sie zur Ermittlung der Ableitungen Ihr CAS.
- Bedenken Sie, dass bei der Ermittlung der Extrempunkte und der Wendepunkte sowohl die notwendigen als auch die hinreichenden Bedingungen erwartet werden.
- Vergessen Sie nicht, Ihre Ergebnisse im Sachzusammenhang darzustellen.

Teilaufgabe 1.4

- Ermitteln Sie einen Durchschnitt. Denken Sie daran, dass die Tabelle mit dem Monat 0 beginnt.
- In welchem Term wird effektiv ein Zeitraum von 7 Monaten betrachtet?

Teilaufgabe 2

- Bestimmen Sie den Zufluss und den Abfluss innerhalb von 24 Stunden.
- Wie viele Millionen m^3 befinden sich am Ende des Tages mehr bzw. weniger im Stausee?

Teilaufgabe 3.1

- Bedenken Sie, dass die hier ermittelte Zahl nur den Zustand am Ende der Zeitperiode wiedergibt. Was kann in der Zwischenzeit passieren?

Teilaufgabe 3.2

- Wo befindet sich in der Grafik der Zeitpunkt, an dem genauso viel abfließt wie zufließt?
- Lesen Sie das Ergebnis an der Grafik ab oder führen Sie mithilfe des CAS eine kleine Rechnung durch.

Teilaufgabe 4.1

- Denken Sie darüber nach, inwieweit sich die Zunahme der Höhe auf die Vergrößerung der Wasseroberfläche auswirkt.

Teilaufgabe 4.2

- Lesen Sie das Ergebnis am Material ab.

Lösung

1.1

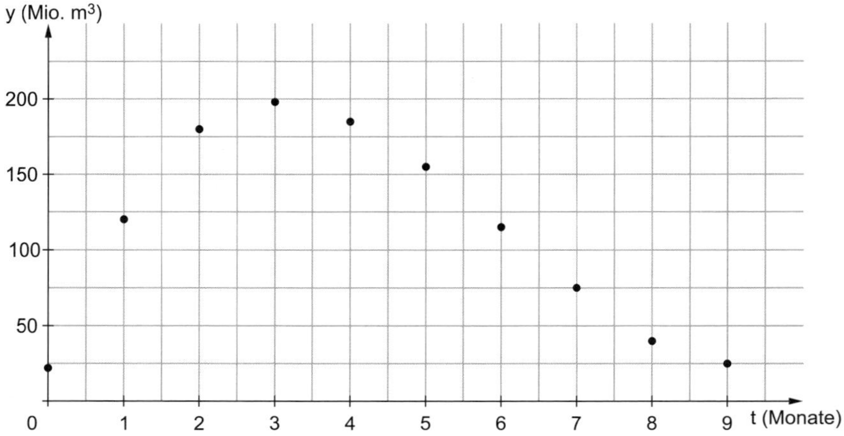

1.2.1 Der Ansatz für eine ganzrationale Funktion 3. Grades lautet $f(t) = a \cdot t^3 + b \cdot t^2 + c \cdot t + d$. Durch Einsetzen der Koordinaten der vier Punkte ergeben sich insgesamt vier Gleichungen mit vier Unbekannten. Dieses lineare Gleichungssystem löst man mithilfe des CAS.

```
Define f(x)=a×x^3+b×x^2+c×x+d
                                   done
{f(0)=22
 f(3)=198
 f(6)=115
 f(9)=25   |a, b, c, d
{a=14/9, b=-511/18, c=779/6, d=22}
```

Als Lösungen erhält man für die vier Parameter:

$$a = \frac{14}{9}, \quad b = -\frac{511}{18}, \quad c = \frac{779}{6}, \quad d = 22$$

Damit ergibt sich für die Funktionsgleichung f(t):

$$f(t) = \frac{14}{9} \cdot t^3 - \frac{511}{18} \cdot t^2 + \frac{779}{6} \cdot t + 22$$

1.2.2 Der Lösungsansatz bedeutet, dass die Funktion g durch die beiden Punkte $(1 \mid 120)$ und $(6 \mid 115)$ gehen soll und dass weiterhin an der Stelle $t = 6$ ein Wendepunkt vorliegen könnte. Da dies nur drei Bedingungen sind, die Funktion g aber 3. Grades sein soll, also vier Parameter enthält (siehe Ansatz für f(t) in Teilaufgabe 1.2.1), ist das lineare Gleichungssystem mit drei Gleichungen und vier Unbekannten unterbestimmt. Es besitzt damit keine eindeutige Lösung. Der Ansatz ist somit ungeeignet.

1.3 Für die Ableitungen von i(t) erhält man:

```
Define i(x)=1.525x^3-28x^2+129x+21
                                   done
d/dx (i(x))
                183·x^2-2240·x+5160
                -------------------
                        40
d^2/dx^2 (i(x))
                       183·x-1120
                       ----------
                           20
d^3/dx^3 (i(x))
                              183
                              ---
                               20
```

$$i'(t) = \frac{183 \cdot t^2 - 2\,240 \cdot t + 5\,160}{40}$$

$$i''(t) = \frac{183 \cdot t - 1\,120}{20}$$

$$i'''(t) = \frac{183}{20}$$

Daraus folgt für die möglichen Extrempunkte mit dem Ansatz $i'(t) = 0$:

$$t_1 \approx 3{,}08 \quad \text{und} \quad t_2 \approx 9{,}16$$

Einsetzen in die 2. Ableitung ergibt:

$$i''(3{,}08) \approx -27{,}8 < 0 \quad \text{und} \quad i''(9{,}16) \approx 27{,}8 > 0$$

Es liegt also im Punkt $P(3{,}08 \mid 197{,}26)$ ein Hochpunkt und im Punkt $Q(9{,}16 \mid 25{,}36)$ ein Tiefpunkt vor.

Für die Wendepunkte erhält man mit dem Ansatz $i''(t) = 0$ als Lösung $t \approx 6{,}12$. Weiter gilt:

$$i'''(6{,}12) = 9{,}15 \neq 0$$

Damit ist auch die hinreichende Bedingung für das Vorliegen eines Wendepunktes $W(6{,}12 \mid 111{,}32)$ erfüllt.

Im Sachverhalt bedeutet dies, dass der Edersee seinen Höchststand im April erreicht, wobei das maximale Füllvolumen etwa 197 Millionen m^3 beträgt. Der Tiefststand ergibt sich im Oktober mit einer Füllmenge von etwa 25 Millionen m^3.

Dazwischen erhält man im Monat Juli die stärkste Abnahme des Füllvolumens. Zu diesem Zeitpunkt beträgt der Füllstand etwa 111 Millionen m^3.

```
solve(d/dx(i(x))=0,x)
                {x=3.077135579,x=9.163301579}
d²/dx²(i(x))|x=3.08
                                      -27.818
d²/dx²(i(x))|x=9.16
                                       27.814
i(3.08)
                                  197.2584208
i(9.16)
                                   25.3605264
solve(d²/dx²(i(x))=0,x)
                               {x=6.120218579}
d³/dx³(i(x))|x=6.12
                                         9.15
i(6.12)
                                  111.3187152
```

1.4 Die mittlere Füllmenge ergibt sich durch Addition der Füllmengen von April ($t = 3$) bis Oktober ($t = 9$), dividiert durch die Zahl der betrachteten 7 Monate. Als Ergebnis erhält man eine mittlere Füllmenge von etwa 113,3 Millionen m^3.

```
(198+185+155+115+75+40+25)/7
                                  113.2857143
```

Der erste Term gibt die mittlere Füllmenge nicht richtig wieder, da durch 6 dividiert wird und das Intervall von $t = 3$ bis $t = 9$ auch nur die Zeit von Mitte April bis Mitte Oktober (also nur 6 Monate) betrachtet.

Der zweite Term betrachtet das Intervall von Anfang April ($t = 2{,}5$) bis Ende Oktober ($t = 9{,}5$) und es wird auch durch die richtige Zahl an Monaten (7) dividiert. Der zweite Term ist deswegen als Näherung der durchschnittlichen Füllmenge zwischen April und Oktober geeignet.

2 Zwischen 0 Uhr und 17 Uhr fließen jede Sekunde $5{,}2\ m^3 + 0{,}52\ m^3 = 5{,}72\ m^3$ in den Stausee, ohne dass Wasser abgegeben wird. Das sind 17 Stunden bzw. $17 \cdot 3\,600\ s = 61\,200\ s$. Daraus erhält man eine Zuflussmenge von $5{,}72\ m^3 \cdot 61\,200 = 350\,064\ m^3$.

```
17×3600
                                        61200
5.72×61200
                                       350064
```

Um 17 Uhr ist die Füllmenge des Stausees also 350 064 m^3 höher als um 0 Uhr.

Von 17 Uhr bis 21.15 Uhr werden jede Sekunde 36 m^3 abgegeben. Der Zeitraum beträgt 255 Minuten bzw. $255 \cdot 60\ s = 15\,300\ s$. Die abgeflossene Wassermenge beträgt somit $36\ m^3 \cdot 15\,300 = 550\,800\ m^3$. Da im gleichen Zeitraum $5{,}72\ m^3 \cdot 15\,300 = 87\,516\ m^3$ hinzufließen, bleibt eine Differenz von 463 284 m^3, die bis 21.15 Uhr insgesamt abfließen.

```
255×60
                                        15300
36×15300
                                       550800
5.72×15300
                                        87516
550800−87516
                                       463284
```

Da aber ab 0 Uhr bis 17 Uhr 350 064 m^3 zugeflossen sind, verbleibt eine Differenz von 113 220 m^3, die um 21.15 Uhr weniger im See sind als um Mitternacht.

```
463284-350064
                    113220
165×60
                      9900
5.72×9900
                     56628
113220-56628
                     56592
```

Von 21.15 Uhr bis 0 Uhr füllt sich der See wieder mit 5,72 m^3 in der Sekunde. Das sind 165 Minuten bzw. $165 \cdot 60\ s = 9\,900\ s$. Es fließen also von 21.15 Uhr bis 0 Uhr $5{,}72\ m^3 \cdot 9\,900 = 56\,628\ m^3$ zu, ohne dass etwas abgelassen wird.

Insgesamt befinden sich damit am Ende des Tages etwa

$$113\,220\ m^3 - 56\,628\ m^3 = 56\,592\ m^3$$

weniger Wasser im Stausee als zu Beginn des Tages.

3.1 Hier wird berechnet, wieviel zusätzliches Wasser nach 72 Stunden in den Stausee geflossen ist. Hier wird das zugeflossene Volumen nach 60 Stunden ermittelt. Dieses beträgt 60 Millionen m^3. Davon abgezogen wird das abgeflossene Wasservolumen nach 72 Stunden. Dieses beträgt 38,4 Millionen m^3. Als Ergebnis erhält man eine effektiv zugeflossene Wassermenge von 21,6 Millionen m^3.

Da der Hochwasserschutzraum 30 Millionen m^3 beträgt, reicht er scheinbar aus. Es wird aber nicht berücksichtigt, dass es innerhalb der betrachteten 60 Stunden durchaus einen Zeitpunkt geben könnte, in dem die effektiv zugeflossene Wassermenge diese 30 Millionen m^3 übersteigt.

3.2 *1. Möglichkeit:* Wie man aus der Grafik erkennt, fließt bis zu einem Zeitpunkt von etwa 53 Stunden mehr Wasser zu als ab. Ab diesem Zeitpunkt nimmt der Füllstand wieder ab.

2. Möglichkeit: Man ermittelt die Schnittstelle von z(t) und a(t) rechnerisch. Mit dem CAS erhält man aus dem Ansatz $z(t) = a(t)$ die Lösungen $t = 0$ und $t \approx 52{,}9$.

$$\text{Define } z(t)=-\frac{1}{600}(t-30)^2+1.5 \quad \text{done}$$
$$\text{Define } a(t)=-\frac{1}{1620}(t-36)^2+0.8 \quad \text{done}$$
$$\text{solve}(z(t)=a(t),t) \quad \{t=0,\ t=52.94117647\}$$

Die Füllmenge des Hochwasserschutzraums ist also nach etwa 52,9 Stunden maximal.

4.1 Im Falle des zylindrischen Beckens sind Füllvolumen und Füllhöhe zueinander proportional ($V = \pi r^2 h$), der Füllgraph müsste also eine Gerade sein.

Im Falle des Prismas steigert sich die Wasserfläche quadratisch mit der Höhe. Das bedeutet, dass sich auch das Volumen quadratisch mit der Höhe steigert. Beispiel: Verdoppelt man die Höhe, verdoppelt man auch die Länge der die Fläche begrenzenden Seiten, also vervierfacht man die Wasseroberfläche, die sich aus dem Produkt der Seitenlängen ergibt.

Das Prisma ist also hier als einziger Körper geeignet, um einen solchen Füllgraphen zu generieren.

4.2 Die zum Füllstand von 80 Millionen m^3 gehörende Höhe der Wasseroberfläche kann man am Graphen in Material 2 ablesen. Die Ablesung ergibt etwa 25 m.

Hessen – Grundkurs Mathematik
2021 – C1: Lineare Algebra/Analytische Geometrie (WTR/CAS)

In Südtirol ragt im aufgestauten Reschensee ein versunkener Kirchturm empor (Material 1). Zur Beschreibung des Kirchturms wird ein räumliches Koordinatensystem gewählt. Die Wasseroberfläche liegt in der x-y-Ebene. Eine Einheit in dem Koordinatensystem entspricht einem Meter.

1 Der Kirchturm besteht aus einem 22 m hohen, quaderförmigen unteren Teil mit 36 m^2 großer quadratischer Grundfläche. Darüber befindet sich ein 9 m hohes, symmetrisches Dach in Form einer Pyramide. Je nach Wasserstand ragt der Turm unterschiedlich weit aus dem Reschensee empor.

1.1 Zu einem bestimmten Zeitpunkt befindet sich die Grundfläche ABCD des Turmes 7 m unter der Wasseroberfläche (Material 2). Die Kante AE liegt auf der z-Achse. Geben Sie die Koordinaten der Punkte A, B, G, H und S in Material 2 an. **(5 BE)**

1.2 Für eine Restaurierung im Jahr 2009 wurde das Dach erneuert. Berechnen Sie den Flächeninhalt der Dachfläche. **(4 BE)**

2 Zur Untersuchung des Reschensees wurden zwei Tauchroboter R1 und R2 eingesetzt, die sich mit konstanten Geschwindigkeiten auf geradlinigen Bahnen unter Wasser fortbewegen und Daten an eine Forschungsstation senden. Im Verlauf des ersten Tauchgangs werden folgende Ortungsdaten gesendet:

Ortungsdaten von R1: zum Zeitpunkt t_1: $P_1(24|8|-1)$
zum Zeitpunkt t_2: $P_2(20|5|-3)$

Ortungsdaten von R2: zum Zeitpunkt t_1: $Q_1(15|0|-5{,}5)$
zum Zeitpunkt t_2: $Q_2(9|-2|-8{,}5)$

2.1 Bestimmen Sie die Parametergleichungen der beiden Geraden, die die Tauchbahnen der Roboter modellieren. **(4 BE)**

2.2 Ermitteln Sie den Schnittpunkt T der beiden Geraden aus Aufgabe 2.1. [zur Kontrolle: $T(12|-1|-7)$] **(4 BE)**

2.3 Die beiden Roboter starten gleichzeitig vom Punkt P_1 bzw. Q_1 zum Zeitpunkt t_1 und bewegen sich auf ihren Tauchbahnen zum Schnittpunkt T.
Begründen Sie, dass der Schnittpunkt T auf dem Weg des Roboters R1 nicht zwischen P_1 und P_2 liegt, und ermitteln Sie die Koordinaten des Punktes U, an dem sich R1 befindet, wenn der Tauchroboter R2 am Schnittpunkt T angelangt ist. **(4 BE)**

2.4 Berechnen Sie den Winkel α zwischen den beiden Vektoren $\vec{n} = \begin{pmatrix} 0 \\ 0 \\ -1 \end{pmatrix}$ und $\overrightarrow{P_1P_2}$.
Deuten Sie den Winkel $\beta = 90° - \alpha$ im Sachzusammenhang.

Bei den folgenden Aufgaben werden die Tauchroboter als punktförmig angesehen.

2.5 Bei einem zweiten Tauchgang kann man ab einem bestimmten Zeitpunkt die Tauchbahnen der beiden Tauchroboter R1 und R2 folgendermaßen beschreiben:

$$\text{R1: } \vec{x} = \begin{pmatrix} 15 \\ -22 \\ -2 \end{pmatrix} + t \cdot \begin{pmatrix} -7 \\ 11 \\ -3 \end{pmatrix} \quad \text{und} \quad \text{R2: } \vec{x} = \begin{pmatrix} 27 \\ -6 \\ -6 \end{pmatrix} + t \cdot \begin{pmatrix} -10 \\ 7 \\ -2 \end{pmatrix}$$

Dabei ist $t \geq 0$ die Zeit in Minuten ab diesem Zeitpunkt.

Die Vektorgleichung $\begin{pmatrix} 15 \\ -22 \\ -2 \end{pmatrix} + t \cdot \begin{pmatrix} -7 \\ 11 \\ -3 \end{pmatrix} = \begin{pmatrix} 27 \\ -6 \\ -6 \end{pmatrix} + t \cdot \begin{pmatrix} -10 \\ 7 \\ -2 \end{pmatrix}$ besitzt die Lösung $t = 4$.

Deuten Sie diese Lösung im Sachzusammenhang. **(3 BE)**

3 Im Reschensee befindet sich ein feinmaschiges ebenes Netz. Das Netz verläuft durch die Punkte $N_1(-19\,|\,-5\,|\,-5{,}5)$, $N_2(-23\,|\,-7\,|\,-1{,}5)$ und $N_3(-16\,|\,-3\,|\,-5{,}5)$.

3.1 Geben Sie eine Parametergleichung der Ebene N an, in der das Netz liegt, und bestimmen Sie eine Koordinatengleichung dieser Ebene N.
[Eine mögliche Koordinatengleichung von N lautet: $8x - 12y + 2z = -103$] **(6 BE)**

3.2 Ein weiterer Tauchroboter R3 ist mit Sensoren ausgestattet, die bei einer Abstandsunterschreitung von 2 Metern zu einem Hindernis Alarm auslösen. Der Roboter R3 befindet sich im Punkt $P_3(-9\,|\,6\,|\,-6)$ in der Nähe des Netzes.
Zeigen Sie, dass die Sensoren an diesem Punkt keinen Alarm auslösen. **(6 BE)**

Material 1

Material 2

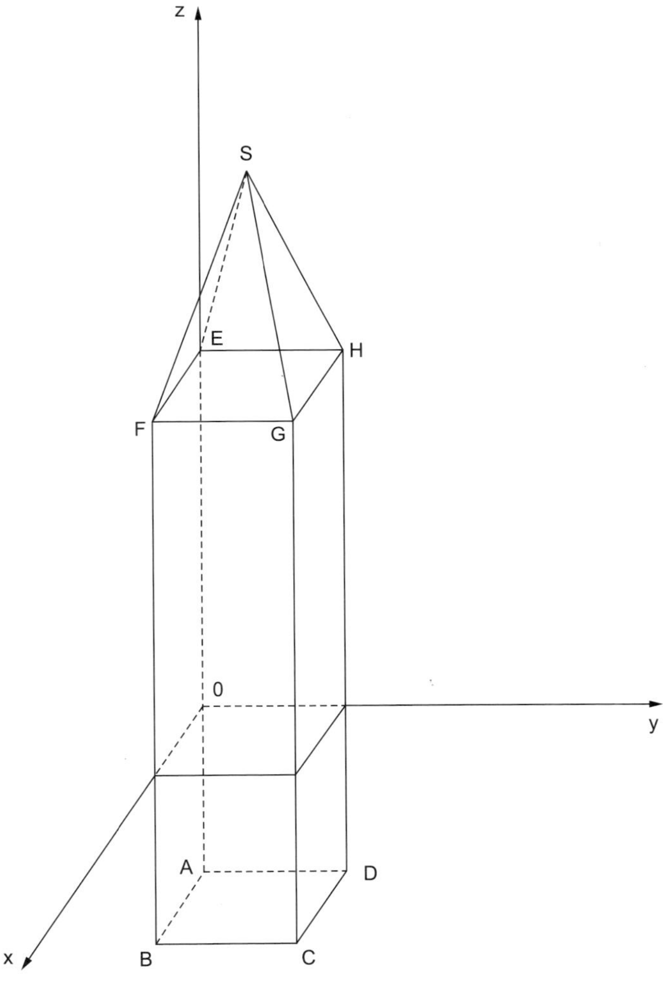

Hinweise und Tipps

Teilaufgabe 1.1

- Laufen Sie in Gedanken den Weg zu den einzelnen Eckpunkten ab. Geben Sie an, wie weit Sie jeweils in x-, y- und z-Richtung gehen müssen. Berücksichtigen Sie, dass die Grundfläche des Turms 7 m unter der Wasseroberfläche liegt.

Teilaufgabe 1.2

- Die Dachfläche setzt sich aus vier gleichgroßen Dreiecksflächen zusammen. Zur Berechnung einer dieser Dreiecksflächen benötigen Sie die Länge der Grundseite und die Höhe. Beachten Sie, dass die Höhe des Dreiecks und die Höhe des Dachs nicht identisch sind.

Teilaufgabe 2.1

- Für die Parametergleichung einer Geraden benötigen Sie einen Stützvektor und einen Richtungsvektor.

Teilaufgabe 2.2

- Setzen Sie die Parametergleichungen aus Teilaufgabe 2.1 gleich. Zur Lösung des entstehenden Gleichungssystems darf die erweiterte Funktionalität des Taschenrechners verwendet werden (Operator „Ermitteln“). Den Schnittpunkt erhalten Sie durch Einsetzen der so berechneten Parameterwerte in die Parametergleichungen.

Teilaufgabe 2.3

- Eine Strecke lässt sich durch Einschränkung der zulässigen Parameterwerte in der Parametergleichung einer Geraden beschreiben. Formulieren Sie diese Einschränkung und zeigen Sie, dass der in Teilaufgabe 2.2 berechnete Parameterwert außerhalb des zulässigen Bereichs liegt.
- Roboter R1 erreicht den Punkt U zu dem Zeitpunkt, zu dem R2 Punkt T erreicht. Die Zeitspannen werden durch die in Teilaufgabe 2.2 berechneten Parameterwerte beschrieben. Verwenden Sie die Geradengleichung, die die Tauchbahn von R2 beschreibt, und ermitteln Sie durch Einsetzen des entsprechenden Parameterwertes den Ort, an dem sich Roboter R1 befindet.

Teilaufgabe 2.4

- Verwenden Sie die Grundformel zur Berechnung des Winkels zwischen zwei Vektoren.
- Verdeutlichen Sie sich die Situation mithilfe einer Skizze: Wohin zeigen die beiden verwendeten Vektoren? Welche Rolle spielt der rechte Winkel? β muss nicht berechnet werden.

Teilaufgabe 2.5

- Deuten Sie zunächst die gegebene Vektorgleichung und die Information, dass es eine (eindeutige) Lösung gibt. Welche Bedeutung hat es, dass auf beiden Seiten der Parameter t verwendet wird?

Teilaufgabe 3.1

- Für die Parametergleichung einer Ebene benötigen Sie einen Stützvektor und zwei Richtungsvektoren.
- Zur Überführung in die Koordinatengleichung benötigen Sie einen Vektor, der senkrecht auf den beiden Richtungsvektoren der Ebene steht. Setzen Sie dann den Normalenvektor und einen Stützvektor in den Ansatz zur Ermittlung der Koordinatengleichung ein.

Teilaufgabe 3.2

- Lösen Sie das Abstandsproblem Punkt-Ebene durch Anwenden des Lotfußpunktverfahrens.
- Vergessen Sie nicht, die Schlussfolgerung zu formulieren.

Lösung

1.1 Aus der im Text angegebenen Grundfläche von 36 m^2 lässt sich ableiten, dass die Kantenlänge der quadratischen Grundfläche $a = 6$ m beträgt. Zu beachten ist ferner, dass die Grundfläche 7 m unter der Wasseroberfläche, also unterhalb der x-y-Ebene liegt. Der Turmschacht ragt damit 15 m aus dem Wasserspiegel heraus. Bis zur Turmspitze sind es (vom Wasserspiegel aus) insgesamt $15\text{ m} + 9\text{ m} = 24$ m.

Damit ergeben sich folgende Punktkoordinaten, die sich durch das gedankliche Ablaufen des Weges vom Ursprung zum jeweiligen Punkt bestätigen lassen:

$A(0\,|\,0\,|\,-7)\qquad B(6\,|\,0\,|\,-7)\qquad G(6\,|\,6\,|\,15)\qquad H(0\,|\,6\,|\,15)\qquad S(3\,|\,3\,|\,24)$

1.2 Die Dachfläche setzt sich aus vier gleichgroßen Dreiecken zusammen. Zur Berechnung einer solchen Fläche, z. B. des Dreiecks FGS, benötigt man die Länge der Grundseite FG sowie die Höhe h des Dreiecks.

Bereits bekannt ist, dass $|\overrightarrow{FG}| = 6\,[\text{m}]$.

Die Höhe des Dreiecks lässt sich mithilfe des Satzes des Pythagoras ermitteln. Dazu kann z. B. das nebenstehend dargestellte rechtwinklige Dreieck verwendet werden.

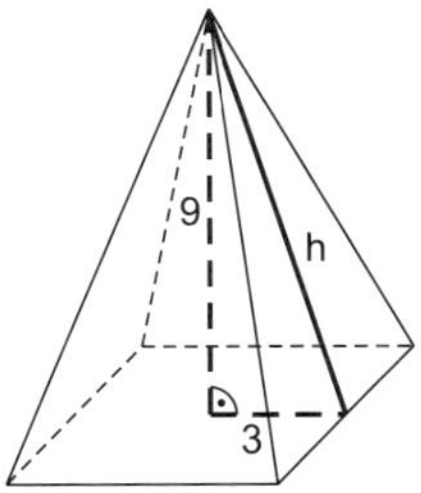

Für das eingezeichnete Dreieck gilt $h^2 = 9^2 + 3^2$ und man erhält:

$$h = \sqrt{90} \approx 9{,}49\,[\text{m}]$$

Daraus ergibt sich für die Fläche des Dreiecks FGS:

$$A = \frac{1}{2}gh = \frac{1}{2}\cdot 6\cdot\sqrt{90} \approx 28{,}46\,[\text{m}^2]$$

Das gesamte Dach hat eine Fläche von ca. $4 \cdot 28{,}46 = 113{,}84\ [\text{m}^2]$.

2.1 Wählt man die Ortsvektoren zu P_1 bzw. Q_1 als Stützvektoren und $\overrightarrow{P_1P_2}$ bzw. $\overrightarrow{Q_1Q_2}$ als Richtungsvektoren, so erhält man mit

$$\overrightarrow{P_1P_2} = \begin{pmatrix} 20 \\ 5 \\ -3 \end{pmatrix} - \begin{pmatrix} 24 \\ 8 \\ -1 \end{pmatrix} = \begin{pmatrix} -4 \\ -3 \\ -2 \end{pmatrix} \quad \text{und} \quad \overrightarrow{Q_1Q_2} = \begin{pmatrix} 9 \\ -2 \\ -8{,}5 \end{pmatrix} - \begin{pmatrix} 15 \\ 0 \\ -5{,}5 \end{pmatrix} = \begin{pmatrix} -6 \\ -2 \\ -3 \end{pmatrix}$$

die Parametergleichungen:

$$g_{P_1P_2}\colon \vec{x} = \overrightarrow{OP_1} + r\cdot\overrightarrow{P_1P_2} = \begin{pmatrix} 24 \\ 8 \\ -1 \end{pmatrix} + r\cdot\begin{pmatrix} -4 \\ -3 \\ -2 \end{pmatrix}$$

$$g_{Q_1Q_2}\colon \vec{x} = \overrightarrow{OQ_1} + s\cdot\overrightarrow{Q_1Q_2} = \begin{pmatrix} 15 \\ 0 \\ -5{,}5 \end{pmatrix} + s\cdot\begin{pmatrix} -6 \\ -2 \\ -3 \end{pmatrix}$$

2.2 Aus den in Teilaufgabe 2.1 ermittelten Parameterdarstellungen der beiden Geraden erhält man den Ansatz zur Schnittpunktbestimmung:

$$\begin{pmatrix} 24 \\ 8 \\ -1 \end{pmatrix} + r\cdot\begin{pmatrix} -4 \\ -3 \\ -2 \end{pmatrix} = \begin{pmatrix} 15 \\ 0 \\ -5{,}5 \end{pmatrix} + s\cdot\begin{pmatrix} -6 \\ -2 \\ -3 \end{pmatrix}$$

Dies liefert das lineare Gleichungssystem:

$$\left| \begin{array}{l} 24-4r=15-6s \\ 8-3r=-2s \\ -1-2r=-5{,}5-3s \end{array} \right|$$

Vereinfachungen führen zu:

$$\left| \begin{array}{l} -4r+6s=-9 \\ -3r+2s=-8 \\ -2r+3s=-4{,}5 \end{array} \right|$$

Der Operator „Ermitteln“ lässt die Verwendung der erweiterten Funktionalitäten des Taschenrechners zu. Zur Ermittlung zweier Unbekannten benötigt man zwei Gleichungen. Reduziert man das Gleichungssystem auf die ersten beiden Gleichungen, so erhält man für

$$\left| \begin{array}{l} -4r+6s=-9 \\ -3r+2s=-8 \end{array} \right|$$

mithilfe des Taschenrechners das Ergebnis $r=3$ und $s=0{,}5$.

Überprüft werden muss nun, ob auch die dritte Gleichung damit erfüllt ist. Das Einsetzen der Werte liefert die wahre Aussage:

$$-2\cdot 3+3\cdot 0{,}5=-4{,}5$$

Damit kann der Ortsvektor zum Schnittpunkt T berechnet werden:

$$\overrightarrow{OT}=\begin{pmatrix} 24 \\ 8 \\ -1 \end{pmatrix}+3\cdot\begin{pmatrix} -4 \\ -3 \\ -2 \end{pmatrix}=\begin{pmatrix} 12 \\ -1 \\ -7 \end{pmatrix}$$

Der gesuchte Schnittpunkt ist also $T(12\,|\,-1\,|\,-7)$.

2.3 Die Strecke $\overline{P_1P_2}$ lässt sich über die Einschränkung der zulässigen Parameterwerte in der Geradengleichung beschreiben. Damit ein Punkt auf dieser Strecke liegt, darf man ausgehend von P_1 den Richtunsgvektor $\overrightarrow{P_1P_2}$ höchstens einmal (und mindestens null Mal) ablaufen. Für den Parameter r in der Gleichung

$$g_{P_1P_2}\colon \vec{x}=\overrightarrow{OP_1}+r\cdot\overrightarrow{P_1P_2}=\begin{pmatrix} 24 \\ 8 \\ -1 \end{pmatrix}+r\cdot\begin{pmatrix} -4 \\ -3 \\ -2 \end{pmatrix}$$

muss also $0\le r\le 1$ gelten. In Teilaufgabe 2.2 wurde ermittelt, dass für den Ortsvektor zu T $r=3$ gilt. Dies liegt außerhalb des zulässigen Bereichs.

T liegt damit nicht auf der Strecke $\overline{P_1P_2}$.

Aus der Vorgabe, dass die Roboter gleichzeitig starten, und dem Ergebnis aus Teilaufgabe 2.2, dass Roboter R2 mit $s=0{,}5$ Punkt T erreicht, folgt, dass Roboter R1 auf seiner Bahn mit $r=0{,}5$ Punkt U erreicht. Daraus ergibt sich

$$\overrightarrow{OU}=\begin{pmatrix} 24 \\ 8 \\ -1 \end{pmatrix}+0{,}5\cdot\begin{pmatrix} -4 \\ -3 \\ -2 \end{pmatrix}=\begin{pmatrix} 22 \\ 6{,}5 \\ -2 \end{pmatrix}$$

Der gesuchte Punkt ist also $U(22\,|\,6{,}5\,|\,-2)$.

2.4 Das Einsetzen der Vektoren in die Grundformel zur Berechnung von Winkeln zwischen zwei Vektoren liefert:

$$\cos\alpha = \frac{\vec{n} \circ \overrightarrow{P_1P_2}}{|\vec{n}| \cdot |\overrightarrow{P_1P_2}|} = \frac{\begin{pmatrix} 0 \\ 0 \\ -1 \end{pmatrix} \circ \begin{pmatrix} -4 \\ -3 \\ -2 \end{pmatrix}}{\sqrt{0^2+0^2+(-1)^2} \cdot \sqrt{(-4)^2+(-3)^2+(-2)^2}}$$

$$= \frac{0\cdot(-4)+0\cdot(-3)+(-1)\cdot(-2)}{\sqrt{1}\cdot\sqrt{29}} = \frac{2}{\sqrt{29}}$$

Damit ist:

$$\alpha = \arccos\left(\frac{2}{\sqrt{29}}\right) \approx 68{,}2°$$

Laut Vorgabe in der Aufgabenstellung ist $\beta = 90° - \alpha$ und man erhält $\beta \approx 21{,}8°$ (die Berechnung von β ist nicht gefordert).

Nebenstehender Skizze ist zu entnehmen, dass β den Winkel zwischen der Bahn des Tauchroboters und der Wasseroberfläche beschreibt.

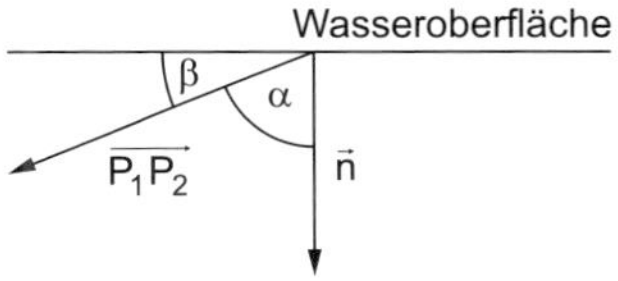

2.5 Mit dem in der Aufgabenstellung angegebenen Ansatz wird der Schnittpunkt der beiden Tauchbahnen ermittelt. In beiden Parameterdarstellungen wird der Parameter t verwendet. Dieser Wert beschreibt für beide Roboter die Zeit in Minuten nach dem gleichzeitigen Start. Die Angabe, dass $t = 4$ Lösung der angegebenen Vektorgleichung ist, bedeutet, dass sich die Bahnen schneiden und dass die beiden Tauchroboter zum selben Zeitpunkt diesen Schnittpunkt erreichen: Die beiden Roboter würden dort also kollidieren.

3.1 Wählt man $\overrightarrow{ON_1}$ als Stützvektor sowie $\overrightarrow{N_1N_2}$ und $\overrightarrow{N_1N_3}$ als Richtungsvektoren, so erhält man mit

$$\overrightarrow{N_1N_2} = \begin{pmatrix} -23 \\ -7 \\ -1{,}5 \end{pmatrix} - \begin{pmatrix} -19 \\ -5 \\ -5{,}5 \end{pmatrix} = \begin{pmatrix} -4 \\ -2 \\ 4 \end{pmatrix} \quad \text{und} \quad \overrightarrow{N_1N_3} = \begin{pmatrix} -16 \\ -3 \\ -5{,}5 \end{pmatrix} - \begin{pmatrix} -19 \\ -5 \\ -5{,}5 \end{pmatrix} = \begin{pmatrix} 3 \\ 2 \\ 0 \end{pmatrix}$$

die Parametergleichung:

$$N\colon\ \vec{x} = \overrightarrow{ON_1} + r\cdot\overrightarrow{N_1N_2} + s\cdot\overrightarrow{N_1N_3} = \begin{pmatrix} -19 \\ -5 \\ -5{,}5 \end{pmatrix} + r\cdot\begin{pmatrix} -4 \\ -2 \\ 4 \end{pmatrix} + s\cdot\begin{pmatrix} 3 \\ 2 \\ 0 \end{pmatrix}$$

Zur Überführung in die Koordinatengleichung benötigt man einen Normalenvektor der Ebene. Dieser muss senkrecht auf den beiden Richtungsvektoren der Ebene stehen. Mit dem Ansatz $\vec{n} = \begin{pmatrix} n_1 \\ n_2 \\ n_3 \end{pmatrix}$ und der Aussage „Stehen zwei Vektoren senkrecht aufeinander, so ist ihr Skalarprodukt 0“ erhält man:

$$\text{(I)} \quad \begin{pmatrix} n_1 \\ n_2 \\ n_3 \end{pmatrix} \circ \begin{pmatrix} -4 \\ -2 \\ 4 \end{pmatrix} = 0 \quad \Leftrightarrow \quad -4n_1 - 2n_2 + 4n_3 = 0$$

$$\text{(II)} \quad \begin{pmatrix} n_1 \\ n_2 \\ n_3 \end{pmatrix} \circ \begin{pmatrix} 3 \\ 2 \\ 0 \end{pmatrix} = 0 \quad \Leftrightarrow \quad 3n_1 + 2n_2 = 0$$

Aus (II) ergibt sich unmittelbar:

$$n_1 = -\frac{2}{3} n_2$$

Gesucht ist eine partielle Lösung des Gleichungssystems. Orientiert am Kontrollergebnis wählt man $n_2 = -12$, dann ist $n_1 = -\frac{2}{3} \cdot (-12) = 8$. Damit ergibt sich mit (I):

$$\begin{aligned} -4 \cdot 8 - 2 \cdot (-12) + 4n_3 &= 0 \\ 4n_3 &= 8 \\ n_3 &= 2 \end{aligned}$$

Damit ist ein Normalenvektor gefunden als:

$$\vec{n} = \begin{pmatrix} 8 \\ -12 \\ 2 \end{pmatrix}$$

Setzt man $\vec{n}$ und z. B. $\overrightarrow{ON_1}$ in die Formel $\vec{n} \circ \vec{x} = \vec{n} \circ \vec{a}$ für die Koordinatengleichung ein, so erhält man:

$$\begin{pmatrix} 8 \\ -12 \\ 2 \end{pmatrix} \circ \begin{pmatrix} x \\ y \\ z \end{pmatrix} = \begin{pmatrix} 8 \\ -12 \\ 2 \end{pmatrix} \circ \begin{pmatrix} -19 \\ -5 \\ -5{,}5 \end{pmatrix}$$

Das Berechnen der Skalarprodukte liefert:

$$8x - 12y + 2z = 8 \cdot (-19) + (-12) \cdot (-5) + 2 \cdot (-5{,}5)$$

Schließlich erhält man das angegebene Kontrollergebnis:

$$N\colon 8x - 12y + 2z = -103$$

3.2 Gesucht ist der Abstand des Punktes P_3 zur Ebene, in der das Netz liegt. Dieser Abstand lässt sich mit dem Lotfußpunktverfahren ermitteln.

Nebenstehende Skizze soll die weitere Argumentation verdeutlichen. Sie ist aber nicht Bestandteil der Lösung, die erwartet wird.

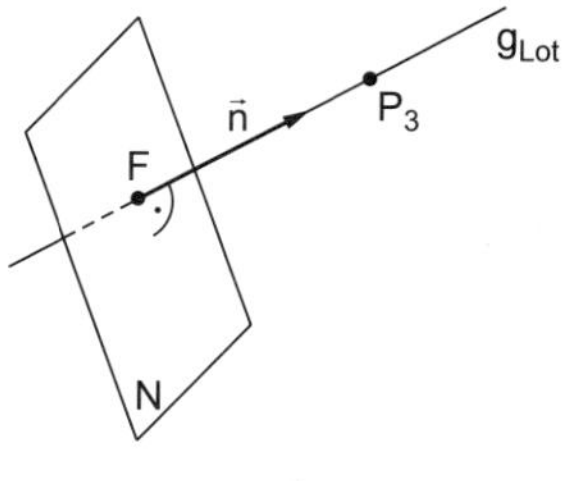

Als Lotgerade durch P_3 erhält man durch Verwendung des Stützvektors $\overrightarrow{OP_3}$ und des Normalenvektors $\vec{n}$ aus Teilaufgabe 3.1:

$$g_{Lot}\colon \vec{x} = \begin{pmatrix} x \\ y \\ z \end{pmatrix} = \begin{pmatrix} -9 \\ 6 \\ -6 \end{pmatrix} + r \cdot \begin{pmatrix} 8 \\ -12 \\ 2 \end{pmatrix}$$

Der Lotfußpunkt ist der Schnittpunkt der Lotgeraden mit der Ebene, in der das Netz liegt.

Der Parameterdarstellung der Lotgerade entnimmt man:

$$\begin{aligned} x &= -9 + 8r \\ y &= 6 - 12r \\ z &= -6 + 2r \end{aligned}$$

Setzt man dies in die Koordinatengleichung der Ebene N ein, erhält man:

$$\begin{aligned} 8\cdot(-9+8r)-12\cdot(6-12r)+2\cdot(-6+2r) &= -103 \\ -72+64r-72+144r-12+4r &= -103 \\ 212r &= 53 \\ r &= 0,25 \end{aligned}$$

Damit ermittelt man den Ortsvektor zum Lotfußpunkt F als:

$$\overrightarrow{OF} = \begin{pmatrix} -9 \\ 6 \\ -6 \end{pmatrix} + 0,25 \cdot \begin{pmatrix} 8 \\ -12 \\ 2 \end{pmatrix} = \begin{pmatrix} -7 \\ 3 \\ -5,5 \end{pmatrix}$$

Der Abstand des Punktes P_3 zum Netz entspricht dem Abstand von P_3 zum Lotfußpunkt F und man erhält:

$$|\overrightarrow{FP_3}| = \left| \begin{pmatrix} -9 \\ 6 \\ -6 \end{pmatrix} - \begin{pmatrix} -7 \\ 3 \\ -5,5 \end{pmatrix} \right| = \left| \begin{pmatrix} -2 \\ 3 \\ -0,5 \end{pmatrix} \right| = \sqrt{(-2)^2+3^2+(-0,5)^2} = \sqrt{13,25} \approx 3,64$$

Laut Vorgabe lösen die Sensoren nur dann Alarm aus, wenn der Abstand eines Objektes zum Netz geringer als 2 m ist. P_3 ist ca. 3,64 m vom Netz entfernt. Damit wird kein Alarm ausgelöst.

Hessen – Grundkurs Mathematik
2021 – C2.1: Stochastik (WTR/CAS)

1 In einem großen Unternehmen werden Elektronikgeräte hergestellt. Erfahrungsgemäß sind 3 % der hergestellten Geräte defekt.

1.1 Bestimmen Sie die Wahrscheinlichkeiten der folgenden Ereignisse.
A: Von 500 zufällig ausgewählten Geräten sind genau 10 defekt.
B: Von 750 zufällig ausgewählten Geräten sind maximal 25 defekt.
C: Von 400 zufällig ausgewählten Geräten funktionieren mindestens 381 einwandfrei.
(6 BE)

1.2 Geben Sie im vorliegenden Sachzusammenhang ein Ereignis D an, für das gilt:

$$P(D) = \binom{100}{3} \cdot 0{,}03^3 \cdot 0{,}97^{100-3} + \binom{100}{4} \cdot 0{,}03^4 \cdot 0{,}97^{100-4} + \binom{100}{5} \cdot 0{,}03^5 \cdot 0{,}97^{100-5}$$

(2 BE)

1.3 Berechnen Sie die Anzahl der Geräte, die man mindestens überprüfen muss, um mit einer Wahrscheinlichkeit von mindestens 99 % mindestens ein defektes Gerät zu erhalten.
(4 BE)

1.4 Man testet 300 zufällig ausgewählte Geräte.
Berechnen Sie den Erwartungswert für die Anzahl der defekten Geräte. **(2 BE)**

1.5 Das Unternehmen hat ein neues Bauteil entwickelt, das in viele Elektronikgeräte eingebaut wurde. Es wird vermutet, dass sich dadurch der Anteil der defekten Geräte verringert hat.
Zur Überprüfung dieser Vermutung werden 300 zufällig ausgewählte Geräte auf ihre Funktionstüchtigkeit getestet. Entwickeln Sie einen linksseitigen Hypothesentest auf einem Signifikanzniveau von 5 %. Formulieren Sie eine Entscheidungsregel im Sachzusammenhang. **(6 BE)**

2 In einem großen Unternehmen sind 77 % aller Beschäftigten mit der Höhe ihres Gehalts zufrieden. 5 % aller Beschäftigten sind in der Werbeabteilung tätig und nicht zufrieden mit der Höhe ihres Gehalts. Insgesamt gehören der Werbeabteilung 12 % aller Beschäftigten an.

2.1 Stellen Sie den Sachzusammenhang in einer vollständig ausgefüllten Vierfeldertafel dar.
(3 BE)

2.2 Untersuchen Sie, ob der Anteil der Beschäftigten, die mit ihrem Gehalt nicht zufrieden sind, in der Werbeabteilung größer ist als im übrigen Unternehmen. **(3 BE)**

2.3 Bestimmen Sie die Wahrscheinlichkeit dafür, dass sich unter 500 zufällig ausgewählten Beschäftigten mehr als 400 befinden, die mit ihrem Gehalt zufrieden sind. **(2 BE)**

2.4 Beschreiben Sie die Bedeutung des Terms $1 - F(600; 0{,}23; 400)$ im Sachzusammenhang.
(3 BE)

Im Rahmen einer Befragung soll ermittelt werden, wie viele Beschäftigte beabsichtigen, das Unternehmen innerhalb der nächsten zwölf Monate zu verlassen. Um zu vermeiden, dass Befragte aus Sorge vor negativen Konsequenzen nicht wahrheitsgemäß antworten, wird ein besonderes Verfahren angewendet. Dabei wird 70 % aller Beschäftigten die folgende Frage A zugeteilt, den übrigen Beschäftigten die folgende Frage B:

A: „Beabsichtigen Sie, das Unternehmen innerhalb der nächsten zwölf Monate zu verlassen?"
B: „Beabsichtigen Sie, für die nächsten zwölf Monate im Unternehmen zu bleiben?"

Nur der befragten Person selbst ist bekannt, welche Frage ihr zugeteilt wurde. Die befragte Person beantwortet die Frage wahrheitsgemäß.
Das Baumdiagramm im Material stellt einen Teil des beschriebenen Verfahrens dar.

2.5 Geben Sie die Bedeutung von y im Sachzusammenhang an. **(2 BE)**

Von den 2 700 Beschäftigten antworten 1 024 mit „Ja". Es kann davon ausgegangen werden, dass der Anteil der Beschäftigten mit der Absicht, das Unternehmen innerhalb der nächsten zwölf Monate zu verlassen, unter denjenigen, denen die Frage A zugeteilt wurde, ebenso groß ist wie unter denjenigen, denen die Frage B zugeteilt wurde.

2.6 Zeigen Sie, dass aufgrund des Ergebnisses der Befragung davon auszugehen ist, dass etwa 20 % der Beschäftigten beabsichtigen, das Unternehmen innerhalb der nächsten zwölf Monate zu verlassen. **(4 BE)**

2.7 Eine beschäftigte Person, die mit „Ja" geantwortet hat, wird zufällig ausgewählt. Ermitteln Sie die Wahrscheinlichkeit dafür, dass diese Person beabsichtigt, das Unternehmen innerhalb der nächsten zwölf Monate zu verlassen. **(3 BE)**

Material

Baumdiagramm

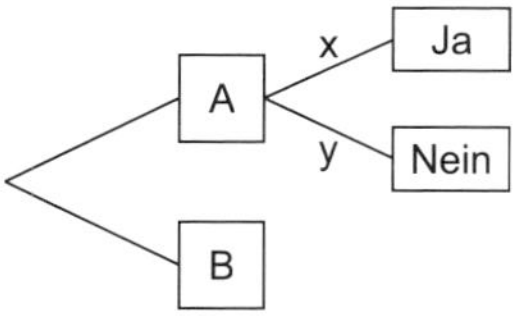

Hinweise und Tipps

Teilaufgabe 1.1

- Legen Sie eine geeignete Zufallsvariable fest. Geben Sie die verwendeten Wahrscheinlichkeitsverteilungen für die jeweiligen Ereignisse an.
- Achten Sie bei C auf die Formulierung.

Teilaufgabe 1.2

- Analysieren Sie die Teilterme und den Gesamtterm im Sachzusammenhang.

Teilaufgabe 1.3

- Hier ist die unbekannte Anzahl n der zu überprüfenden Geräte gesucht.
- Verwenden Sie das Gegenereignis.

Teilaufgabe 1.4

- Berechnen Sie den Erwartungswert mithilfe der bekannten Daten.

Teilaufgabe 1.5

- Formulieren Sie die Rahmenbedingungen für die Null- und die Gegenhypothese sorgfältig. Stellen Sie eine Ungleichung zur Bestimmung der kritischen Grenze k auf.
- Probieren Sie systematisch mithilfe der erweiterten Funktionalitäten des Taschenrechners bzw. mit dem CAS.
- Geben Sie den Annahme- und Ablehnungsbereich von H_0 konkret an.

Teilaufgabe 2.1

- Legen Sie geeignete Bezeichnungen für die relevanten Ereignisse fest.
- Erstellen Sie mithilfe der gegebenen Daten und Differenzbildung eine vollständig ausgefüllte Vierfeldertafel.

Teilaufgabe 2.2

- Gesucht sind hier bedingte Wahrscheinlichkeiten. Arbeiten Sie mit den Werten aus der Vierfeldertafel. Interpretieren Sie die Ergebnisse.

Teilaufgabe 2.3

- Geben Sie eine geeignete Zufallsvariable und die verwendete Wahrscheinlichkeitsverteilung an. Benutzen Sie das Gegenereignis.

Teilaufgabe 2.4

- Analysieren Sie die Teilterme und den Gesamtterm im Sachzusammenhang.

Teilaufgabe 2.5

- Beschreiben Sie die Bedeutung der Wahrscheinlichkeit y im Sachkontext.

Teilaufgabe 2.6

- Beschriften Sie das im Material gegebene Baumdiagramm und werten Sie es für die Berechnung von x aus.

Teilaufgabe 2.7

- Es wird eine bedingte Wahrscheinlichkeit gesucht.
- Beachten Sie, dass die Personen, die Frage B mit „Ja“ beantworten, das Unternehmen nicht verlassen wollen.
- Verwenden Sie im Zweifelsfall den in Teilaufgabe 2.6 angegebenen Wert für x.

Lösung

Vorbemerkung: Die Aufgabenstellung gilt für die Rechnertechnologien WTR bzw. CAS. Aufgrund der verwendeten Operatoren ergibt sich bei der Verwendung eines CAS kein wesentlicher Unterschied bzw. Vorteil im Vergleich zur Verwendung eines WTR.

1 Die Wahrscheinlichkeit, ein defektes Gerät auszuwählen, beträgt 3 %.

1.1 Sei X die Anzahl der defekten Geräte.

Dann kann für das Ereignis A angenommen werden, dass X mit $n = 500$ und $p = 0{,}03$ binomialverteilt ist. Damit ist:

$$P(A) = P(X = 10) = \binom{500}{10} \cdot 0{,}03^{10} \cdot 0{,}97^{490} \approx 0{,}0479 = 4{,}79\ \%$$

Für B ergibt sich mit $n = 750$ und $p = 0{,}03$:

$$P(B) = P(X \leq 25) = \sum_{i=0}^{25} \binom{750}{i} \cdot 0{,}03^{i} \cdot 0{,}97^{750-i} \approx 0{,}746 = 74{,}6\ \%$$

Für C gilt $n = 400$ und $p = 0{,}03$. Wenn von 400 zufällig ausgewählten Geräten mindestens 381 einwandfrei funktionieren sollen, dürfen höchstens 19 defekt sein. Also ist:

$$P(C) = P(X \leq 19) = \sum_{i=0}^{19} \binom{400}{i} \cdot 0{,}03^{i} \cdot 0{,}97^{400-i} \approx 0{,}9804 = 98{,}04\ \%$$

Alternativ kann über eine neue Zufallsvariable Y, die die Anzahl der intakten Geräte beschreibt und für C mit $n = 400$ und $p = 0{,}97$ binomialverteilt angenommen werden kann, gearbeitet werden.

1.2 Mit P(D) wird die Wahrscheinlichkeit dafür berechnet, dass sich unter 100 zufällig ausgewählten Geräten 3, 4 oder 5 defekte Geräte befinden, also mindestens 3, aber höchstens 5 Geräte defekt sind.

1.3 Hier wird die Anzahl n der zu überprüfenden Geräte gesucht.

Sei X – wie oben – die Anzahl der defekten Geräte.

Die Aufgabenstellung kann in folgendem Ansatz formuliert werden:

$$P(X \geq 1) \geq 0{,}99 \quad \Leftrightarrow \quad 1 - P(X = 0) \geq 0{,}99 \quad \Leftrightarrow \quad P(X = 0) \leq 0{,}01$$

Daraus ergibt sich:

$$0{,}97^{n} \leq 0{,}01 \quad \Leftrightarrow \quad n \cdot \ln(0{,}97) \leq \ln(0{,}01) \quad \Leftrightarrow \quad n \geq \frac{\ln(0{,}01)}{\ln(0{,}97)} \approx 151{,}2$$

Deshalb müssen mindestens 152 Geräte überprüft werden, um mit einer Wahrscheinlichkeit von mindestens 99 % mindestens ein defektes Gerät zu finden.

1.4 Der Erwartungswert für die Anzahl defekter Geräte ist $E(X) = n \cdot p = 300 \cdot 0{,}03 = 9$.

1.5 Nullhypothese H_0: X sei mit $n = 300$ und $p_0 \geq 0{,}03$ binomialverteilt,
Gegenhypothese H_1: X sei mit $n = 300$ und $p_1 < 0{,}03$ binomialverteilt.

Die Wahrscheinlichkeit, dass H_0 zu Unrecht abgelehnt wird, weil ein gegen H_0 sprechendes Versuchsergebnis auftritt, soll höchstens 5 % betragen.

Unter H_0 soll also $P(X \leq k) \leq 0{,}05$ gelten und damit konkret:

$$\sum_{i=0}^{k} \binom{300}{i} \cdot 0{,}03^i \cdot 0{,}97^{300-i} \leq 0{,}05$$

Durch systematisches Probieren mit der passenden Funktionalität des Taschenrechners erhält man $k = 3$, da sich für $k = 3$

$$\sum_{i=0}^{3} \binom{300}{i} \cdot 0{,}03^i \cdot 0{,}97^{300-i} \approx 0{,}0199 < 0{,}05$$

und für $k = 4$ hingegen

$$\sum_{i=0}^{4} \binom{300}{i} \cdot 0{,}03^i \cdot 0{,}97^{300-i} \approx 0{,}0524 > 0{,}05$$

ergibt.

H_0 wird also abgelehnt, wenn 3 oder weniger Geräte defekt sind.

Der Annahmebereich ist daher [4; 300] und der Ablehnungsbereich [0; 3].

2.1 Die Angaben im einleitenden Text sollen in eine Vierfeldertafel überführt und diese soll durch die fehlenden Werte ergänzt werden.

Man kann z. B. folgende Bezeichnungen für die relevanten Ereignisse festlegen:

Z: Person ist mit dem Gehalt zufrieden.
$\overline{Z}$: Person ist mit dem Gehalt nicht zufrieden.
W: Person arbeitet in der Werbeabteilung.
$\overline{W}$: Person arbeitet nicht in der Werbeabteilung.

Auswertung der gegebenen Daten:

	Z	$\overline{Z}$	
W		0,05	0,12
$\overline{W}$			
	0,77		

Alternativ:

	Z	$\overline{Z}$	
W		5 %	12 %
$\overline{W}$			
	77 %		

Ergänzung der Vierfeldertafel:

	Z	$\overline{Z}$	
W	0,07	0,05	0,12
$\overline{W}$	0,70	0,18	0,88
	0,77	0,23	1

Alternativ:

	Z	$\overline{Z}$	
W	7 %	5 %	12 %
$\overline{W}$	70 %	18 %	88 %
	77 %	23 %	100 %

Erläuterung:
Wegen $P(W) = 12\ \%$ und $P(\overline{Z} \cap W) = 5\ \%$ muss gelten:

$$P(Z \cap W) = 12\ \% - 5\ \% = 7\ \%$$

Entsprechend ergeben sich die übrigen Werte:

$$P(Z \cap \overline{W}) = 77\ \% - 7\ \% = 70\ \%$$

$$P(\overline{Z}) = 100\ \% - 77\ \% = 23\ \%$$

$$P(\overline{Z} \cap \overline{W}) = 23\ \% - 5\ \% = 18\ \%$$

$$P(\overline{W}) = 100\ \% - 12\ \% = 88\ \%$$

2.2 Gesucht sind hier die bedingten Wahrscheinlichkeiten $P_W(\overline{Z})$ und $P_{\overline{W}}(\overline{Z})$.
Da $P_W(\overline{Z}) \cdot P(W) = P(\overline{Z} \cap W)$ gilt, ergibt sich daraus:

$$P_W(\overline{Z}) = \frac{P(\overline{Z} \cap W)}{P(W)} = \frac{0{,}05}{0{,}12} \approx 0{,}4167 = 41{,}67\ \%$$

Entsprechend ist:

$$P_{\overline{W}}(\overline{Z}) = \frac{P(\overline{Z} \cap \overline{W})}{P(\overline{W})} = \frac{0{,}18}{0{,}88} \approx 0{,}2045 = 20{,}45\ \%$$

Also ist der Anteil der Beschäftigten, die mit ihrem Gehalt unzufrieden sind, in der Werbeabteilung offenbar mehr als doppelt so groß wie in den anderen Abteilungen.

2.3 G sei nun die Anzahl der Beschäftigten, die mit ihrem Gehalt zufrieden sind. Es kann angenommen werden, dass G mit $n = 500$ und $p = 0{,}77$ binomialverteilt ist. Daher ist die Wahrscheinlichkeit $P(G > 400) = 1 - P(G \leq 400)$ zu bestimmen, konkretisiert:

$$1 - \sum_{i=0}^{400} \binom{500}{i} \cdot 0{,}77^{i} \cdot 0{,}23^{500-i} \approx 1 - 0{,}9520 = 0{,}048 = 4{,}8\ \%$$

2.4 Ausführlich formuliert lautet der Term folgendermaßen:

$$1-\sum_{i=0}^{400}\binom{600}{i}\cdot 0{,}23^{i}\cdot 0{,}77^{600-i}$$

Der Summenterm steht für die Wahrscheinlichkeit, dass unter 600 Beschäftigten höchstens 400 mit ihrem Gehalt unzufrieden sind. Der Gesamtterm beschreibt das Gegenereignis, also die Wahrscheinlichkeit, dass unter 600 Beschäftigten mehr als 400 Beschäftigte unzufrieden sind.

Der Wert des Gesamtterms ist übrigens annähernd 0.

2.5 Informationsentnahme aus dem einleitenden Text:
70 % erhalten Frage A, daher erhalten 30 % die Frage B.

Im Baumdiagramm bedeutet y den Anteil an Beschäftigten, die auf die gestellte Frage mit „Nein“ geantwortet haben unter der Voraussetzung, dass sie die Frage A gestellt bekommen haben.

2.6 Berechnung der benötigten Wahrscheinlichkeiten:

$$\begin{aligned}P(Ja) &= 0{,}7\cdot x+0{,}3\cdot(1-x)\\ &= 0{,}7\cdot x+0{,}3-0{,}3\cdot x\\ &= 0{,}4\cdot x+0{,}3\end{aligned}$$

$$P(Ja)=\frac{1\,024}{2\,700}$$

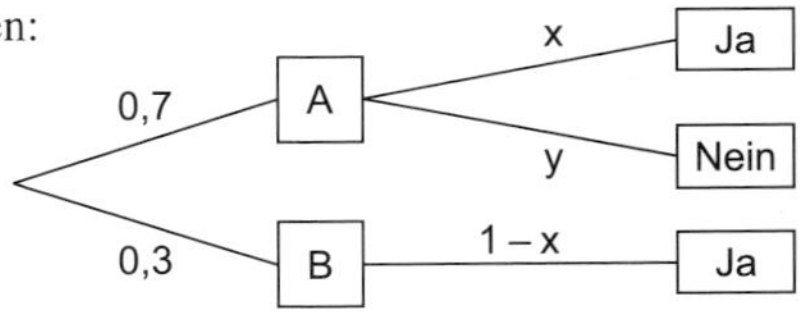

Daraus ergibt sich:

$$0{,}4\cdot x+0{,}3=\frac{1\,024}{2\,700}\quad\Leftrightarrow\quad 0{,}4\cdot x=\frac{107}{1\,350}\quad\Leftrightarrow\quad x=\frac{107}{540}\approx 0{,}1981=19{,}81\,\%$$

Also beabsichtigen rund 20 % der Beschäftigten, das Unternehmen im Laufe der nächsten 12 Monate zu verlassen.

2.7 Hier wird die bedingte Wahrscheinlichkeit dafür gesucht, dass eine Person, von der bekannt ist, dass sie die ihr vorgelegte Frage mit „Ja“ beantwortet hat, dass Unternehmen verlassen will.
Da die Beschäftigten, die auf Frage B mit „Ja“ geantwortet haben, im Unternehmen bleiben wollen, müssen diese nicht berücksichtigt werden. Daher sucht man die Wahrscheinlichkeit $P_{Ja}(A)$.

Da $P_{Ja}(A)\cdot P(Ja)=P_A(Ja)\cdot P(A)$ gilt, wobei der Wert $P_A(Ja)=x\approx 0{,}1981$ in Teilaufgabe 2.6 berechnet wurde (bzw. in Teilaufgabe 2.6 mit rund 20 % angegeben ist), ergibt sich nach Umformung und Konkretisierung der Gleichung:

$$P_{Ja}(A)=\frac{P_A(Ja)\cdot P(A)}{P(Ja)}\approx\frac{0{,}1981\cdot 0{,}7}{\frac{1024}{2\,700}}\approx 0{,}3656=36{,}56\,\%$$

Also beabsichtigen rund 37 % der Personen, die mit „Ja“ geantwortet haben, das Unternehmen in den kommenden 12 Monaten zu verlassen.

Mit $x=0{,}2$ ergibt sich:

$$P_{Ja}(A)=\frac{0{,}2\cdot 0{,}7}{\frac{1024}{2\,700}}\approx 0{,}3691=36{,}91\,\%$$

Hessen – Grundkurs Mathematik
2021 – C2.2: Stochastik (WTR/CAS)

1 In einer Bäckerei werden handgemachte Berliner (ein Süßgebäck) hergestellt. In einer Tagesproduktion sind 60 % der Berliner mit Marmelade gefüllt, der Rest ist ungefüllt. 25 % der mit Marmelade gefüllten Berliner und 50 % der nicht mit Marmelade gefüllten Berliner sind mit Zuckerguss überzogen, die übrigen sind mit Puderzucker bestreut.

Betrachtet werden folgende Ereignisse:
M: Der Berliner ist mit Marmelade gefüllt.
Z: Der Berliner ist mit Zuckerguss überzogen.

1.1 Stellen Sie den beschriebenen Sachzusammenhang in einem Baumdiagramm dar. **(3 BE)**

1.2 Beschreiben Sie die Bedeutung des Terms $P(M \cap Z)$ im Sachzusammenhang und berechnen Sie den entsprechenden Wert. **(3 BE)**

1.3 Zeigen Sie rechnerisch, dass insgesamt 35 % der Berliner mit Zuckerguss überzogen sind. **(2 BE)**

1.4 Berechnen Sie, welcher Anteil der mit Zuckerguss überzogenen Berliner mit Marmelade gefüllt ist. **(2 BE)**

1.5 Es werden aus der Tagesproduktion 10 Berliner zufällig ausgewählt und überprüft, ob sie mit Marmelade gefüllt sind. Gehen Sie davon aus, dass es sich bei diesem Zufallsexperiment um eine Bernoulli-Kette handelt.

1.5.1 Erörtern Sie, welchen Einfluss die Gesamtzahl der Berliner in der Tagesproduktion auf die Modellierung des Sachzusammenhangs mit einer Bernoulli-Kette hat. **(3 BE)**

1.5.2 Beschreiben Sie im gegebenen Sachzusammenhang ein Ereignis E, für das gilt:

$$P(E) = 0{,}4^{10} + 10 \cdot 0{,}6 \cdot 0{,}4^9 + \binom{10}{2} \cdot 0{,}6^2 \cdot 0{,}4^8 + \binom{10}{3} \cdot 0{,}6^3 \cdot 0{,}4^7,$$

und geben Sie die Wahrscheinlichkeit P(E) an. **(3 BE)**

1.5.3 Bestimmen Sie die Wahrscheinlichkeiten der folgenden Ereignisse.
G: Genau 6 Berliner sind mit Marmelade gefüllt.
H: Mindestens 8 Berliner sind mit Marmelade gefüllt.
I: Die Anzahl der mit Marmelade gefüllten Berliner weicht um höchstens 2 vom Erwartungswert ab. **(8 BE)**

2 Zwei Mitarbeiter stellen jeweils 50 Berliner von Hand her und bestimmen deren Gewicht mit einer auf Gramm genauen Waage. Die Ergebnisse sind im Material dargestellt.

2.1 Stellen Sie die Daten von Mitarbeiter A graphisch in einem Diagramm dar. **(5 BE)**

2.2 Zeigen Sie rechnerisch, dass der arithmetische Mittelwert des Gewichts der Berliner bei beiden Mitarbeitern jeweils gleich groß ist. **(4 BE)**

2.3 Erörtern Sie ohne weitere Rechnung, bei welchem der beiden Mitarbeiter die (empirische) Standardabweichung des Gewichts größer ist. **(3 BE)**

3 Beim Bezahlen an der Kasse bietet die Bäckerei bei einer Rabattaktion zwei Varianten an:

Variante 1: Der Kunde erhält 3 % Rabatt auf den Einkauf.

Variante 2: Es wird mit zwei herkömmlichen Spielwürfeln gewürfelt, die jeweils mit den Zahlen 1, 2, 3, 4, 5, 6 beschriftet sind. Fallen dabei zwei Sechsen, bekommt der Kunde seinen Einkauf geschenkt. Andernfalls muss er den vollen Preis bezahlen.

Untersuchen Sie, welche Variante langfristig für den Kunden günstiger ist. **(4 BE)**

Material

Untersuchung des Gewichts der Berliner

Mitarbeiter A

Gewicht in Gramm	88	89	90	91	92	93
Anzahl Berliner	6	9	10	12	8	5

Mitarbeiter B

Gewicht in Gramm	88	89	90	91	92	93
Anzahl Berliner	2	5	20	16	6	1

Hinweise und Tipps

Teilaufgabe 1.1

- Formulieren Sie die gegebenen Anteile unter Verwendung der angegebenen Bezeichnungen in Kurzform.

Teilaufgabe 1.2

- Beschreiben Sie das entsprechende Ereignis sprachlich sorgfältig.
- Rechnen Sie mithilfe der Werte aus dem Baumdiagramm.

Teilaufgabe 1.3

- Hier wird ein Gesamtanteil (totale Wahrscheinlichkeit) gesucht.
- Werten Sie das Baumdiagramm entsprechend aus.

Teilaufgabe 1.4

- Hier wird ein bedingter Anteil gesucht.
- Berücksichtigen Sie auch Ergebnisse aus den vorangegangenen Teilaufgaben.

Teilaufgabe 1.5.1

- Welche Voraussetzungen müssen für eine Modellierung mit der Binomialverteilung erfüllt sein?

Teilaufgabe 1.5.2

- Analysieren Sie die Bedeutungen der Teilterme und des Gesamtterms im Sachzusammenhang.
- Legen Sie eventuell eine geeignete Zufallsvariable fest.

Teilaufgabe 1.5.3

- Denken Sie an die mögliche Verwendung von Gegenereignissen und von Ergebnissen aus vorangegangenen Teilaufgaben.

Teilaufgabe 2.1

- Erstellen Sie (beispielsweise) ein Säulendiagramm.

Teilaufgabe 2.2

- Werten Sie die im Material gegebenen Tabellen bezüglich der arithmetischen Mittelwerte aus.

Teilaufgabe 2.3

- Beschreiben Sie die Qualität der Abweichungen vom jeweiligen Mittelwert und beurteilen Sie diese im Vergleich.

Teilaufgabe 3

- Vergleichen Sie die Wahrscheinlichkeit aus Variante 2 mit Variante 1.

Lösung

Vorbemerkung: Die Aufgabenstellung gilt für die Rechnertechnologien WTR bzw. CAS. Aufgrund der verwendeten Operatoren ergibt sich bei der Verwendung eines CAS kein wesentlicher Unterschied bzw. Vorteil im Vergleich zur Verwendung eines WTR.

1 Informationsentnahme mit den vorgegebenen Bezeichnungen für die Ereignisse und Folgerungen aus den Angaben:

$$P(M) = 0{,}6; \quad P(\overline{M}) = 0{,}4;$$
$$P_M(Z) = 0{,}25; \quad P_M(\overline{Z}) = 0{,}75;$$
$$P_{\overline{M}}(Z) = 0{,}5; \quad P_{\overline{M}}(\overline{Z}) = 0{,}5$$

Dabei stehen $\overline{M}$ und $\overline{Z}$ für die jeweiligen Gegenereignisse, also „nicht mit Marmelade gefüllt“ bzw. „nicht mit Zuckerguss versehen“.

1.1 Mit diesen Informationen lässt sich das nebenstehende Baumdiagramm erstellen.

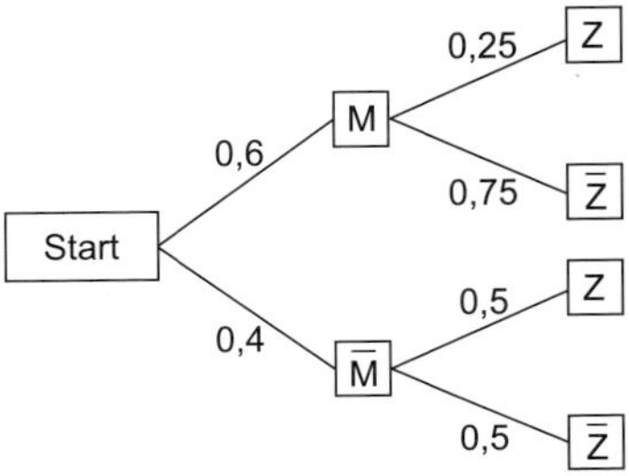

1.2 $P(M \cap Z)$ ist der Anteil der Berliner, die mit Marmelade gefüllt und mit Zuckerguss versehen sind:

$$P(M \cap Z) = P_M(Z) \cdot P(M) = 0{,}25 \cdot 0{,}6 = 0{,}15 = 15\ \%$$

1.3 Gesucht ist hier der Anteil von Berlinern, die mit Zuckerguss überzogen sind, also P(Z). Für P(Z) gilt:

$$P(Z) = P(M \cap Z) + P(\overline{M} \cap Z) = P_M(Z) \cdot P(M) + P_{\overline{M}}(Z) \cdot P(\overline{M})$$
$$= 0{,}25 \cdot 0{,}6 + 0{,}5 \cdot 0{,}4 = 0{,}35 = 35\ \%$$

1.4 Gesucht ist hier der bedingte Anteil $P_Z(M)$.

Wegen $P(Z \cap M) = P_Z(M) \cdot P(Z) = P_M(Z) \cdot P(M)$ und $P(Z) = 0{,}35$ (siehe Teilaufgabe 1.3) ist:

$$P_Z(M) = \frac{P_M(Z) \cdot P(M)}{P(Z)} = \frac{0{,}15}{0{,}35} \approx 0{,}4286 = 42{,}86\ \%$$

Also sind 42,86 % aller Berliner, die einen Zuckerguss haben, mit Marmelade gefüllt.

1.5 10 Berliner werden einer Tagesproduktion entnommen.

1.5.1 Da ohne Zurücklegen gezogen wird, verändert sich im Prinzip bei jedem Zug die Wahrscheinlichkeit für einen Berliner mit Marmeladenfüllung oder auch ohne Füllung.

Bei einer sehr hohen Anzahl von Berlinern in der Tagesproduktion sind diese Veränderungen der Wahrscheinlichkeiten aber hinreichend gering, sodass man von einem nur kleinen Unterschied zum Ziehen mit Zurücklegen ausgehen kann und damit den Vorgang als Bernoulli-Kette modellieren kann.

1.5.2 Durch P(E) wird die Wahrscheinlichkeit beschrieben, dass bei 10 geprüften Berlinern höchstens 3 mit Marmelade gefüllt sind.

Sei X die Anzahl der mit Marmelade gefüllten Berliner. Dann kann X mit n = 10 und p = 0,6 als binomialverteilt angenommen werden.

$$P(E) = P(X \leq 3) = \sum_{i=0}^{3} \binom{10}{i} \cdot 0{,}6^i \cdot 0{,}4^{10-i} \approx 0{,}0548 = 5{,}48\,\%$$

1.5.3 X sei wie in Teilaufgabe 1.5.2 festgelegt.

$$P(G) = P(X = 6) = \binom{10}{6} \cdot 0{,}6^6 \cdot 0{,}4^4 \approx 0{,}2508 = 25{,}08\,\%$$

$$P(H) = P(X \geq 8) = 1 - P(X < 8) = 1 - P(X \leq 7) = 1 - \sum_{i=0}^{7} \binom{10}{i} \cdot 0{,}6^i \cdot 0{,}4^{10-i}$$
$$\approx 1 - 0{,}8327 = 0{,}1673 = 16{,}73\,\%$$

Für die Berechnung von P(I) braucht man den Erwartungswert von X:

$$E(X) = n \cdot p = 10 \cdot 0{,}6 = 6$$

Daher ist:

$$P(I) = P(4 \leq X \leq 8) = P(X \leq 8) - P(X < 4) = P(X \leq 8) - P(X \leq 3)$$
$$\approx \sum_{i=0}^{8} \binom{10}{i} \cdot 0{,}6^i \cdot 0{,}4^{10-i} - 0{,}0548 \approx 0{,}9536 - 0{,}0548 = 0{,}8988 = 89{,}88\,\%$$

Hierbei ist $P(X \leq 3) = P(E)$ aus Teilaufgabe 1.5.2 bekannt.

2 Zweimal je 50 Berliner werden nach Herstellung per Hand gewogen (siehe Tabellen).

2.1 Diagramme:

zur Tabelle für Mitarbeiter A

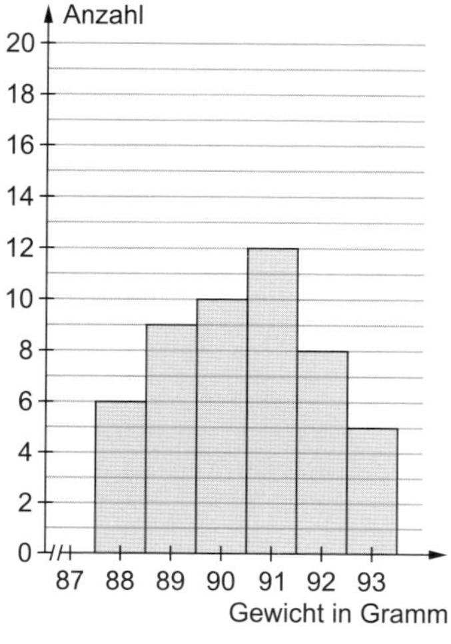

zur Tabelle für Mitarbeiter B

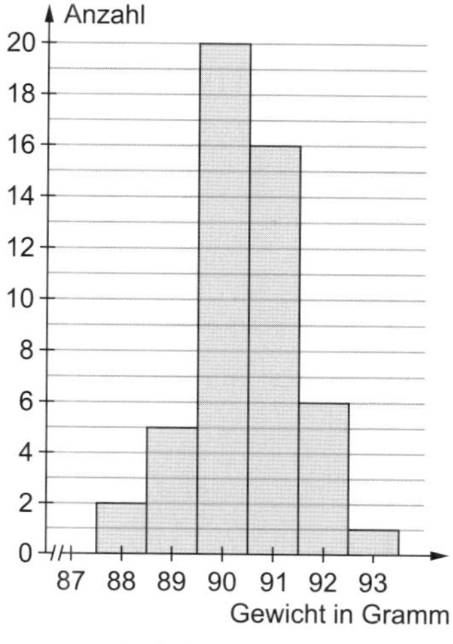

Verlangt wird in der Aufgabenstellung nur ein Diagramm zur Tabelle für Mitarbeiter A. Zur Veranschaulichung ist hier auch ein Diagramm zur Tabelle für Mitarbeiter B angegeben.

2.2 Arithmetisches Mittel der Werte von Mitarbeiter A:

$$\frac{88 \cdot 6 + 89 \cdot 9 + 90 \cdot 10 + 91 \cdot 12 + 92 \cdot 8 + 93 \cdot 5}{50} = 90{,}44$$

Arithmetisches Mittel der Werte von Mitarbeiter B:

$$\frac{88 \cdot 2 + 89 \cdot 5 + 90 \cdot 20 + 91 \cdot 16 + 92 \cdot 6 + 93 \cdot 1}{50} = 90{,}44$$

2.3 Zum Teil deutliche Abweichungen von den Gewichten 90 bzw. 91 Gramm kommen bei Mitarbeiter A doppelt so häufig vor (28-mal) wie bei Mitarbeiter B (14-mal). Daher ist die Standardabweichung bei dem Gewicht der Berliner von Mitarbeiter A höher.

3 *Variante 1:* Der Kunde spart bei jedem Einkauf 3 % des regulären Kaufpreises.

Variante 2: Mit einer Wahrscheinlichkeit von $\frac{1}{6} \cdot \frac{1}{6} = \frac{1}{36} \approx 0{,}0278 = 2{,}78\,\% < 3\,\%$ muss der Kunde für einen einzelnen Einkauf nichts bezahlen.

Daher ist die Variante 1 mit dem dauerhaften Rabatt langfristig günstiger für den Kunden.

Hessen – Grundkurs Mathematik
2022 – A: hilfsmittelfreier Teil

Analysis – Niveau 1

1 Gegeben ist die Funktion f mit $f(x)=\frac{3}{4}x^2+\frac{1}{2}$. Der Graph von f ist in der Abbildung im Material dargestellt.

1.1 Berechnen Sie den Inhalt der Fläche zwischen dem Graphen von f und der x-Achse im Intervall [0; 2] näherungsweise durch den Flächeninhalt der im Material eingezeichneten Rechtecke. **(2 BE)**

1.2 Berechnen Sie den exakten Wert des Inhalts der Fläche zwischen dem Graphen von f und der x-Achse im Intervall [0; 2]. **(2 BE)**

1.3 Lea ist der Meinung, dass die Näherung sehr ungenau ist. Sie behauptet: „Der Näherungswert aus Aufgabe 1.1 weicht um mehr als 30 % vom exakten Wert aus Aufgabe 1.2 ab.“ Geben Sie an, ob Leas Behauptung wahr oder falsch ist. **(1 BE)**

Material

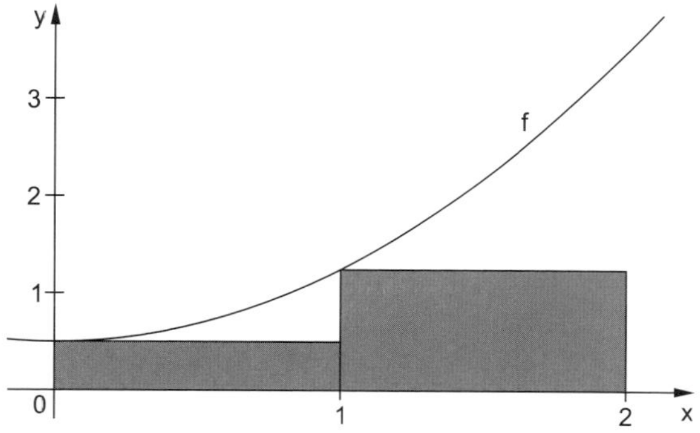

Stochastik – Niveau 1

2 Zwei Schützen zielen auf eine Scheibe.

2.1 Schütze 1 trifft die Scheibe mit einer Trefferwahrscheinlichkeit von $p_1=\frac{2}{3}$. Berechnen Sie die Wahrscheinlichkeit dafür, dass er bei drei Schüssen die Scheibe mindestens zweimal trifft. **(3 BE)**

2.2 Bei Schütze 2 beträgt die Wahrscheinlichkeit, dass er bei zwei Schüssen die Scheibe beide Male trifft, $\frac{9}{25}$. Bestimmen Sie seine Trefferwahrscheinlichkeit p_2. **(2 BE)**

Lineare Algebra / Analytische Geometrie – Niveau 1

3 In einem mathematischen Modell wird im Punkt $A(1\,|\,-3\,|\,0)$ senkrecht zum Erdboden ein 10 Meter hoher Fahnenmast errichtet. Der Erdboden befindet sich in der x-y-Ebene, wobei eine Längeneinheit einem Meter entspricht. Die Koordinaten des Schattenpunktes S der Mastspitze auf dem Boden zu einem bestimmten Zeitpunkt lauten $S(9\,|\,3\,|\,0)$.

3.1 Berechnen Sie die Länge des Schattens des Fahnenmastes auf dem Boden. **(2 BE)**

3.2 Ermitteln Sie einen Vektor, der die Richtung der Sonnenstrahlen beschreibt. **(2 BE)**

3.3 Zu einem anderen Zeitpunkt ändert sich die z-Koordinate des Sonnenstrahlvektors bei gleichbleibender x- und y-Koordinate so, dass der Schatten des Fahnenmastes auf dem Boden länger wird. Geben Sie ein mögliches Beispiel für einen solchen Sonnenstrahlvektor an. **(1 BE)**

Lineare Algebra / Analytische Geometrie – Niveau 2

4 Die Positionen zweier hier vereinfachend als punktförmig angenommener Rettungshubschrauber 1 und 2 können während ihrer gleichzeitig stattfindenden Flüge im Zeitraum $0 \le t \le 4$ durch die Koordinaten $H_1(2t+4\,|\,2t+5\,|\,0{,}3)$ und $H_2(3t+4\,|\,2t+2\,|\,0{,}3)$ beschrieben werden, wobei eine Längeneinheit 1 km entspricht und t die Zeit in Minuten angibt.

4.1 Die beiden Rettungshubschrauber bewegen sich im betrachteten Zeitraum auf geradlinigen Flugrouten. Geben Sie die entsprechende Geradengleichung für Hubschrauber 1 an. **(1 BE)**

4.2 Leiten Sie die Formel $d = \sqrt{t^2 + 9}$ für den Abstand der beiden Hubschrauber in Abhängigkeit von der Zeit t her. **(2 BE)**

4.3 Begründen Sie mithilfe der Formel aus Aufgabe 4.2 ohne weitere Rechnung, zu welchem Zeitpunkt der Abstand der beiden Hubschrauber im betrachteten Zeitraum maximal ist. **(2 BE)**

Lösung

1.1 Beachten Sie, dass die Flächen berechnet werden sollen. Das (näherungsweise) Ablesen der Werte ist keine vollständige Lösung.

Die beiden Rechtecke sind jeweils eine Einheit breit.
Die Höhe des linken Rechtecks ist $f(0) = \frac{3}{4} \cdot 0^2 + \frac{1}{2} = \frac{1}{2}$, die Höhe des rechten Rechtecks ist $f(1) = \frac{3}{4} \cdot 1^2 + \frac{1}{2} = \frac{5}{4}$.

Als Summe der Flächeninhalte der beiden Rechtecke erhält man damit:

$$A = 1 \cdot \frac{1}{2} + 1 \cdot \frac{5}{4} = \frac{7}{4} = 1{,}75\,[\text{FE}]$$

1.2 Den exakten Wert ermittelt man mithilfe der Integralrechnung. Es ist:

$$A = \int_0^2 \left(\frac{3}{4}x^2 + \frac{1}{2}\right) dx$$

$$= \left[\frac{1}{4}x^3 + \frac{1}{2}x\right]_0^2 = \left(\frac{1}{4} \cdot 2^3 + \frac{1}{2} \cdot 2\right) - (0+0) = (2+1) - 0 = 3\,[\text{FE}]$$

1.3 Die prozentuale Abweichung von 30 % vom exakten Wert aus Teilaufgabe 1.2 entspricht einer absoluten Abweichung von $0{,}3 \cdot 3 = 0{,}9$. Da der Näherungswert aus Teilaufgabe 1.1 aber um $3 - 1{,}75 = 1{,}25$ vom exakten Wert abweicht (also mehr als 0,9), ist die Aussage von Lea zutreffend.

2.1 Mithilfe des nebenstehenden (verkürzten) Baumdiagramms ermittelt man (T: Schütze 1 trifft die Scheibe):

$$P(\text{drei Treffer}) = \frac{2}{3} \cdot \frac{2}{3} \cdot \frac{2}{3} = \frac{8}{27}$$

$$P(\text{zwei Treffer}) = 3 \cdot \frac{2 \cdot 2 \cdot 1}{3 \cdot 3 \cdot 3} = \frac{12}{27}$$

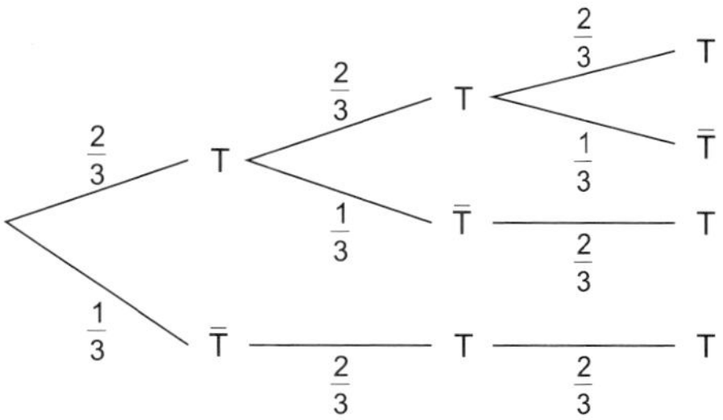

Damit ist:

$$P(\text{mindestens zwei Treffer}) = P(\text{zwei Treffer}) + P(\text{drei Treffer}) = \frac{12}{27} + \frac{8}{27} = \frac{20}{27}$$

2.2 Bei einer Trefferwahrscheinlichkeit von p_2 für Schütze 2 gilt:

$$P(\text{zwei Treffer}) = p_2 \cdot p_2 = p_2^2 = \frac{9}{25}$$

Damit ist:

$$p_2 = \sqrt{\frac{9}{25}} = \frac{3}{5}$$

3.1 Die Länge des Schattens ermittelt man als Länge des Vektors vom Fußpunkt A des Mastes zum Schattenpunkt S.

Es ist

$$\overrightarrow{AS} = \begin{pmatrix} 9 \\ 3 \\ 0 \end{pmatrix} - \begin{pmatrix} 1 \\ -3 \\ 0 \end{pmatrix} = \begin{pmatrix} 8 \\ 6 \\ 0 \end{pmatrix}$$

und damit:

$$|\overrightarrow{AS}| = \sqrt{8^2 + 6^2 + 0^2} = \sqrt{100} = 10$$

Die Länge des Schattens beträgt 10 m.

3.2 Die Richtung $\vec{v}$ der Sonnenstrahlen wird durch den Vektor beschrieben, der von der Mastspitze $M(1\,|\,-3\,|\,10)$ zum Schattenpunkt S der Mastspitze zeigt:

$$\vec{v} = \overrightarrow{OS} - \overrightarrow{OM} = \begin{pmatrix} 9 \\ 3 \\ 0 \end{pmatrix} - \begin{pmatrix} 1 \\ -3 \\ 10 \end{pmatrix} = \begin{pmatrix} 8 \\ 6 \\ -10 \end{pmatrix}$$

3.3 Damit der Schatten des Mastes länger wird, muss das Licht weniger steil einfallen. Ein solcher Vektor ist zum Beispiel:

$$\vec{w} = \begin{pmatrix} 8 \\ 6 \\ -6 \end{pmatrix}$$

Das genannte Kriterium wird von allen Vektoren erfüllt, für deren z-Komponente $-10 < z < 0$ gilt.

4.1 Bringt man die Punktkoordinaten von H_1 in die für die Parameterdarstellung von Geraden übliche vektorielle Form, so erhält man:

$$g_{H_1}\colon \vec{x} = \begin{pmatrix} 4 \\ 5 \\ 0{,}3 \end{pmatrix} + t \cdot \begin{pmatrix} 2 \\ 2 \\ 0 \end{pmatrix};\ t \in \mathbb{R}$$

4.2 Da t in beiden Geradengleichungen den Zeitpunkt beschreibt, gilt für den Vektor zwischen den Positionen der beiden Hubschrauber zu einem beliebigen Zeitpunkt t:

$$\overrightarrow{H_1H_2} = \begin{pmatrix} 4 \\ 2 \\ 0{,}3 \end{pmatrix} + t \cdot \begin{pmatrix} 3 \\ 2 \\ 0 \end{pmatrix} - \left(\begin{pmatrix} 4 \\ 5 \\ 0{,}3 \end{pmatrix} + t \cdot \begin{pmatrix} 2 \\ 2 \\ 0 \end{pmatrix} \right) = \begin{pmatrix} t \\ -3 \\ 0 \end{pmatrix}$$

Der Abstand d entspricht der Länge dieses Vektors und so erhält man:

$$d = |\overrightarrow{H_1H_2}| = \sqrt{t^2 + (-3)^2 + 0^2} = \sqrt{t^2 + 9}$$

Dies entspricht dem vorgegebenen Ergebnis.

4.3 Der Abstand der beiden Hubschrauber hängt von t ab. Je größer t^2 in $\sqrt{t^2 + 9}$, desto größer der Wert der Wurzel und damit der Abstand.

Im Aufgabentext ist vorgegeben, dass $0 \le t \le 4$ ist.

Daher ist für $t = 4$ der Abstand maximal.

Hessen – Grundkurs Mathematik
2022 – B1: Analysis (WTR)

1 Die Geschwindigkeit eines Läufers auf einem Laufband soll für $t \geq 0$ mithilfe der Funktion g mit $g(t) = 0{,}5t^4 - 2t^3 + 2t^2$ beschrieben werden (t: Zeit in Minuten, g(t): Geschwindigkeit in Kilometern pro Minute). Der Graph von g ist ausschnittsweise in Material 1 dargestellt.

1.1 Berechnen Sie die Nullstellen von g sowie die Art und die Lage der Extrempunkte des Graphen von g.
Beschriften Sie die Koordinatenachsen in Material 1 mit einer geeigneten Skala. **(9 BE)**

1.2 Erläutern Sie die Bedeutung des Hochpunktes sowie die Bedeutung des Terms $\frac{g(1) - g(0{,}5)}{1 - 0{,}5}$ jeweils im Sachzusammenhang. **(4 BE)**

1.3 Skizzieren Sie den Verlauf des Graphen der Ableitungsfunktion g' in das Koordinatensystem in Material 1.
Erläutern Sie zudem die Bedeutung von g' im Sachzusammenhang. **(4 BE)**

1.4 Berechnen Sie die Länge des Weges in Metern, den der Läufer in den ersten zwei Minuten auf dem Laufband zurücklegt. **(4 BE)**

2 Gegeben ist die Funktionenschar f_a mit $f_a(t) = 0{,}5t^4 - 2t^3 + (2 - 0{,}5a)t^2 + at$ (mit $a \geq 0$).
Die Graphen einiger Funktionen der Schar sind in Material 2 dargestellt, darunter auch der Graph der zur Schar gehörenden Funktion g aus Aufgabe 1 mit $g = f_0$.
Die Hochpunkte der Funktionenschar haben die Koordinaten $H_a(1 \mid 0{,}5a + 0{,}5)$.

2.1 Ordnen Sie die Parameter $a = 1$ und $a = 2$ begründet jeweils einem der Graphen u, v und w in Material 2 zu.
Beschreiben Sie anhand von Material 2 die Bedeutung des Parameters a für die Lage der Hochpunkte. **(6 BE)**

2.2 Skizzieren Sie in Material 2 die Tangente an den Hochpunkt des Graphen von f_0.
Beschreiben Sie, wie man den Inhalt der Fläche bestimmen kann, die zwischen dieser Tangente und dem Graphen von f_0 eingeschlossen ist. **(4 BE)**

2.3 Zeigen Sie rechnerisch, dass für die Wendestellen von f_a gilt: $t_{1/2} = 1 \pm \sqrt{1 - \frac{4-a}{6}}$

Hinweis: Die Untersuchung der notwendigen Bedingung ist ausreichend.

Bestimmen Sie den Wert des Parameters a, für den die beiden Nullstellen bei $t = 0$ und $t = 2$ gleichzeitig auch die Wendestellen von f_a sind. **(5 BE)**

2.4 Nachfolgend sind einige Termumformungen angegeben, mithilfe derer der Funktionsterm von f_a als Differenz des Funktionsterms von f_0 und des Terms einer Funktionenschar p_a dargestellt werden kann.
Erläutern Sie die von Zeile (II) zu Zeile (III) durchgeführten Umformungen.
Begründen Sie anhand des Funktionsterms von p_a in Zeile (III) die Lage der Nullstellen von p_a.

(I) $f_a(t) = 0{,}5t^4 - 2t^3 + (2 - 0{,}5a)t^2 + at$

(II) $= 0{,}5 \cdot \left(t^4 - 4t^3 + 4t^2\right) - 0{,}5a \cdot \left(t^2 - 2t\right)$

(III) $= \underbrace{0{,}5 \cdot \left(t^2 \cdot (t-2)^2\right)}_{f_0(t)} - \underbrace{0{,}5a \cdot \left(t \cdot (t-2)\right)}_{p_a(t)}$ **(4 BE)**

Material 1
Graph der Funktion g

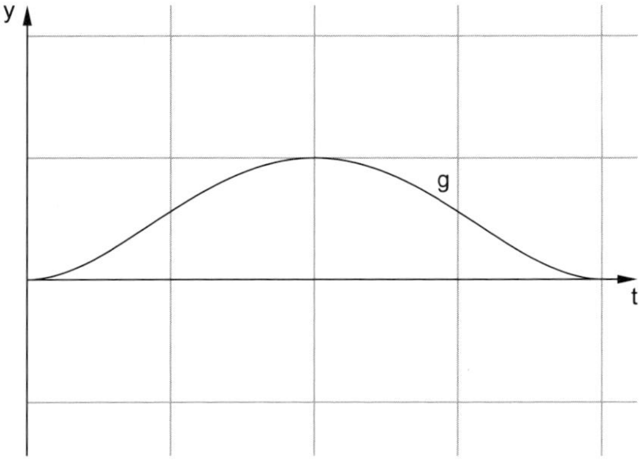

Material 2
Graphen der Schar f_a

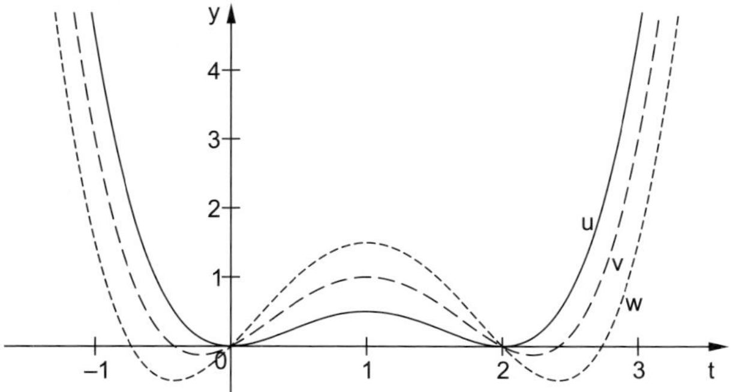

Hinweise und Tipps

Teilaufgabe 1.1

Die Nullstellen berechnen Sie mit dem Ansatz $g(t) = 0$. Die Extremstellen berechnen Sie als Nullstellen der ersten Ableitung, also über $g'(t) = 0$. Überprüfen Sie dann die zweite Ableitung, um zu entscheiden, ob jeweils ein Hoch- oder Tiefpunkt vorliegt, und berechnen Sie die zugehörigen y-Koordinaten.

Anhand dieser Ergebnisse lassen sich die Achsen im Material beschriften.

Teilaufgabe 1.2

Beachten Sie die Vorgaben zur Bedeutung der Funktion g. Der Term gibt eine Sekantensteigung an.

Teilaufgabe 1.3

Beachten Sie, dass die Ableitung die Steigung des Ausgangsgraphen – also dessen Veränderung – beschreibt. Wo hat dieser die Steigung null? Wo fällt, wo steigt der Graph? Was bedeutet dies, wenn g die Geschwindigkeit des Läufers beschreibt?

Teilaufgabe 1.4

Da g die Geschwindigkeit beschreibt, entspricht die Fläche unter dem Graphen von g im Intervall [0; 2] der zurückgelegten Strecke. Berechnen Sie diese Fläche mithilfe der Integralrechnung.

Teilaufgabe 2.1

Verwenden Sie die in der Aufgabenstellung vorgegebenen Koordinaten der Hochpunkte, um die Graphen den Funktionen der Schar zuzuordnen. Setzen Sie dazu die vorgegebenen Parameterwerte ein und vergleichen Sie Ihre Ergebnisse mit den Hochpunkten der Graphen in Material 2.

Vergessen Sie nicht zu beschreiben, welche allgemeinen Auswirkungen die Veränderung von a auf die Lage der Hochpunkte hat.

Teilaufgabe 2.2

Da der Graph im Hochpunkt die Steigung null hat, muss dort eine horizontale Tangente vorliegen.

Markieren Sie die gesuchte Fläche und beschreiben Sie möglichst detailliert, welche Teilflächen man benötigt und wie diese mithilfe der Integralrechnung berechnet werden können.

Teilaufgabe 2.3

Ermitteln Sie die zweite Ableitung von f_a und berechnen Sie die Wendestellen über den Ansatz $f_a''(t) = 0$.

Entscheiden Sie, für welches a der angegebene Term für die Wendestellen die Lösungen 0 und 2 liefert.

Teilaufgabe 2.4

Beschreiben Sie nur die Termumformungen, die von Zeile (II) nach Zeile (III) durchgeführt werden. Beachten Sie, dass beide Teilterme faktorisiert werden und dass im ersten Teilterm eine binomische Formel verwendet wird.

Die Nullstellen von p_a finden Sie, indem Sie überprüfen, für welche t der für p_a angegebene Term in Zeile (III) null wird.

Lösung

1.1 **Nullstellen**

Da die Nullstellen die Stellen einer Funktion sind, bei denen der Graph die y-Achse schneidet, sind die t-Werte gesucht, für die $g(t)=0$ gilt.

$$g(t)=0 \quad \Leftrightarrow \quad 0{,}5t^4-2t^3+2t^2=0 \quad \Leftrightarrow \quad t^2\cdot(0{,}5t^2-2t+2)=0$$

Da ein Produkt immer genau dann null ist, wenn einer der Faktoren null ist, nimmt die Funktion in zwei verschiedenen Fällen den Wert null an.

Fall 1: Der erste Faktor ist null. Das bedeutet, dass $t_{1/2}=0$.

Fall 2: Der zweite Faktor ist null. Das bedeutet, dass:

$$0{,}5t^2-2t+2=0 \quad \Leftrightarrow \quad t^2-4t+4=0$$

$$\Leftrightarrow \qquad t_{3/4}=-\frac{-4}{2}\pm\sqrt{\left(\frac{-4}{2}\right)^2-4}=2\pm\sqrt{4-4}=2$$

Damit ergeben sich zwei Nullstellen: $t=0$ und $t=2$

Extrempunkte

Extremstellen sind die Stellen einer Funktion, bei denen die (lokal) höchsten oder geringsten Funktionswerte angenommen werden. Dies geht stets damit einher, dass die Funktion in einem Extrempunkt die Steigung null hat. Daher lautet die notwendige Bedingung für Extrempunkte $g'(t)=0$.

$$g'(t)=0 \quad \Leftrightarrow \quad 4\cdot 0{,}5t^3-3\cdot 2t^2+2\cdot 2t=0 \quad \Leftrightarrow \quad 2t^3-6t^2+4t=0$$

$$\Leftrightarrow \quad t\cdot(2t^2-6t+4)=0$$

Da ein Produkt immer genau dann null ist, wenn einer der Faktoren null ist, nimmt die Funktion in zwei verschiedenen Fällen den Wert null an:

Fall 1: Der erste Faktor ist null. Das bedeutet, dass $t_1=0$.

Fall 2: Der zweite Faktor ist null. Das bedeutet, dass:

$$2t^2-6t+4=0 \quad \Leftrightarrow \quad t^2-3t+2=0$$

$$\Leftrightarrow \qquad t_{2/3}=-\frac{-3}{2}\pm\sqrt{\left(\frac{-3}{2}\right)^2-2}=\frac{3}{2}\pm\sqrt{\frac{1}{4}}=\frac{3}{2}\pm\frac{1}{2}$$

$$\Rightarrow \qquad t_2=2 \ \text{ und } \ t_3=1$$

Mögliche Kandidaten für die Extrempunkte sind also die Stellen $t_1=0$, $t_2=2$ und $t_3=1$.

Die Untersuchung der zweiten Ableitung liefert:

Wegen $g''(0)=3\cdot 2\cdot 0^2-2\cdot 6\cdot 0+4=4>0$ liegt bei $t_1=0$ ein Tiefpunkt vor.

Wegen $g''(2)=3\cdot 2\cdot 2^2-2\cdot 6\cdot 2+4=4>0$ liegt bei $t_2=2$ ein Tiefpunkt vor.

Wegen $g''(1)=3\cdot 2\cdot 1^2-2\cdot 6\cdot 1+4=-2<0$ liegt bei $t_3=1$ ein Hochpunkt vor.

Alternativ kann man die Kandidaten für die Extrempunkte auch mit dem Vorzeichenwechselkriterium überprüfen. Dies soll hier nur beispielhaft für $t_1=0$ gezeigt werden: Rund um die Nullstelle der Ableitung muss ein Vorzeichenwechsel der Ableitung vorliegen, damit an der Nullstelle der Ableitung eine Extremstelle vorliegt. Es gilt zum Beispiel $g'(-0{,}5)=2\cdot(-0{,}5)^3-6\cdot(-0{,}5)^2+4\cdot(-0{,}5)=-3{,}75$. Auf der anderen Seite gilt $g'(0{,}5)=2\cdot 0{,}5^3-6\cdot 0{,}5^2+4\cdot 0{,}5=0{,}75$. Es liegt also rund um die Stelle $t_1=0$ ein Vorzeichenwechsel von minus zu plus vor. Da der Graph damit von Gefälle in Steigung übergeht, liegt an der Stelle $t_1=0$ ein Tiefpunkt vor.

Zur Angabe der Extrempunkte fehlen nun noch die y-Koordinaten. Man erhält

$$g(0) = 0, \quad g(1) = 0{,}5 \cdot 1^4 - 2 \cdot 1^3 + 2 \cdot 1^2 = 0{,}5, \quad g(2) = 0$$

und damit: $TP_1(0\,|\,0)$, $HP(1\,|\,0{,}5)$, $TP_2(2\,|\,0)$

Beschriftung der Koordinatenachsen
Mit diesen Informationen können die Achsen wie folgt beschriftet werden:

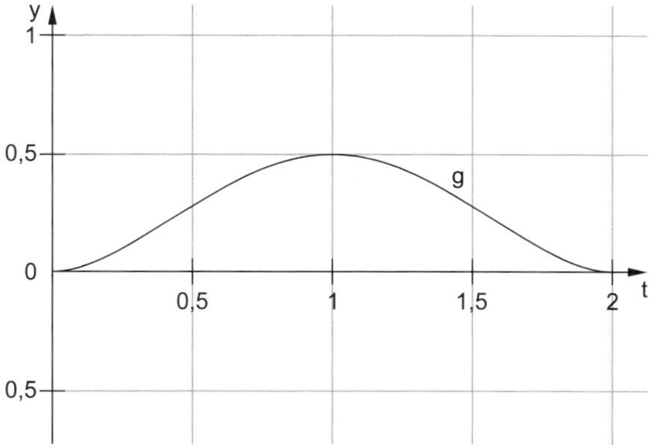

1.2 Da die Funktion die Geschwindigkeit des Läufers in Abhängigkeit von der Zeit t angibt, handelt es sich beim Hochpunkt der Funktion um den Zeitpunkt t, zu dem die Geschwindigkeit des Läufers auf dem Laufband maximal ist. Der Funktionswert gibt dann die maximal erreichte Geschwindigkeit des Läufers an.

Mit dem angegebenen Term wird die durchschnittliche Änderung der Geschwindigkeit des Läufers im Zeitraum zwischen 0,5 Minuten und 1 Minute nach Beobachtungsbeginn angegeben.

1.3

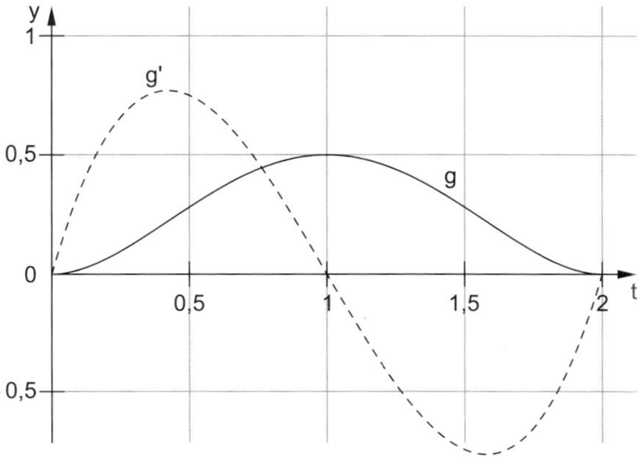

Die Ableitung g' stellt die Änderungsrate der Geschwindigkeit dar. *Alternativ* kann auch von der Beschleunigung gesprochen werden.

1.4 Im Zeitraum der ersten beiden Minuten beschreibt g(t) die Geschwindigkeit des Läufers, daher beschreibt ein Integralansatz die zurückgelegte Strecke in den ersten beiden Minuten. Damit erhält man:

$$s = \int_0^2 g(t)\,dt = \left[\frac{0,5}{5}t^5 - \frac{2}{4}t^4 + \frac{2}{3}t^3\right]_0^2$$

$$= \left(\frac{0,5}{5}\cdot 2^5 - \frac{2}{4}\cdot 2^4 + \frac{2}{3}\cdot 2^3\right) - \left(\frac{0,5}{5}\cdot 0^5 - \frac{2}{4}\cdot 0^4 + \frac{2}{3}\cdot 0^3\right) = \frac{8}{15} = 0,5\overline{3}$$

Die Länge des Weges, die der Läufer in den ersten beiden Minuten zurücklegt, beträgt also in etwa 533 Meter.

2.1 Aus der Angabe der Parameter $a = 1$ bzw. $a = 2$ ergeben sich die beiden Funktionen $f_1(t)$ und $f_2(t)$.

Aus Material 2 ist zu erkennen, dass der Parameter a keinen Einfluss auf die t-Koordinate des Hochpunktes an der Stelle $t = 1$ hat.

Daher kann man in $f_1(t)$ bzw. $f_2(t)$ den t-Wert 1 einsetzen und erhält die y-Koordinaten der Hochpunkte. Es gilt $f_1(1) = 1 < 1,5 = f_2(1)$. Daraus wird deutlich, dass der Graph von f_1 im Bereich des Hochpunktes unterhalb des Graphen von f_2 verlaufen muss. Daraus ergibt sich, dass der Graph w der Funktion f_2 und der Graph v der Funktion f_1 zuzuordnen ist.

Insgesamt lässt sich über die Lage der Hochpunkte sagen, dass die t-Koordinate stets 1 ist. Dies erkennt man an der t-Koordinate in der Angabe der Aufgabe 2.

Weiterhin erkennt man an der y-Koordinate $0,5a + 0,5$, dass bei steigendem a auch die y-Koordinaten wachsen.

2.2

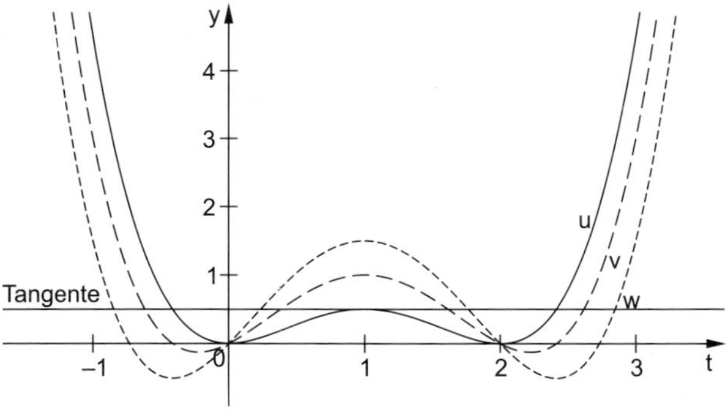

In der Skizze ist erkennbar, dass es zwischen der Tangente und dem Graphen von f_0 drei Schnittstellen gibt. Davon liegt eine bei $t = 1$. Zur Berechnung der eingeschlossenen Fläche muss man zunächst die beiden weiteren Schnittstellen durch Gleichsetzen der Tangente mit f_0 berechnen. Anschließend berechnet man den Wert des Integrals der Differenzfunktion $d = 0,5 - f_0$ in dem durch die Schnittstellen definierten Intervall.

Alternativ kann man zunächst die rechteckige Fläche zwischen Tangente und t-Achse in dem durch die Schnittstellen definierten Intervall berechnen und davon die Fläche zwischen dem Graphen von f_0 und der x-Achse in dem durch die Schnittstellen definierten Intervall abziehen.

2.3 Zunächst muss die zweite Ableitung der Funktionenschar bestimmt werden. Man erhält

$$f_a'(t) = 0{,}5 \cdot 4 \cdot t^3 + 2 \cdot 3 \cdot t^2 + (2 - 0{,}5a) \cdot 2t + a = 2t^3 + 6t^2 + (4 - a)t + a$$

und damit:

$$f_a''(t) = 2 \cdot 3 \cdot t^2 - 6 \cdot 2t + (4 - a) = 6t^2 - 12t + 4 - a$$

Die notwendige Bedingung für Wendestellen lautet $f_a''(t) = 0$.

$$6t^2 - 12t + 4 - a = 0 \quad \Leftrightarrow \quad t^2 - 2t + \frac{4-a}{6} = 0$$

$$\Leftrightarrow \qquad t_{1/2} = -\frac{-2}{2} \pm \sqrt{\left(\frac{-2}{2}\right)^2 - \frac{4-a}{6}} = 1 \pm \sqrt{1 - \frac{4-a}{6}}$$

Damit t = 0 und t = 2 Wendestellen von f_a sind, muss gelten:

$$0 = 1 - \sqrt{1 - \frac{4-a}{6}} \quad \text{und} \quad 2 = 1 + \sqrt{1 - \frac{4-a}{6}}$$

Dies ist genau dann der Fall, wenn gilt:

$$\sqrt{1 - \frac{4-a}{6}} = 1$$

Man ermittelt:

$$1 - \frac{4-a}{6} = 1 \quad \Leftrightarrow \quad -\frac{4-a}{6} = 0 \quad \Leftrightarrow \quad 4 - a = 0 \quad \Leftrightarrow \quad a = 4$$

2.4 Zeile II besteht aus zwei Summanden.

Im ersten Summanden wird innerhalb der Klammer der Faktor t^2 ausgeklammert, sodass aus $0{,}5 \cdot (t^4 - 4t^3 + 4t^2)$ der Ausdruck $0{,}5 \cdot (t^2 \cdot (t^2 - 4t + 4))$ entsteht. Innerhalb des ersten Summanden wird dann noch die zweite binomische Formel angewandt:

$$t^2 - 4t + 4 = (t - 2)^2$$

Im zweiten Summanden wird innerhalb der Klammer lediglich t als Faktor ausgeklammert, sodass aus $0{,}5a \cdot (t^2 - 2t)$ der Ausdruck $0{,}5a \cdot (t \cdot (t - 2))$ entsteht.

Die Nullstellen von p_a kann man aufgrund der faktorisierten Darstellung direkt ablesen, denn es gilt, dass ein Produkt immer dann null ist, wenn einer der Faktoren null ist. Daher gilt für $0{,}5a \cdot (t \cdot (t-2)) = 0$, dass entweder $t = 0$ ist oder $t - 2 = 0$, also $t = 2$ gilt.

1 Eine Umgehungsstraße in der Nähe der Stadt Wetzlar wird geplant und soll Bundesstraßen (B49/B277) und einen Autobahnzubringer (A480) verbinden. Hierbei wird der im Material dargestellte Kartenausschnitt verwendet, wobei die y-Achse Richtung Norden zeigt und eine Einheit einem Kilometer entspricht.
Im Modell kann für $x \leq 0$ die vorhandene Bundesstraße (B49) durch den Graphen der Funktion p mit $p(x) = -x^2 + 0{,}7x$ beschrieben werden.
Die geplante Umgehungsstraße besteht aus zwei Abschnitten. Der erste Abschnitt, der im Modell vom Koordinatenursprung zum Anschlusspunkt $P_1(2{,}5 \mid 2)$ verläuft, kann durch einen Ausschnitt aus dem Graphen einer ganzrationalen Funktion dritten Grades beschrieben werden.
Der zweite Abschnitt soll vom Anschlusspunkt P_1 bis zum Punkt $P_2(2{,}7 \mid 2{,}4)$ geradlinig verlaufen. Der Übergang der vorhandenen Bundesstraße zum ersten Abschnitt der Umgehungsstraße sowie der Übergang der beiden Abschnitte der Umgehungsstraße sollen jeweils knickfrei verlaufen.

1.1 Zeigen Sie, dass die Funktion f mit $f(x) = 0{,}176x^3 - 0{,}4x^2 + 0{,}7x$ als Modellfunktion für den ersten Abschnitt der geplanten Umgehungsstraße die genannten Bedingungen für den Verlauf der Umgehungsstraße erfüllt. **(6 BE)**

1.2 Untersuchen Sie, ob bei Verwendung der Modellfunktion f aus Aufgabe 1.1 der erste Abschnitt der Umgehungsstraße ohne Krümmungsänderung im Anschlusspunkt $P_1(2{,}5 \mid 2)$ an den zweiten Abschnitt angeschlossen werden kann. **(3 BE)**

2 Die Länge L einer Kurve, die durch den Graphen einer Funktion f im Intervall von a bis b beschrieben wird, kann mithilfe der Formel $L = \int_a^b \sqrt{1 + [f'(x)]^2}\,dx$ berechnet werden.

2.1 Ermitteln Sie unter Verwendung der Funktion f aus Aufgabe 1.1 mit dieser Formel die Länge L des ersten Abschnitts der Umgehungsstraße vom Koordinatenursprung zum Anschlusspunkt $P_1(2{,}5 \mid 2)$ und geben Sie Ihr Ergebnis gerundet auf eine Nachkommastelle in Meter an.
(Das Höhenprofil der Landschaft soll nicht berücksichtigt werden, es kann also von einem ebenen Verlauf der Umgehungsstraße ausgegangen werden.)
Bestimmen Sie, um wie viel Prozent der erste Abschnitt der Umgehungsstraße länger ist als die geradlinige Verbindung vom Koordinatenursprung zum Punkt P_1.
[zur Kontrolle: Die Länge L beträgt etwa 3,3 Kilometer.] **(6 BE)**

2.2 Die Oberfläche der im ersten Abschnitt 24 m breiten Umgehungsstraße soll mit einer 4 cm starken Deckschicht asphaltiert werden. Erklären Sie die folgende Formel zur Bestimmung des Volumens dieser Deckschicht des ersten Abschnitts der geplanten Umgehungsstraße auf einem Intervall [a; b].

$$V(a;\, b) = \left(\int_a^b \sqrt{1 + (f'(x))^2}\, dx \right) \cdot 0{,}024 \cdot 0{,}00004$$

Geben Sie unter Verwendung der Funktion f aus Aufgabe 1.1 das Volumen der Deckschicht des ersten Abschnitts der Umgehungsstraße vom Koordinatenursprung zur Anschlussstelle $P_1(2{,}5 \,|\, 2)$ in Kubikmeter an. **(5 BE)**

2.3 Die gesamte Umgehungsstraße soll 3,75 km lang werden. Es wird ein Durchschnittsverbrauch von 7,5 Liter Treibstoff pro 100 km gemittelt über alle Fahrzeuge angenommen. Für die Menge an CO_2, die pro Fahrzeug ausgestoßen wird, werden 2,4 kg pro Liter Treibstoff angenommen. Es wird davon ausgegangen, dass pro Tag 10.000 Fahrzeuge mit Verbrennungsmotor die Umgehungsstraße nutzen.
Berechnen Sie unter den genannten Voraussetzungen die Menge an CO_2 in Tonnen, die pro Jahr durch die Fahrzeuge auf der Umgehungsstraße ausgestoßen wird. **(4 BE)**

3 Gegeben ist die Funktionenschar f_t mit $f_t(x) = 0{,}16 \cdot (t - 0{,}9) \cdot x^3 - 0{,}4 \cdot (t - 1) \cdot x^2 + 0{,}7 \cdot x$, $t \in \mathbb{R}$.

3.1 Zeigen Sie rechnerisch, dass man für den Wert $t = 2$ die Funktionsgleichung der Funktion f aus Aufgabe 1.1 erhält. **(2 BE)**

3.2 Falls die geplante Umgehungsstraße südlich des Punkts $P_3(1{,}75 \,|\, 1{,}25)$ verläuft, in der Abbildung im Material also zwischen P_3 und der x-Achse, kommt die Umgehungsstraße einem Wohngebiet zu nah oder durchquert es sogar, sodass eine Änderung des Straßenverlaufs notwendig wird. Bestätigen Sie, dass dies bei Verwendung der Funktion f_2 der Fall ist. Bestimmen Sie den Wert für den Parameter t, für welchen der Graph der zugehörigen Funktion der Schar durch den Punkt P_3 verläuft. **(5 BE)**

3.3 Ermitteln Sie allgemein die Steigung der Graphen der Funktionenschar f_t im Punkt P_1.
Es soll diejenige Funktion der Schar f_t als Modellfunktion für den ersten Abschnitt der Umgehungsstraße verwendet werden, deren Graph durch den Punkt P_3 verläuft.
Prüfen Sie, ob am Anschlusspunkt P_1 der Übergang zum zweiten Abschnitt der Umgehungsstraße weiterhin knickfrei verläuft. **(5 BE)**

3.4 Bestimmen Sie alle Werte des Parameters t, für welche bei Verwendung von Funktionen der Schar f_t als Modellfunktionen für den ersten Abschnitt der Umgehungsstraße die Umgehungsstraße im Anschlusspunkt P_1 linksgekrümmt ist. **(4 BE)**

Material
Kartenausschnitt

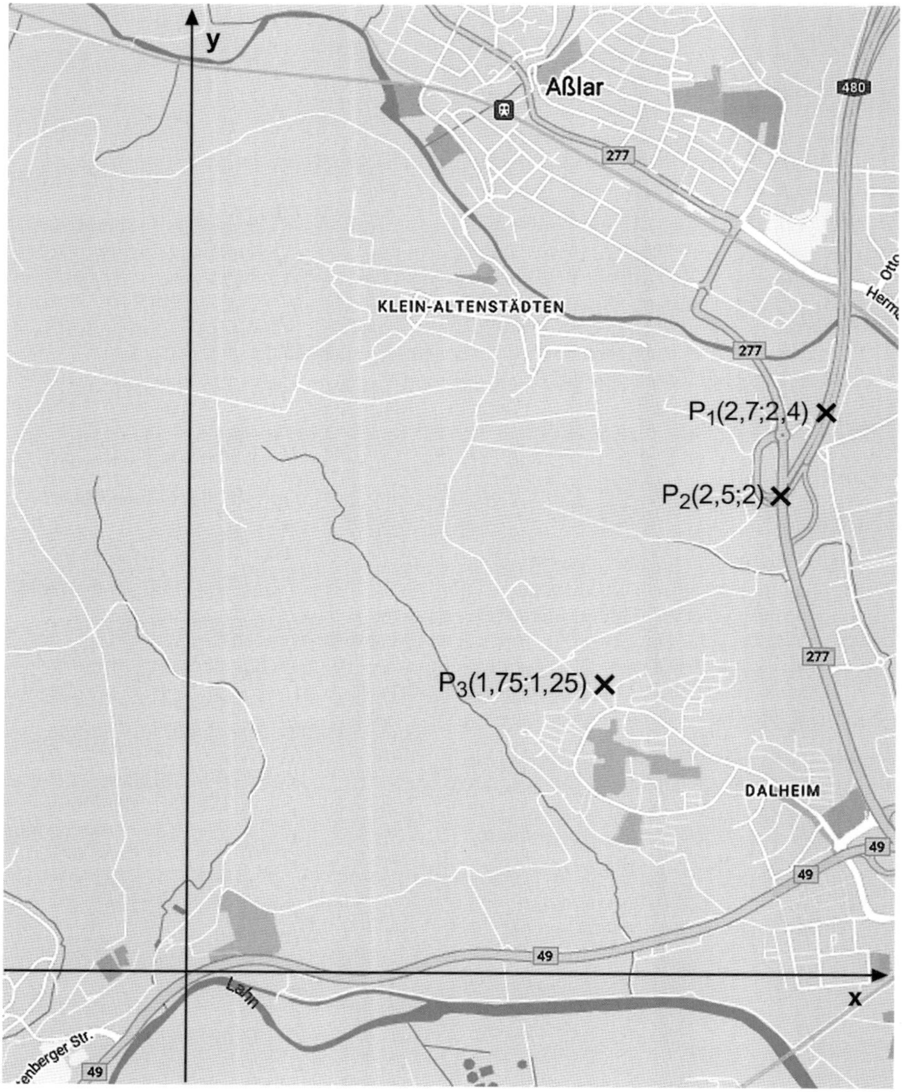

Kartendaten © 2022 GeoBasis-DE / BKG (© 2009), Google (bearbeitet)

Hinweise und Tipps

Teilaufgabe 1.1

- Man muss auf Sprungfreiheit (Übereinstimmung der Funktionswerte) und Knickfreiheit (Übereinstimmung der 1. Ableitungen) an den Übergangsstellen untersuchen.

Teilaufgabe 1.2

- Eine Gerade besitzt keine Krümmung.
- Bestimmen Sie die Krümmung der Modellkurve an der Übergangsstelle mithilfe der 2. Ableitung.

Teilaufgabe 2.1

- Setzen Sie die gegebenen Werte in die Formel ein und berechnen Sie mithilfe des CAS.
- Die neue Verbindung ist auf jeden Fall länger als die Luftlinie zwischen den Punkten.

Teilaufgabe 2.2

- Das Volumen ergibt sich aus dem Produkt „Höhe × Länge × Breite".
- Denken Sie daran, die Messwerte gegebenenfalls in Kilometer oder Meter umzurechnen.

Teilaufgabe 2.3

- Dies ist eine „einfache" Multiplikation. Denken Sie daran, dass der Verbrauch pro 100 km angegeben ist.

Teilaufgabe 3.1

- Setzen Sie $t = 2$ in die Funktionsgleichung ein.

Teilaufgabe 3.2

- Setzen Sie $x = 1{,}75$ in die Funktionsgleichung von f_2 ein. Wie muss das Ergebnis aussehen, damit die Umgehungsstraße südlich des Punkts P_3 verläuft?
- Man sucht eine Lösung für t der Gleichung $f_t(1{,}75) = 1{,}25$. Benutzen Sie Ihr CAS.

Teilaufgabe 3.3

- Bestimmen Sie die Steigung von f_t an der Stelle $x = 2.5$.
- Benutzen Sie die Steigung der Geraden aus Teilaufgabe 1.1.

Teilaufgabe 3.4

- Eine Linkskrümmung liegt vor, wenn der Wert der 2. Ableitung an der Stelle der x-Koordinate des Punkts P_1 positiv ist.
- Bestimmen Sie mithilfe des CAS die 2. Ableitung von $f_t(x)$ und lösen Sie die Ungleichung $f_t''(2{,}5) > 0$ für t.

Lösung

1.1 In den Anschlusspunkten müssen sowohl die Funktionswerte („sprungfrei") als auch die 1. Ableitungen bzw. Steigungen („knickfrei") übereinstimmen.

Für den Koordinatenursprung gilt $p(0) = f(0) = 0$ und für den Punkt $P_1(2{,}5 \mid 2)$ erhält man $f(2{,}5) = 2$. Damit ist ein sprungfreier Übergang gewährleistet.

```
Define f(x)=0.176*x^3-0.4*x^2+0.7*x
                                done
f(2.5)
                                   2
```

Für die erste Ableitung erhält man:

$$p'(x) = -2 \cdot x + 0{,}7$$

Daraus folgt $p'(0) = 0{,}7$.

Für die Funktion f gilt ebenfalls $f'(0) = 0{,}7$. Damit liegt im Koordinatenursprung Knickfreiheit vor.

```
d/dx(f(x)) |x=0
                                 0.7
```

Die Steigung der Geraden durch die Punkte P_1 und P_2 beträgt:

$$m = \frac{2{,}4 - 2}{2{,}7 - 2{,}5} = 2$$

Dieselbe Steigung erhält man für die Funktion f:

$$f'(2{,}5) = 2$$

```
d/dx(f(x)) |x=2.5
                                   2
```

Damit bekommt man auch einen knickfreien Übergang an der Stelle $x = 2{,}5$ und die Bedingungen für die Umgehungsstraße sind erfüllt.

1.2 Die Krümmung einer Kurve ist durch die 2. Ableitung bestimmt.

Es gilt:

$$f''(2{,}5) = 1{,}84$$

```
diff(f(x), x, 2, 2.5)
                                1.84
```

Für das Geradenstück zwischen P_1 und P_2 gibt es keine Krümmung. Man kann also das Straßenstück nicht ohne Krümmungsänderung im Punkt P_1 anschließen.

2.1 Setzt man die gegebenen Werte in die Formel ein, so erhält man:

$$\int_0^{2{,}5} \sqrt{1 + (f'(x))^2}\, dx \approx 3{,}301497$$

```
∫[0, 2.5] √(1+(d/dx(f(x)))^2) dx
                         3.301496566
```

Damit ist das Teilstück etwa 3 301,5 Meter lang.

Die geradlinige Verbindung hat wegen

$$\sqrt{2^2 + 2{,}5^2} \approx 3{,}201562$$

eine Länge von etwa 3 201,6 Meter. Damit folgt:

$$\frac{3\,301{,}5}{3\,201{,}6} \approx 1{,}0312$$

```
√(2^2+2.5^2)
                         3.201562119
3301.5/3201.6
                         1.031203148
```

Die neue Verbindung ist also etwa 3,1 % länger als die gedachte geradlinige Verbindung.

2.2 Das Volumen der Deckschicht bestimmt sich aus dem Produkt aus Länge (Integral L aus Teilaufgabe 2.1), Breite (der Umgehungsstraße) und Höhe (der Deckschicht). Die Angaben müssen zuvor in Kilometer umgerechnet werden. Die Höhe von 4 cm entspricht dann 0,00004 km und die Breite von 24 Meter entspricht 0,024 km.

Für das Volumen ergibt sich damit (beachte: $1\ \text{km}^3 = (10^3\ \text{m})^3 = 10^9\ \text{m}^3$):

$$V \approx 3{,}3015\ \text{km} \cdot 0{,}024\ \text{km} \cdot 0{,}00004\ \text{km} \approx 3{,}1694 \cdot 10^{-6}\ \text{km}^3 \approx 3\,169{,}4\ \text{m}^3$$

2.3 Wenn man annimmt, dass ein Jahr 365 Tage hat, so erhält man (beachte: $1\ \text{t} = 1000\ \text{kg}$):

$$M_{CO_2} = 365 \cdot 10\,000 \cdot 3{,}75\ \text{km} \cdot 7{,}5 \frac{\ell}{100\ \text{km}} \cdot 2{,}4 \frac{\text{kg}}{\ell} = 2\,463\,750\ \text{kg} = 2\,463{,}75\ \text{t}$$

3.1 Für $t = 2$ ergibt sich:

$$\begin{aligned} f_2(x) &= 0{,}16 \cdot (2 - 0{,}9) \cdot x^3 - 0{,}4 \cdot (2 - 1) \cdot x^2 + 0{,}7 \cdot x \\ &= 0{,}16 \cdot 1{,}1 \cdot x^3 - 0{,}4 \cdot x^2 + 0{,}7 \cdot x \\ &= 0{,}176 \cdot x^3 - 0{,}4 \cdot x^2 + 0{,}7 \cdot x = f(x) \end{aligned}$$

3.2 Der Punkt P_3 hat die y-Koordinate 1,25. Ist $f_2(1{,}75) < 1{,}25$, so ist die Vermutung bestätigt. Es gilt $f_2(1{,}75) = 0{,}94325$. Damit verläuft f_2 südlich von P_3.

```
Define f(x,t)=0.16*(t-0.9)*x^3-0.4*(t-1)*x^2+0.7*x
                                              done
f(1.75,2)
                                           0.94325
solve(f(1.75,t)=1.25,t)
                                  {t=1.165306122}
```

Man sucht eine Funktion f_t, für die gilt:

$$f_t(1{,}75) = 1{,}25$$

Mithilfe des CAS erhält man:

$$t \approx 1{,}165$$

3.3 Die Steigung der Funktionenschar für allgemeines t an der Stelle $x = 2{,}5$ ist t:

```
d/dx(f(x,t))|x=2.5
                                                 t
```

$$f_t'(2{,}5) = t$$

Laut Teilaufgabe 1.1 ist die Steigung der Geraden zwischen den Punkten P_1 und P_2 gleich 2. Die Steigung der Funktion, die durch P_3 verläuft, beträgt aber laut Teilaufgabe 3.2 etwa 1,165. Es gibt somit in diesem Fall keinen knickfreien Übergang mehr.

3.4 Eine Linkskrümmung liegt vor, wenn die 2. Ableitung an der x-Koordinate des Punkts P_1 größer als 0 ist. Der Ansatz lautet somit:

$$f_t''(2{,}5) > 0$$

```
d2/dx2(f(x,t))
                         0.96·t·x-0.864·x-0.8·t+0.8
solve(0.96·t·2.5-0.864·2.5-0.8·t+0.8>0,t)
                                            {t>0.85}
```

Mithilfe des CAS erhält man:

$$t > 0{,}85$$

Für alle Kurven der Kurvenschar f_t mit $t > 0{,}85$ besitzt die Verbindungsstraße im Punkt P_1 eine Linkskrümmung.

Hessen – Grundkurs Mathematik
2022 – B2: Analysis (WTR)

In einem Labor wird das Wachstum einer Population von Mikroorganismen untersucht. Die Anzahl der Mikroorganismen (in Hundert) wird in Abhängigkeit von der Zeit t (in Tagen nach Beobachtungsbeginn) protokolliert. In der folgenden Tabelle sind diese Werte dargestellt.

Zeit t in Tagen	3	5	8	10	12	15	17	19
Anzahl in Hundert	0,2	0,6	2,4	5,4	10,0	16,4	18,5	19,4

1 Stellen Sie die Datenpaare der Tabelle in einem geeigneten Koordinatensystem grafisch dar und beschreiben Sie den Verlauf des Bestandes der Population in den ersten 19 Tagen. **(5 BE)**

2 Der Bestand lässt sich bis zum Ende des zwölften Tags durch eine Exponentialfunktion f der Form $f(t) = a \cdot e^{k \cdot t}$ modellieren. Hierbei gibt f(t) die Anzahl der Mikroorganismen (in Hundert) und t die Zeit (in Tagen nach Beobachtungsbeginn) an.

2.1 Berechnen Sie mithilfe der Datenpaare der Tabelle für $t = 5$ und $t = 12$ eine Funktionsgleichung der Funktion f.
[zur Kontrolle: $f(t) \approx 0{,}080 \cdot e^{0{,}402 \cdot t}$] **(4 BE)**

2.2 Erläutern Sie die Bedeutung des Wertes $a \approx 0{,}080$ im Sachzusammenhang und berechnen Sie unter Verwendung der Funktion f aus Aufgabe 2.1 den prozentualen Zuwachs des Bestandes pro Tag. **(4 BE)**

3 Ab dem Zeitpunkt $t = 12$ wird der Bestand näherungsweise mithilfe der Funktion g mit $g(t) = 20 - 1243{,}363 \cdot e^{-0{,}402 \cdot t}$ modelliert. Hierbei gibt g(t) die Anzahl der Mikroorganismen (in Hundert) und t die Zeit (in Tagen nach Beobachtungsbeginn) an.
Zeigen Sie rechnerisch, dass die Graphen von f und g an der Stelle $t = 12$ bei Rundung auf eine Nachkommastelle ohne Sprung und ohne Knick ineinander übergehen. **(6 BE)**

4 Über den gesamten Beobachtungszeitraum kann die Anzahl der Mikroorganismen (in Hundert) in Abhängigkeit von der Zeit t (in Tagen nach Beobachtungsbeginn) mithilfe einer Funktion h modelliert werden. Der Graph von h ist im Material angegeben.

4.1 Begründen Sie unter Verwendung der Wertetabelle von h aus dem Material, dass die Funktion h zur Modellierung des Bestandes geeignet ist. **(2 BE)**

4.2 Erläutern Sie die Bedeutung der Ableitungsfunktion h' im Sachzusammenhang und erklären Sie die Zeilen (1) und (2) im Sachzusammenhang.

(1) $h'(t) = 2 \quad \Rightarrow \quad t_1 \approx 10;\ t_2 \approx 14$

(2) $h'(t) \geq 2$ für alle $t \in [10; 14]$

(4 BE)

4.3 Der Inhalt der Fläche, die der Graph von h mit der t-Achse im Intervall [3; 19] einschließt, soll näherungsweise bestimmt werden. Im Folgenden bezeichne O_4 die Obersumme bei Unterteilung des Intervalls in vier Abschnitte gleicher Breite, U_4 die entsprechende Untersumme. Als Näherungswert für den Inhalt der Fläche erhält man:

$$A_4 = \frac{O_4 + U_4}{2} = 141{,}32$$

Erläutern Sie den Ansatz zur Berechnung von A_4 und bestätigen Sie das Ergebnis durch eine Rechnung unter Verwendung der Wertetabelle aus dem Material. **(5 BE)**

4.4 Die Funktionsgleichung von h lautet $h(t) = \frac{100}{5 + e^{-0{,}5 \cdot t + 7{,}6}}$.

4.4.1 Berechnen Sie den Zeitpunkt, ab dem die Anzahl der Mikroorganismen (in Hundert) gemäß der Modellierung mit der Funktion h den Wert 17 übersteigt. **(4 BE)**

4.4.2 Bestimmen Sie den Inhalt der Fläche, die der Graph von h mit der t-Achse im Intervall [3; 19] einschließt.
Nennen Sie eine Möglichkeit, den Flächeninhalt durch Veränderung des Ansatzes aus Aufgabe 4.3 besser anzunähern. **(3 BE)**

4.4.3 Der Grenzwert von h für $t \to \infty$ beträgt 20. Begründen Sie diesen Wert anhand des Funktionsterms und erläutern Sie die Bedeutung dieses Wertes im Sachzusammenhang. **(3 BE)**

Material
Graph und Wertetabelle der Funktion

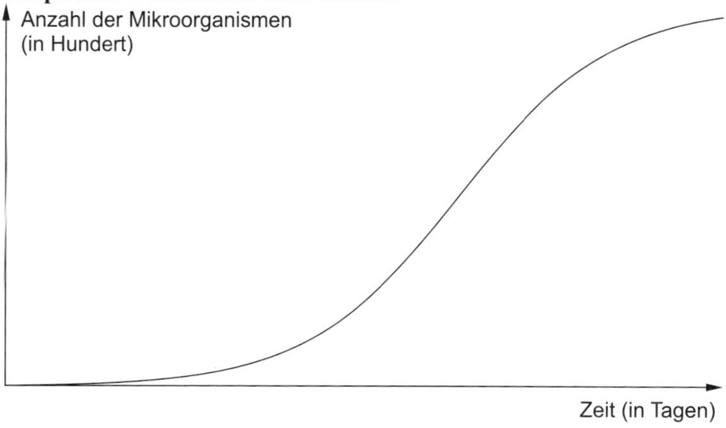

t	3	4	5	6	7	8	9	10	11
h(t)	0,22	0,36	0,59	0,96	1,53	2,40	3,68	5,42	7,60

t	12	13	14	15	16	17	18	19
h(t)	10,05	12,49	14,66	16,38	17,64	18,50	19,06	19,42

Hinweise und Tipps

Teilaufgabe 1

- Es werden nur die positiven Achsenabschnitte benötigt.

Teilaufgabe 2.1

- Stellen Sie zwei Gleichungen auf und eliminieren Sie a durch Division.
- Setzen Sie k in eine der beiden Gleichungen ein, um a zu ermitteln.
- Vergessen Sie nicht, die Funktionsgleichung zu notieren.

Teilaufgabe 2.2

- Formen Sie den Exponentialterm zur Basis e in einen Term der Form b^t um und lesen Sie das prozentuale Wachstum an b ab.

Teilaufgabe 3

- „Sprungfrei" bedeutet, dass die beiden Funktionswerte an der Stelle $t = 12$ übereinstimmen müssen, „Knickfrei" heißt, dass auch die ersten Ableitungen an besagter Stelle übereinstimmen (Rundung auf die erste Nachkommastelle).

Teilaufgabe 4.1

- Vergleichen Sie die beiden Tabellen und ziehen Sie Ihre Schlüsse.

Teilaufgabe 4.2

- h' ist die Wachstumsgeschwindigkeit der Population.
- Zu welchen Zeiten im Intervall [10; 14] beträgt die Wachstumsgeschwindigkeit 200 Mikroorganismen pro Tag?
- Wie hoch ist die Wachstumsgeschwindigkeit innerhalb des gesamten Intervalls?

Teilaufgabe 4.3

- Machen Sie sich eine kleine Skizze mit der Obersumme und der Untersumme.

Teilaufgabe 4.4.1

- Stellen Sie eine Gleichung bzw. eine Ungleichung auf.
- Lösen die die Gleichung (Ungleichung) nach t auf.

Teilaufgabe 4.4.2

- Benutzen Sie die Integralfähigkeit Ihres WTR.

Teilaufgabe 4.4.3

- Betrachten Sie das Grenzwertverhalten des Exponentialterms.
- Was passiert also auf lange Sicht?

Lösung

1 Der Bestand an Mikroorganismen wächst bis etwa zum Tag 12 (oder 13) stark an, wobei die Wachstumsgeschwindigkeit permanent zunimmt. Danach flacht das Wachstum ab und verlangsamt sich stetig.

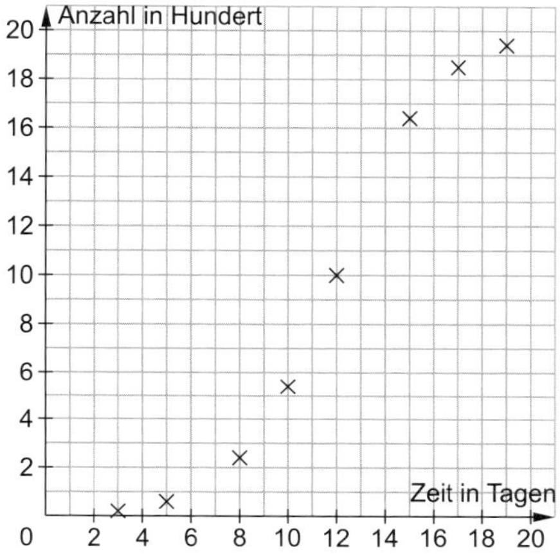

2.1 Einsetzen der beiden Datenpaare in die Funktionsgleichung $f(t) = a \cdot e^{k \cdot t}$ ergibt die beiden Gleichungen:

$$f(5) = 0{,}6 = a \cdot e^{k \cdot 5} \quad \text{und}$$

$$f(12) = 10 = a \cdot e^{k \cdot 12}$$

Dividiert man die beiden Gleichungen, so erhält man:

$$\frac{f(12)}{f(5)} = \frac{10}{0{,}6} = \frac{a \cdot e^{k \cdot 12}}{a \cdot e^{k \cdot 5}} = \frac{e^{k \cdot 12}}{e^{k \cdot 5}} = e^{k \cdot 12} \cdot e^{-k \cdot 5} = e^{k \cdot 7}$$

Daraus folgt durch Logarithmieren:

$$\ln\left(\frac{10}{0{,}6}\right) = \ln(e^{k \cdot 7}) = 7 \cdot k \quad \Rightarrow \quad k = \frac{1}{7} \cdot \ln\left(\frac{10}{0{,}6}\right) \approx 0{,}402$$

Durch Einsetzen in die erste Gleichung erhält man:

$$0{,}6 \approx a \cdot e^{0{,}402 \cdot 5} = a \cdot e^{2{,}01} \quad \Rightarrow \quad a = \frac{0{,}6}{e^{2{,}01}} \approx 0{,}08$$

Somit erhält man als Funktionsgleichung:

$$f(t) \approx 0{,}08 \cdot e^{0{,}402 \cdot t}$$

2.2 0,08 ist der Anfangswert der Populationsgröße, also der Wert zum Zeitpunkt $t = 0$. Zu diesem Zeitpunkt existieren damit 8 Mikroorganismen (weil die Anzahl in Hundert angegeben wird).

Den prozentualen Zuwachs pro Tag erhält man, indem man den Exponentialterm $e^{k \cdot t}$ in einen Term der Form b^t umwandelt:

$$f(t) \approx 0{,}08 \cdot e^{0{,}402 \cdot t} = 0{,}08 \cdot (e^{0{,}402})^t \approx 0{,}08 \cdot 1{,}495^t$$

Das bedeutet, dass die Population der Mikroorganismen jeden Tag um ca. 49,5 % ansteigt.

3 Wenn die beiden Funktionen f und g an der Stelle $t = 12$ ohne Sprung und Knick ineinander übergehen sollen, dann müssen an dieser Stelle sowohl die Funktionswerte als auch die Werte der ersten Ableitungen übereinstimmen (bei entsprechender Rundung).

Es gilt $f(12) = 10$ laut Tabelle und $g(12) = 20 - 1243{,}363 \cdot e^{-0{,}402 \cdot 12} \approx 10{,}01 \approx 10$.

Damit ist die „Sprungbedingung" erfüllt.

Für die ersten Ableitungen gelten:

$$f'(t) \approx 0{,}08 \cdot 0{,}402 \cdot e^{0{,}402 \cdot t} = 0{,}03216 \cdot e^{0{,}402 \cdot t} \quad \text{und}$$

$$g'(t) = -1243{,}363 \cdot (-0{,}402) \cdot e^{0{,}402 \cdot t} = 499{,}831926 \cdot e^{0{,}402 \cdot t}$$

Damit erhält man durch Einsetzen von $t = 12$:

$$f'(12) \approx 0{,}03216 \cdot e^{0{,}402 \cdot 12} \approx 4{,}0 \quad \text{und}$$

$$g'(12) = 499{,}831926 \cdot e^{-0{,}402 \cdot 12} \approx 4{,}0$$

Damit ist auch die Bedingung für einen knickfreien Übergang erfüllt.

4.1 Die Funktion h ist zur Modellierung des Bestandes geeignet, da sich die Tabellen bis auf kleine Abweichungen in der 2. Nachkommastelle gleichen.

4.2 Die Ableitungsfunktion h' gibt die Wachstumsgeschwindigkeit der Anzahl der Mikroorganismen in Hundert pro Tag an.

In Zeile 1 werden die Werte ermittelt, an denen die Wachstumsgeschwindigkeit 200 Individuen pro Tag beträgt. Dies ist nach 10 und 14 Tagen der Fall.

In Zeile 2 wird ausgesagt, dass für alle Zeiten zwischen dem 10. und dem 14. Tag die Wachstumsgeschwindigkeit größer oder gleich 200 Individuen pro Tag beträgt.

4.3 Für die tatsächliche Fläche ist der Mittelwert von Ober- und Untersumme im Allgemeinen eine erste Näherung, da die Obersumme in der Fläche größer und die Untersumme in der Fläche kleiner ist als die tatsächliche Fläche, die man z. B. mit einem Integral berechnen könnte.

Die Breite der Rechtecke beträgt bei einer Unterteilung des Intervalls zwischen 3 und 19 Tagen in 4 Teilintervalle jeweils $\frac{19-3}{4} = 4$ Tage.

Für die Untersumme U_4 beginnt das erste Rechteck bei $t = 3$ und das letzte bei $t = 15$. Die erste Rechteckfläche beträgt also $4 \cdot h(3) = 4 \cdot 0{,}22$ und die letzte $4 \cdot h(15) = 4 \cdot 16{,}38$.

Für die Obersumme O_4 endet das erste Rechteck bei $t = 7$ und das letzte bei $t = 19$. Die erste Rechteckfläche beträgt somit $4 \cdot h(7) = 4 \cdot 1{,}53$ und die letzte $4 \cdot h(19) = 4 \cdot 19{,}42$.

Hiermit erhält man:

$$O_4 = 4 \cdot 1{,}53 + 4 \cdot 7{,}60 + 4 \cdot 16{,}38 + 4 \cdot 19{,}42 = 179{,}72 \quad \text{und}$$

$$U_4 = 4 \cdot 0{,}22 + 4 \cdot 1{,}53 + 4 \cdot 7{,}60 + 4 \cdot 16{,}38 = 102{,}92$$

Daraus folgt:

$$A_4 = \frac{179{,}72 + 102{,}92}{2} = 141{,}32$$

4.4.1 Gesucht ist der Tag t, ab dem $h(t) \geq 17$ ist:

$$\frac{100}{5+e^{-0,5 \cdot t+7,6}} \geq 17$$

Multiplikation mit dem Nenner, Subtraktion von 85, Division durch 17 und darauf folgendes Logarithmieren ergibt:

$$\begin{aligned} 100 &\geq 17 \cdot (5+e^{-0,5 \cdot t+7,6}) \\ 100 &\geq 85+17 \cdot e^{-0,5 \cdot t+7,6} \\ 15 &\geq 17 \cdot e^{-0,5 \cdot t+7,6} \\ \frac{15}{17} &\geq e^{-0,5 \cdot t+7,6} \\ \ln\left(\frac{15}{17}\right) &\geq \ln(e^{-0,5 \cdot t+7,6}) \\ \ln\left(\frac{15}{17}\right) &\geq -0,5 \cdot t+7,6 \\ 0,5 \cdot t &\geq 7,6-\ln\left(\frac{15}{17}\right) \\ t &\geq 2 \cdot \left(7,6-\ln\left(\frac{15}{17}\right)\right) \approx 15,45 \end{aligned}$$

Der Wert wird zwischen dem 15. und 16. Tag erreicht.

4.4.2 Die Fläche kann mit dem Integral bestimmt werden:

$$A = \int_3^{19} h(t)\,dt \approx 141,11$$

Die einfachste Methode zur Erhöhung der Genauigkeit der Näherung ist es, eine größere Unterteilung der Zeitachse vorzunehmen (also z. B. acht statt vier Intervalle), sodass mehr Rechtecke in die Berechnung eingehen.

4.4.3 Es gilt:

$$\lim_{t \to \infty} \frac{100}{5+e^{-0,5 \cdot t+7,6}} = 20$$

Begründung: Der Exponentialterm geht für $t \to \infty$ gegen null, sodass nur noch $\frac{100}{5} = 20$ verbleibt.

Bedeutung: Das Wachstum ist nach oben beschränkt und strebt einem Wert von 2 000 Mikroorganismen entgegen.

Hessen – Grundkurs Mathematik
2022 – B2: Analysis (CAS)

In einem Labor wird das Wachstum einer Population von Mikroorganismen untersucht. Die Anzahl der Mikroorganismen (in Hundert) wird in Abhängigkeit von der Zeit t (in Tagen nach Beobachtungsbeginn) protokolliert. In der folgenden Tabelle sind diese Werte dargestellt.

Zeit t in Tagen	3	5	8	10	12	15	17	19
Anzahl in Hundert	0,2	0,6	2,4	5,4	10,0	16,4	18,5	19,4

1 Stellen Sie die Datenpaare der Tabelle in einem geeigneten Koordinatensystem grafisch dar und beschreiben Sie den Verlauf des Bestandes der Population in den ersten 19 Tagen. **(5 BE)**

2 Der Bestand lässt sich bis zum Ende des zwölften Tags durch eine Exponentialfunktion f der Form $f(t) = a \cdot e^{k \cdot t}$ modellieren. Hierbei gibt f(t) die Anzahl der Mikroorganismen (in Hundert) und t die Zeit (in Tagen nach Beobachtungsbeginn) an.

2.1 Berechnen Sie mithilfe der Datenpaare der Tabelle für $t = 5$ und $t = 12$ eine Funktionsgleichung der Funktion f.
[zur Kontrolle: $f(t) \approx 0{,}080 \cdot e^{0{,}402 \cdot t}$] **(4 BE)**

2.2 Erläutern Sie die Bedeutung des Wertes $a \approx 0{,}080$ im Sachzusammenhang und berechnen Sie unter Verwendung der Funktion f aus Aufgabe 2.1 den prozentualen Zuwachs des Bestandes pro Tag. **(4 BE)**

3 Ab dem Zeitpunkt $t = 12$ wird der Bestand näherungsweise mithilfe der Funktion g mit $g(t) = 20 - b \cdot e^{c \cdot t}$ ($b, c \in \mathbb{R}$) modelliert. Hierbei gibt g(t) die Anzahl der Mikroorganismen (in Hundert) und t die Zeit (in Tagen nach Beobachtungsbeginn) an.
Bestimmen Sie die Parameter b und c so, dass die Graphen von f und g an der Stelle $t = 12$ ohne Sprung und ohne Knick ineinander übergehen. **(6 BE)**

4 Über den gesamten Beobachtungszeitraum kann die Anzahl der Mikroorganismen (in Hundert) in Abhängigkeit von der Zeit t (in Tagen nach Beobachtungsbeginn) mithilfe der Funktion h mit $h(t) = \frac{100}{5 + e^{-0{,}5 \cdot t + 7{,}6}}$ modelliert werden.

4.1 Prüfen Sie unter Verwendung der Wertetabelle von h aus dem Material, ob die Funktion h zur Modellierung des Bestandes geeignet ist. **(2 BE)**

4.2 Bestimmen Sie den Zeitraum, in dem die Wachstumsrate der Mikroorganismen größer oder gleich 200 Mikroorganismen pro Tag beträgt. **(4 BE)**

4.3 Der Inhalt der Fläche, die der Graph von h mit der t-Achse im Intervall [3; 19] einschließt, soll näherungsweise bestimmt werden. Im Folgenden bezeichne O_4 die Obersumme bei Unterteilung des Intervalls in vier Abschnitte gleicher Breite, U_4 die entsprechende Untersumme.
Zur Berechnung des Näherungswerts für den Inhalt der Fläche soll der folgende Ansatz verwendet werden:

$$A_4 = \frac{O_4 + U_4}{2}$$

Erläutern Sie den Ansatz zur Berechnung von A_4 und bestimmen Sie das Ergebnis rechnerisch. **(5 BE)**

4.4 Berechnen Sie den Zeitpunkt, ab dem die Anzahl der Mikroorganismen (in Hundert) gemäß der Modellierung mit der Funktion h den Wert 17 übersteigt. **(4 BE)**

4.5 Bestimmen Sie den Inhalt der Fläche, die der Graph von h mit der t-Achse im Intervall [3; 19] einschließt.
Nennen Sie eine Möglichkeit, den Flächeninhalt durch Veränderung des Ansatzes aus Aufgabe 4.3 besser anzunähern. **(3 BE)**

4.6 Der Grenzwert von h für $t \to \infty$ beträgt 20. Begründen Sie diesen Wert anhand des Funktionsterms und erläutern Sie die Bedeutung dieses Wertes im Sachzusammenhang. **(3 BE)**

Material

t	3	4	5	6	7	8	9	10	11
h(t)	0,22	0,36	0,59	0,96	1,53	2,40	3,68	5,42	7,60

t	12	13	14	15	16	17	18	19
h(t)	10,05	12,49	14,66	16,38	17,64	18,50	19,06	19,42

Hinweise und Tipps

Teilaufgabe 1

- Es werden nur die positiven Achsenabschnitte benötigt.

Teilaufgabe 2.1

- Stellen Sie zwei Gleichungen auf und eliminieren Sie a durch Division.
- Setzen Sie k in eine der beiden Gleichungen ein, um a zu ermitteln.
- Vergessen Sie nicht, die Funktionsgleichung zu notieren.

Teilaufgabe 2.2

- Formen Sie den Exponentialterm zur Basis e in einen Term der Form b^t um und lesen Sie das prozentuale Wachstum an b ab.

Teilaufgabe 3

- „Sprungfrei" bedeutet, dass die beiden Funktionswerte an der Stelle $t = 12$ übereinstimmen müssen, „Knickfrei" heißt, dass auch die ersten Ableitungen an besagter Stelle übereinstimmen.
- Bestimmen Sie die Lösungen mittels des CAS.

Teilaufgabe 4.1

- Vergleichen Sie die beiden Tabellen und ziehen Sie Ihre Schlüsse.

Teilaufgabe 4.2

- h' ist die Wachstumsgeschwindigkeit der Population.
- Zu welchen Zeiten im Intervall [3; 19] beträgt die Wachstumsgeschwindigkeit 200 Mikroorganismen pro Tag?
- Wie hoch ist die Wachstumsgeschwindigkeit innerhalb des gesamten Intervalls?

Teilaufgabe 4.3

- Machen Sie sich eine kleine Skizze mit der Obersumme und der Untersumme.

Teilaufgabe 4.4

- Stellen Sie eine Gleichung bzw. eine Ungleichung auf.
- Lösen die Gleichung (Ungleichung) nach t auf.

Teilaufgabe 4.5

- Benutzen Sie die Integralfähigkeit Ihres CAS.

Teilaufgabe 4.6

- Betrachten Sie das Grenzwertverhalten des Exponentialterms.
- Was passiert also auf lange Sicht?

Lösung

1 Der Bestand an Mikroorganismen wächst bis etwa zum Tag 12 (oder 13) stark an, wobei die Wachstumsgeschwindigkeit permanent zunimmt. Danach flacht das Wachstum ab und verlangsamt sich stetig.

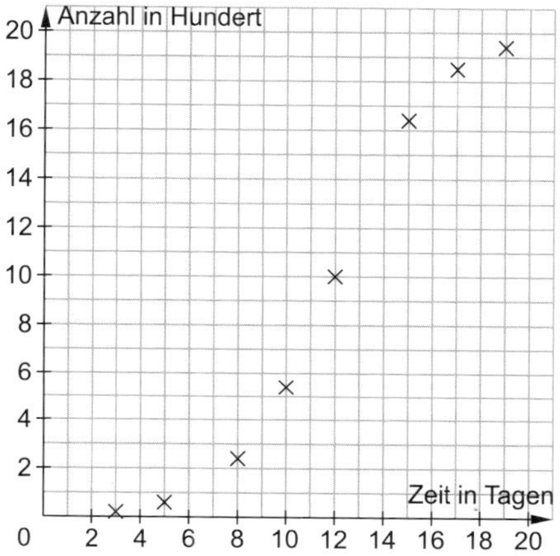

2.1 Einsetzen der beiden Datenpaare in die Funktionsgleichung $f(t) = a \cdot e^{k \cdot t}$ ergibt die beiden Gleichungen:

$$f(5) = 0{,}6 = a \cdot e^{k \cdot 5} \quad \text{und}$$

$$f(12) = 10 = a \cdot e^{k \cdot 12}$$

Dividiert man die beiden Gleichungen, so erhält man:

$$\frac{f(12)}{f(5)} = \frac{10}{0{,}6} = \frac{a \cdot e^{k \cdot 12}}{a \cdot e^{k \cdot 5}} = \frac{e^{k \cdot 12}}{e^{k \cdot 5}} = e^{k \cdot 12} \cdot e^{-k \cdot 5} = e^{k \cdot 7}$$

Daraus folgt durch Logarithmieren:

$$\ln\left(\frac{10}{0{,}6}\right) = \ln(e^{k \cdot 7}) = 7 \cdot k \quad \Rightarrow \quad k = \frac{1}{7} \cdot \ln\left(\frac{10}{0{,}6}\right) \approx 0{,}402$$

Durch Einsetzen in die erste Gleichung erhält man:

$$0{,}6 \approx a \cdot e^{0{,}402 \cdot 5} = a \cdot e^{2{,}01} \quad \Rightarrow \quad a = \frac{0{,}6}{e^{2{,}01}} \approx 0{,}08$$

Somit erhält man als Funktionsgleichung:

$$f(t) \approx 0{,}08 \cdot e^{0{,}402 \cdot t}$$

2.2 0,08 ist der Anfangswert der Populationsgröße, also der Wert zum Zeitpunkt $t = 0$. Zu diesem Zeitpunkt existieren damit 8 Mikroorganismen (weil die Anzahl in Hundert angegeben wird).

Den prozentualen Zuwachs pro Tag erhält man, indem man den Exponentialterm $e^{k \cdot t}$ in einen Term der Form b^t umwandelt:

$$f(t) \approx 0{,}08 \cdot e^{0{,}402 \cdot t} = 0{,}08 \cdot (e^{0{,}402})^t \approx 0{,}08 \cdot 1{,}495^t$$

Das bedeutet, dass die Population der Mikroorganismen jeden Tag um ca. 49,5 % ansteigt.

3 Wenn die beiden Funktionen f und g an der Stelle $t = 12$ ohne Sprung und Knick ineinander übergehen sollen, dann müssen an dieser Stelle sowohl die Funktionswerte als auch die Werte der ersten Ableitungen übereinstimmen.

Es muss also gelten:

$$f(12) = g(12) \quad \text{und}$$

$$f'(12) = g'(12)$$

Mit dem CAS ermittelt man:

$$b \approx 1199{,}3 \quad \text{und} \quad c \approx -0{,}4$$

```
Define f(t)=0.08*e^(0.402*t)
                                              done
Define g(t)=20-b*e^(c*t)
                                              done
{f(12)=g(12)
{diff(f(t),t,1,12)=diff(g(t),t,1,12) | b,c
        {b=1199.342773, c=-0.3985540579}
```

4.1 Die Funktion h ist zur Modellierung des Bestandes geeignet, da sich die Tabellen bis auf kleine Abweichungen in der 2. Nachkommastelle gleichen.

4.2 Die Wachstumsrate bzw. die Wachstumsgeschwindigkeit wird durch h'(t) angegeben. Da die Zahl der Mikroorganismen in Hundert angegeben wird, müssen alle Werte von t ermittelt werden, für die gilt:

$$h'(t) \geq 2$$

Für $h'(t) = 2$ liefert das CAS die Lösungen:

$$t_1 \approx 10{,}1 \quad \text{und} \quad t_2 \approx 13{,}9$$

Für alle t aus dem Intervall [10,1; 13,9] gilt $h'(t) \geq 2$.

```
Define h(t)=100/(5+e^(-0.5*t+7.6))
                                              done
solve(d/dt(h(t))=2,t)
        {t=10.05627687, t=13.90597148}
```

Dies wird auch aus dem Graphen der (offensichtlich) logistischen Funktion h(t) ersichtlich.

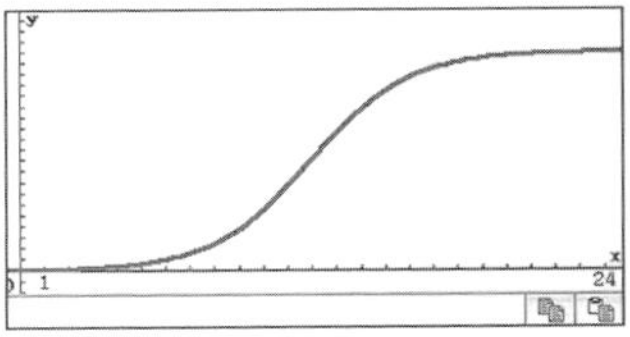

4.3 Für die tatsächliche Fläche ist der Mittelwert von Ober- und Untersumme im Allgemeinen eine erste Näherung, da die Obersumme in der Fläche größer und die Untersumme in der Fläche kleiner ist als die tatsächliche Fläche, die man z. B. mit einem Integral berechnen könnte.

Die Breite der Rechtecke beträgt bei einer Unterteilung des Intervalls zwischen 3 und 19 Tagen in 4 Teilintervalle jeweils $\frac{19-3}{4} = 4$ Tage.

Für die Untersumme U_4 beginnt das erste Rechteck bei $t = 3$ und das letzte bei $t = 15$. Die erste Rechteckfläche beträgt also $4 \cdot h(3) = 4 \cdot 0{,}22$ und die letzte $4 \cdot h(15) = 4 \cdot 16{,}38$.

Für die Obersumme O_4 endet das erste Rechteck bei $t = 7$ und das letzte bei $t = 19$. Die erste Rechteckfläche beträgt somit $4 \cdot h(7) = 4 \cdot 1{,}53$ und die letzte $4 \cdot h(19) = 4 \cdot 19{,}42$.

Hiermit erhält man:

$$O_4 = 4 \cdot 1{,}53 + 4 \cdot 7{,}60 + 4 \cdot 16{,}38 + 4 \cdot 19{,}42 = 179{,}72 \quad \text{und}$$

$$U_4 = 4 \cdot 0{,}22 + 4 \cdot 1{,}53 + 4 \cdot 7{,}60 + 4 \cdot 16{,}38 = 102{,}92$$

Daraus folgt:

$$A_4 = \frac{179,72 + 102,92}{2} = 141,32$$

4.4 Gesucht ist der Tag t, ab dem $h(t) \geq 17$ ist:

$$\frac{100}{5 + e^{-0,5 \cdot t + 7,6}} \geq 17$$

Multiplikation mit dem Nenner, Subtraktion von 85, Division durch 17 und darauf folgendes Logarithmieren ergibt:

$$100 \geq 17 \cdot (5 + e^{-0,5 \cdot t + 7,6})$$

$$100 \geq 85 + 17 \cdot e^{-0,5 \cdot t + 7,6}$$

$$15 \geq 17 \cdot e^{-0,5 \cdot t + 7,6}$$

$$\frac{15}{17} \geq e^{-0,5 \cdot t + 7,6}$$

$$\ln\left(\frac{15}{17}\right) \geq \ln(e^{-0,5 \cdot t + 7,6})$$

$$\ln\left(\frac{15}{17}\right) \geq -0,5 \cdot t + 7,6$$

$$0,5 \cdot t \geq 7,6 - \ln\left(\frac{15}{17}\right)$$

$$t \geq 2 \cdot \left(7,6 - \ln\left(\frac{15}{17}\right)\right) \approx 15,45$$

Der Wert wird zwischen dem 15. und 16. Tag erreicht.

4.5 Die Fläche kann mit dem Integral bestimmt werden:

$$A = \int_3^{19} h(t)\,dt \approx 141,11$$

$\int_3^{19} h(t)dt$

141.110441

Die einfachste Methode zur Erhöhung der Genauigkeit der Näherung ist es, eine größere Unterteilung der Zeitachse vorzunehmen (also z. B. acht statt vier Intervalle), sodass mehr Rechtecke in die Berechnung eingehen.

4.6 Es gilt:

$$\lim_{t \to \infty} \frac{100}{5 + e^{-0,5 \cdot t + 7,6}} = 20$$

Begründung: Der Exponentialterm geht für $t \to \infty$ gegen null, sodass nur noch $\frac{100}{5} = 20$ verbleibt.

Bedeutung: Das Wachstum ist nach oben beschränkt und strebt einem Wert von 2 000 Mikroorganismen entgegen.

Hessen – Grundkurs Mathematik
2022 – C1: Lineare Algebra / Analytische Geometrie (WTR / CAS)

In einem Park steht ein Pyramidenstumpf, der als Klettermöglichkeit dient und als Boulderblock bezeichnet wird. Auf den vier Seitenwänden sind Kletterrouten geschraubt. Das umliegende ebene Gelände (Boden) liegt im Modell in der x-y-Ebene. Eine Einheit im Koordinatensystem entspricht einem Meter in der Realität.

Im Modell sind die Punkte $A(4|0|0)$, $B(4|4|0)$, $C(0|4|0)$ und $D(0|0|0)$ die Eckpunkte der quadratischen Bodenfläche des Pyramidenstumpfs. Die Punkte $E(5|0|3)$, $F(5|5|3)$, $G(0|5|3)$ und $H(0|0|3)$ sind die Eckpunkte der parallel zur Bodenfläche verlaufenden, ebenfalls quadratischen Fläche (Material).

1.1 Die Seitenwand BCGF liegt in der Ebene W. Geben Sie eine Parametergleichung dieser Ebene an und bestimmen Sie eine zugehörige Koordinatengleichung.
[zur Kontrolle: Eine mögliche Koordinatengleichung lautet W: $3y - z = 12$] **(6 BE)**

1.2 Berechnen Sie den Neigungswinkel α der Seitenwand BCGF gegenüber dem Boden (Material). **(3 BE)**

1.3 Die Seitenwand BCGF ist ein Trapez und soll einen neuen Farbanstrich bekommen. Zeigen Sie, dass die Seitenwand BCGF im Punkt C einen rechten Winkel besitzt, und berechnen Sie auf ganze Liter gerundet, wie viel Liter Farbe benötigt werden, wenn ein Liter Farbe für 8 m^2 ausreicht. **(5 BE)**

1.4 Im Punkt F ist ein Seil befestigt, das senkrecht nach unten hängt und den Boden berührt. Ermitteln Sie, um wie viel Prozent die Kante $\overline{BF}$ länger ist als das Seil. **(4 BE)**

1.5 Begründen Sie ohne Rechnung, dass die Spitze S der zu dem Stumpf ABCDEFGH gehörenden Pyramide auf der negativen z-Achse liegt, also die Koordinaten $S(0|0|-k)$ besitzt, und bestimmen Sie k. **(5 BE)**

1.6 Das Volumen des Pyramidenstumpfs in Abhängigkeit vom Parameter k lässt sich mithilfe des folgenden Ansatzes ermitteln:

$$\frac{1}{3} \cdot 5^2 \cdot (3+k) - \frac{1}{3} \cdot 4^2 \cdot k$$

Erläutern Sie diesen Ansatz. **(4 BE)**

1.7 Gegeben sind die Gleichungen zweier Ebenen:

$$(1) \quad \vec{x} = \begin{pmatrix} 5 \\ 0 \\ 3 \end{pmatrix} + t \cdot \begin{pmatrix} -5 \\ 0 \\ 0 \end{pmatrix} + u \cdot \begin{pmatrix} -1 \\ 0 \\ -3 \end{pmatrix}; \; t, u \in \mathbb{R} \qquad (2) \quad x - y = 0$$

Eine dieser Ebenen ist die Symmetrieebene des Pyramidenstumpfs, die andere Ebene enthält eine der Seitenwände. Geben Sie an, welche der beiden Ebenen die Symmetrieebene ist, und beschreiben Sie ihre besondere Lage im Koordinatensystem.
Geben Sie die Seitenwand an, die in der anderen Ebene enthalten ist. **(5 BE)**

2 Im Punkt K(4 | −4 | 2) befindet sich der höchste Punkt des Kopfes eines Kletterers, der neben dem Boulderblock steht. Die Sonne scheint zu einem bestimmten Zeitpunkt in Richtung des Vektors

$$\vec{v} = \begin{pmatrix} -1 \\ 2 \\ -0,5 \end{pmatrix}.$$

2.1 Berechnen Sie die Koordinaten des Schattenpunktes K', der vom Punkt K auf die Seitenwand DAEH geworfen wird. **(4 BE)**

2.2 Die Füße eines anderen, 1,80 m großen Kletterers befinden sich im Punkt N(3 | 4,5 | 0). Untersuchen Sie, ob er dort aufrecht stehen kann. **(4 BE)**

Material

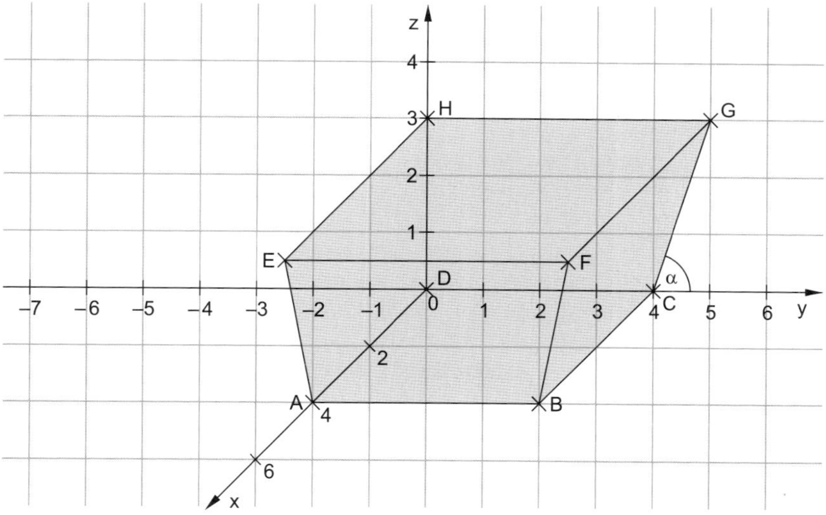

Hinweise und Tipps

Teilaufgabe 1.1

Dies ist eine Standardaufgabe. Stellen Sie mithilfe eines Stütz- und zweier Richtungsvektoren die Parametergleichung der Ebene auf, ermitteln Sie einen Normalenvektor und ermitteln Sie durch Einsetzen in $\vec{n} \circ \vec{x} = \vec{n} \circ \vec{a}$ eine Koordinatengleichung.

Teilaufgabe 1.2

In der Abbildung erkennt man, dass der Winkel zwischen der y-Achse und dem Vektor $\overrightarrow{CG}$ gesucht ist. Beschreiben Sie die Richtung der y-Achse vektoriell und verwenden Sie zur Berechnung die „Grundformel zur Berechnung eines Winkels zwischen zwei Vektoren".

Teilaufgabe 1.3

Den Nachweis, dass bei Punkt C ein rechter Winkel vorliegt, führt man mithilfe des Skalarproduktes. Entnehmen Sie dann die Formel zur Berechnung des Flächeninhaltes eines Trapezes der Formelsammlung. Einige der benötigten Längen sind bereits bekannt, die anderen lassen sich leicht berechnen. Setzen Sie diese ein! Vergessen Sie nicht, mithilfe der Trapezfläche die Menge der benötigten Farbe zu berechnen und diese entsprechend der in der Aufgabenstellung geforderten Rundung anzugeben.

Teilaufgabe 1.4

Die Länge eines Seiles, das in der Höhe $z = 3$ befestigt ist, senkrecht nach unten hängt und den Boden berührt, lässt sich ohne Berechnung angeben. Berechnen Sie dann die Länge der Kante $\overline{BF}$. Berechnen Sie das Verhältnis der Kantenlänge zur Seillänge und leiten Sie daraus die prozentuale Abweichung ab.

Teilaufgabe 1.5

Begründen Sie zunächst, dass die vollständige Pyramide „auf dem Kopf" stehen muss.

Begründen Sie dann mithilfe der besonderen Lage der Kante $\overline{HD}$, dass die Pyramidenspitze auf der (negativen) z-Achse liegen muss. Berechnen Sie die Pyramidenspitze z. B. als Schnittpunkt der Geraden, auf der die Kante $\overline{GC}$ liegt, mit der z-Achse – also als Schnittpunkt zweier Geraden. Achten Sie bei der Angabe der Lösung für k auf die Vorgabe, dass $S(0\,|\,0\,|\,-k)$ gelten soll.

Teilaufgabe 1.6

Der angegebene Ansatz beinhaltet zwei Teilterme der Form $A = \frac{1}{3} \cdot a^2 \cdot h$. Mit dieser Formel wird das Volumen von Pyramiden berechnet. Erläutern Sie, welche beiden Pyramiden berechnet werden und welche Bedeutung die Differenz dieser Volumina hat.

Teilaufgabe 1.7

Identifizieren Sie mithilfe der Zeichnung den in (1) verwendeten Stützvektor und die verwendeten Richtungsvektoren. Ordnen Sie die Ebene zu. Daraus ergibt sich die Bedeutung von (2), da die Aufgabenstellung nur zwei Fälle zulässt. Machen Sie sich klar, dass z. B. $A(0\,|\,0\,|\,0)$, $B(3\,|\,3\,|\,0)$ und $C(3\,|\,3\,|\,1)$ Punkte sind, die in der durch die Gleichung (2) beschriebenen Ebene sind. Was folgt daraus für die Lage dieser Ebene?

Teilaufgabe 2.1

Gesucht ist der Schnittpunkt der Geraden durch K mit Richtung $\vec{v}$ und der Ebene durch EADH, also der Spurpunkt der Geraden in der x-z-Ebene. Dies ist der Schattenpunkt von K.

Teilaufgabe 2.2

Berechnen Sie für den Ebenenpunkt $P(3\,|\,4{,}5\,|\,z)$ die z-Koordinate, wie sie sich aus der Koordinatengleichung ergibt, und vergleichen Sie diese mit der Körpergröße des Kletterers.

Lösung

1.1 Mit dem Vektor $\overrightarrow{OB}$ als Ortsvektor und den Vektoren

$$\overrightarrow{BC}=\begin{pmatrix}0-4\\4-4\\0-0\end{pmatrix}=\begin{pmatrix}-4\\0\\0\end{pmatrix} \quad \text{und} \quad \overrightarrow{BG}=\begin{pmatrix}0-4\\5-4\\3-0\end{pmatrix}=\begin{pmatrix}-4\\1\\3\end{pmatrix}$$

als Richtungsvektoren erhält man als eine mögliche Parameterdarstellung der Ebene:

$$E:\ \vec{x}=\overrightarrow{OB}+r\cdot\overrightarrow{BC}+s\cdot\overrightarrow{BG}=\begin{pmatrix}4\\4\\0\end{pmatrix}+r\cdot\begin{pmatrix}-4\\0\\0\end{pmatrix}+s\cdot\begin{pmatrix}-4\\1\\3\end{pmatrix}$$

Zur Ermittlung der Koordinatengleichung benötigt man einen Normalenvektor $\vec{n}=\begin{pmatrix}n_1\\n_2\\n_3\end{pmatrix}$ der Ebene. Dieser steht senkrecht auf den beiden Richtungsvektoren der Ebene. Daraus ergibt sich der Ansatz:

$$\text{(I)} \quad \vec{n}\circ\overrightarrow{BC}=\begin{pmatrix}n_1\\n_2\\n_3\end{pmatrix}\circ\begin{pmatrix}-4\\0\\0\end{pmatrix}=0 \quad\Leftrightarrow\quad -4n_1=0$$

$$\text{(II)} \quad \vec{n}\circ\overrightarrow{BG}=\begin{pmatrix}n_1\\n_2\\n_3\end{pmatrix}\circ\begin{pmatrix}-4\\1\\3\end{pmatrix}=0 \quad\Leftrightarrow\quad -4n_1+n_2+3n_3=0$$

Aus (I) folgt unmittelbar $n_1=0$. Damit ergibt sich mit (II):

$$n_2=-3n_3$$

Das Gleichungssystem ist nicht eindeutig lösbar. Da nur eine Lösung gesucht ist, wählt man z. B. $n_3=1$. Daraus ergibt sich $n_2=-3$ und man erhält:

$$\vec{n}=\begin{pmatrix}0\\-3\\1\end{pmatrix}$$

Unter Verwendung des Ortsvektors $\overrightarrow{OB}$ ergibt sich durch Einsetzen in $\vec{n}\circ\vec{x}=\vec{n}\circ\vec{a}$:

$$\begin{pmatrix}0\\-3\\1\end{pmatrix}\circ\begin{pmatrix}x\\y\\z\end{pmatrix}=\begin{pmatrix}0\\-3\\1\end{pmatrix}\circ\begin{pmatrix}4\\4\\0\end{pmatrix}$$

$$-3y+z=-12$$

Dies entspricht, bis auf einen Faktor (–1), dem angegebenen Kontrollergebnis.

1.2 Der gesuchte Neigungswinkel α ist im Material eingezeichnet. Dies ist der Winkel zwischen dem Vektor $\overrightarrow{CG}=\begin{pmatrix}0-0\\5-4\\3-0\end{pmatrix}=\begin{pmatrix}0\\1\\3\end{pmatrix}$ und dem Vektor $\vec{v}=\begin{pmatrix}0\\1\\0\end{pmatrix}$, der die Richtung der y-Achse beschreibt.

Als Ansatz formuliert man:

$$\cos\alpha=\frac{\overrightarrow{CG}\circ\vec{v}}{|\overrightarrow{CG}|\circ|\vec{v}|}$$

Man ermittelt

$$\overrightarrow{CG}\circ\vec{v}=\begin{pmatrix}0\\1\\3\end{pmatrix}\circ\begin{pmatrix}0\\1\\0\end{pmatrix}=1,\quad |\overrightarrow{CG}|=\left|\begin{pmatrix}0\\1\\3\end{pmatrix}\right|=\sqrt{0^2+1^2+3^2}=\sqrt{10},\quad |\vec{v}|=1$$

und erhält damit:

$$\cos\alpha = \frac{1}{\sqrt{10}\cdot 1} = \frac{1}{\sqrt{10}}$$

Damit ist:

$$\alpha = \arccos\left(\frac{1}{\sqrt{10}}\right) \approx 71{,}57°$$

Dies ist der gesuchte Neigungswinkel.

1.3 Die Aufgabenstellung fordert, dass zunächst gezeigt werden soll, dass im Punkt C ein rechter Winkel vorliegt, d. h., die Vektoren

$$\overrightarrow{CB} = \begin{pmatrix} 4 \\ 0 \\ 0 \end{pmatrix} \text{ und } \overrightarrow{CG} = \begin{pmatrix} 0 \\ 1 \\ 3 \end{pmatrix}$$

müssen orthogonal sein.

Der Nachweis erfolgt über das Skalarprodukt der beiden Vektoren, denn es gilt:

$$\begin{pmatrix} 4 \\ 0 \\ 0 \end{pmatrix} \circ \begin{pmatrix} 0 \\ 1 \\ 3 \end{pmatrix} = 4\cdot 0 + 0\cdot 1 + 0\cdot 3 = 0$$

Damit ist bekannt, dass das Viereck BCGF ein Trapez mit einem rechten Winkel bei C ist.

Der allgemeine Ansatz zur Berechnung des Flächeninhaltes eines Trapezes (laut Formelsammlung)

$$A = \frac{a+c}{2}\cdot h$$

führt für das vorliegende Trapez zu:

$$A = \frac{|\overrightarrow{BC}| + |\overrightarrow{FG}|}{2}\cdot|\overrightarrow{CG}|$$

Für die benötigten Größen ergibt sich bzw. ist bereits bekannt:

$$|\overrightarrow{BC}| = 4 \qquad |\overrightarrow{FG}| = 5 \qquad |\overrightarrow{CG}| = \sqrt{10}$$

Damit erhält man für die Fläche des Trapezes

$$A = \frac{4+5}{2}\cdot\sqrt{10} \approx 14{,}23\,[\mathrm{m}^2]$$

und für die benötigte Menge Farbe $14{,}23 : 8 \approx 1{,}78\,[\ell]$. Es werden also, nach der in der Aufgabenstellung geforderten Rundung, 2 Liter Farbe benötigt.

1.4 Ein Seil, das im Punkt $F(5\,|\,5\,|\,3)$ befestigt ist, senkrecht nach unten hängt und den Boden berührt, hat die Länge 3 [m]. Für die Länge der Kante $\overline{BF}$ ermittelt man:

$$|\overrightarrow{BF}| = \left|\begin{pmatrix} 5-4 \\ 5-4 \\ 3-0 \end{pmatrix}\right| = \left|\begin{pmatrix} 1 \\ 1 \\ 3 \end{pmatrix}\right| = \sqrt{1^2+1^2+3^2} = \sqrt{11}\,[\mathrm{m}]$$

Die Kante $\overline{BF}$ ist also $\frac{\sqrt{11}}{3} \approx 1{,}106$-mal so lang wie das Seil, oder – anders ausgedrückt – um ca. 10,6 % länger als das Seil.

1.5 Da das Quadrat EFGH größer als das Quadrat ABCD ist, liegt ein „umgedrehter“ Pyramidenstumpf vor. Die Spitze der vollständigen Pyramide muss also unterhalb der x-y-Ebene liegen. Da sich alle Kanten in der Pyramidenspitze schneiden und die Pyramidenkante durch H und D auf der z-Achse liegt, muss auch die Pyramidenspitze auf der z-Achse liegen.

Die Pyramidenspitze liegt also auf der negativen z-Achse.

Um die Pyramidenspitze exakt zu bestimmen, reicht es aus, den Schnittpunkt einer weiteren Pyramidenkante mit der z-Achse zu berechnen.

Die Pyramidenkante durch G und C liegt auf der Geraden mit der Parametergleichung:

$$g_{GC}\colon\ \vec{x} = \begin{pmatrix} 0 \\ 5 \\ 3 \end{pmatrix} + r \cdot \begin{pmatrix} 0 \\ 1 \\ 3 \end{pmatrix}$$

Als Ansatz zur Berechnung des Schnittpunktes mit der z-Achse formuliert man:

$$\begin{pmatrix} 0 \\ 0 \\ z \end{pmatrix} = \begin{pmatrix} 0 \\ 5 \\ 3 \end{pmatrix} + r \cdot \begin{pmatrix} 0 \\ 1 \\ 3 \end{pmatrix}$$

Die erste Zeile liefert die wahre Aussage $0=0$, die zweite Zeile liefert $r=-5$ und dies ergibt in der dritten Zeile $z=3-5\cdot 3=-12$.

Die Pyramidenspitze ist also $S(0\,|\,0\,|\,-12)$. Der gesuchte Parameterwert ist damit $k=12$.

1.6 Für das Volumen einer Pyramide mit quadratischer Grundfläche (mit Kantenlänge a) und der Höhe h gilt laut Formelsammlung:

$$A = \frac{1}{3} \cdot a^2 \cdot h$$

Mit dem gegebenen Ansatz wird die Differenz zweier solcher Volumina gebildet. Der erste Term beschreibt das Volumen einer Pyramide mit einer quadratischen Grundfläche mit der Kantenlänge 5 und der Höhe $3+k$; dies entspricht der Höhe des Pyramidenstumpfes plus der Höhe des unterhalb der x-y-Ebene liegenden „Reststücks“ (vgl. Teilaufgabe 1.5), das den Pyramidenstumpf zur vollständigen Pyramide EFGHS ergänzt. Der zweite Term beschreibt das Volumen dieses „Reststücks“, also der Pyramide ABCDS. Die Kantenlänge der quadratischen Grundfläche dieser Pyramide ist 4 und ihre Höhe ist k.

Die Differenz dieser beiden Volumina liefert das Volumen des Pyramidenstumpfs.

1.7 Für die angegebene Parametergleichung (1) werden der Vektor $\overrightarrow{OE}$ als Ortsvektor und die Vektoren $\overrightarrow{EH}$ und $\overrightarrow{EA}$ als Richtungsvektoren verwendet. Daher beschreibt (1) die Ebene, in der die Seitenwand EADH liegt.

Mit der Vorgabe der Aufgabenstellung folgt daraus, dass (2) eine Symmetrieebene des Pyramidenstumpfs beschreibt. Umgeformt ergibt sich aus (2):

$$x = y$$

Diese Gleichung beschreibt die Ebene, die die x-y-Ebene in der ersten Winkelhalbierenden schneidet und senkrecht auf der x-y-Ebene steht, insbesondere parallel zur z-Achse ist und diese sogar enthält.

2.1 Der Lichtstrahl durch K kann durch die Parametergleichung

$$g_K:\ \vec{x} = \begin{pmatrix} 4 \\ -4 \\ 2 \end{pmatrix} + r \cdot \begin{pmatrix} -1 \\ 2 \\ -0,5 \end{pmatrix}$$

beschrieben werden.

Der Schatten soll auf die Seitenwand EADH fallen. Diese Fläche ist Teil der x-z-Ebene, die durch die Koordinatengleichung $y = 0$ beschrieben werden kann. Daraus ergibt sich der Ansatz $0 = -4 + 2r$ und damit $r = 2$.

Den Schattenpunkt K' ermittelt man über

$$\overrightarrow{OK'} = \begin{pmatrix} 4 \\ -4 \\ 2 \end{pmatrix} + 2 \cdot \begin{pmatrix} -1 \\ 2 \\ -0,5 \end{pmatrix} = \begin{pmatrix} 2 \\ 0 \\ 1 \end{pmatrix}$$

als $K'(2\,|\,0\,|\,1)$.

2.2 Anhand der Abbildung ermittelt man, dass sich der Kletterer unter der Wand BCGF befindet.

Für die Ebene, in der diese Wand liegt, wurde in Teilaufgabe 1.1 die Koordinatengleichung

$$3y - z = 12$$

ermittelt.

Der Kletterer steht im Punkt $N(3\,|\,4{,}5\,|\,0)$. Gesucht ist der Punkt $P(3\,|\,4{,}5\,|\,z)$ in der Ebene direkt über N. Das Einsetzen der bekannten Koordinaten in die Koordinatengleichung der Ebene liefert:

$$3 \cdot 4{,}5 - z = 12$$
$$z = 1{,}5$$

Ein Punkt der Ebene liegt also 1,5 m über N. Da der Kletterer 1,8 m groß ist, kann er an dieser Stelle nicht aufrecht stehen.

Hessen – Grundkurs Mathematik
2022 – C2.1: Stochastik (WTR/CAS)

1 In einem Paketzentrum werden pro Jahr viele Millionen Pakete angeliefert. Die Pakete werden automatisch nach ihrem Bestimmungsort sortiert. 10 % der Pakete haben das Ziel A, 7 % das Ziel B. Die übrigen Pakete haben andere Ziele.

1.1 Bestimmen Sie unter Angabe einer geeigneten Zufallsvariablen X die Wahrscheinlichkeit dafür, dass von 100 zufällig ausgewählten Paketen
- genau neun das Ziel B haben,
- weniger als neun das Ziel B haben. **(3 BE)**

1.2 Unter 100 zufällig ausgewählten Paketen haben genau neun das Ziel B.
Berechnen Sie die prozentuale Abweichung dieser Anzahl vom Erwartungswert für die Anzahl von Paketen mit dem Ziel B unter 100 zufällig ausgewählten Paketen. **(3 BE)**

1.3 Im Paketzentrum werden 20 Pakete zufällig ausgewählt.

1.3.1 Die Wahrscheinlichkeit dafür, dass von den 20 ausgewählten Paketen keines das Ziel C hat, beträgt etwa 54 %. Berechnen Sie den Anteil der Pakete mit dem Ziel C unter allen Paketen, die pro Jahr im Paketzentrum angeliefert werden. **(3 BE)**

1.3.2 Die Wahrscheinlichkeit eines Ereignisses im Sachzusammenhang kann mit dem Term $0{,}9^{14} \cdot \sum_{i=0}^{3} \binom{6}{i} \cdot 0{,}1^{i} \cdot 0{,}9^{6-i}$ berechnet werden. Geben Sie ein passendes Ereignis an. **(2 BE)**

2 Alle im Paketzentrum angelieferten Pakete werden im Rahmen der Sortierung gewogen. 5 % der Pakete haben eine Masse von mehr als 10 kg und gelten damit als schwer. Von den Paketen mit dem Ziel A sind 8 % schwer. Weiterhin haben 10 % der Pakete das Ziel A und 7 % das Ziel B.
Ein Paket wird zufällig ausgewählt. Betrachtet werden die folgenden Ereignisse:
S: „Das ausgewählte Paket ist schwer."
Z: „Das ausgewählte Paket hat das Ziel A."

2.1 Stellen Sie den Sachzusammenhang in einer vollständig ausgefüllten Vierfeldertafel dar. **(3 BE)**

2.2 Untersuchen Sie, ob der Anteil der Pakete mit dem Ziel A unter den schweren Paketen ebenso groß ist wie unter den Paketen, die nicht schwer sind. **(3 BE)**

2.3 Von den Paketen, die das Ziel B haben, sind 2 % schwer. Entscheiden Sie, ob der Anteil der schweren Pakete unter denjenigen, die weder das Ziel A noch das Ziel B haben, kleiner als 5 %, gleich 5 % oder größer als 5 % ist. Begründen Sie Ihre Entscheidung, ohne diesen Anteil zu berechnen. **(3 BE)**

2.4 Im Paketzentrum wird ein schweres Paket zufällig ausgewählt und in einen Lkw verladen. Bestimmen Sie die Wahrscheinlichkeit dafür, dass es sich um ein Paket handelt, das nicht das Ziel A hat. **(3 BE)**

2.5 Im Rahmen der Sortierung werden die Pakete in zufälliger Reihenfolge ausgewählt und gewogen.
Berechnen Sie die Anzahl der Pakete, die mindestens gewogen werden müssen, damit mit einer Wahrscheinlichkeit von mindestens 90 % mindestens ein schweres Paket darunter ist. **(4 BE)**

2.6 Die Zufallsgröße Y gibt die Anzahl der schweren Pakete unter insgesamt n zufällig ausgewählten Paketen an. Im Material ist die Wahrscheinlichkeitsverteilung von Y für einen bestimmten Wert von n dargestellt. Hierbei ist der Erwartungswert μ eine natürliche Zahl.
Bestätigen Sie mithilfe des Materials, dass $P(10 \leq Y \leq 12) < 0{,}4$ gilt.
Bestimmen Sie die Gesamtzahl n der Pakete. **(5 BE)**

3 Auf einem Rollcontainer befinden sich 100 Pakete, darunter 30 Pakete für den Eulerplatz, 45 Pakete für die Gaußstraße und 25 Pakete für den Leibnizweg. Die Pakete sind im Container zufällig angeordnet.
Ein Paketzusteller lädt 5 Pakete vom Container; darunter befinden sich 3 Pakete für den Eulerplatz und 2 Pakete für den Leibnizweg. Zur Bestimmung der Wahrscheinlichkeit für dieses Ereignis werden 4 Ansätze aufgestellt.

(1) $\frac{25}{100} \cdot \frac{24}{99} \cdot \frac{30}{98} \cdot \frac{29}{97} \cdot \frac{28}{96}$

(2) $\frac{\binom{30}{3} \cdot \binom{25}{2}}{\binom{100}{5}}$

(3) $10 \cdot \frac{30}{100} \cdot \frac{29}{99} \cdot \frac{28}{98} \cdot \frac{25}{97} \cdot \frac{24}{96}$

(4) $\binom{5}{3} \cdot 0{,}3^3 \cdot 0{,}25^2$

Entscheiden Sie für jeden der Ansätze, ob er richtig oder falsch ist, und begründen Sie jeweils Ihre Entscheidung. **(8 BE)**

Material

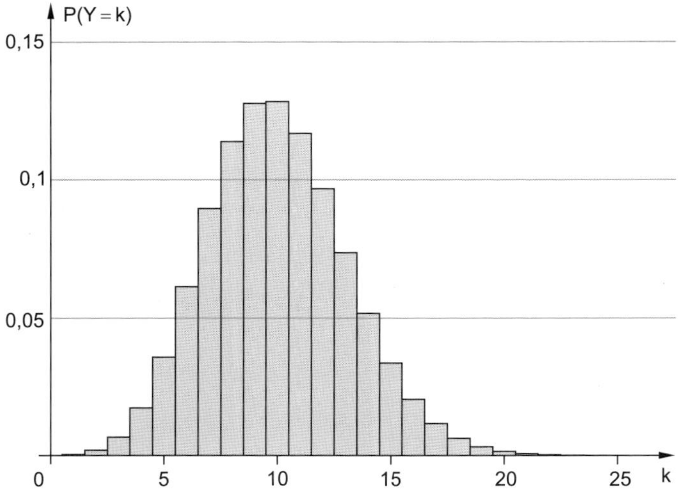

Hinweise und Tipps

Teilaufgabe 1.1

- Hier liegt eine Binomialverteilung vor.
- Benutzen Sie Ihren WTR (bzw. Ihr CAS) unter Eingabe der Trefferwahrscheinlichkeit, der Zahl der Versuche und der geforderten Trefferzahlen.

Teilaufgabe 1.2

- Benutzen Sie die Formel für den Erwartungswert μ der Binomialverteilung.

Teilaufgabe 1.3.1

- Benutzen Sie die Gegenwahrscheinlichkeit $1-p$, um p zu berechnen.

Teilaufgabe 1.3.2

- Stellen Sie sich einen Wahrscheinlichkeitsbaum vor.
- 0,9 bedeutet „Nicht Ziel A".
- Am Schluss bleiben 6 Pakete übrig. Höchstens wie viele davon haben das Ziel A?

Teilaufgabe 2.1

- Die vier Ereignisse, die die Tafel bestimmen, sind: „Paket ist schwer (S)", „Paket ist nicht schwer ($\overline{S}$)", „Ziel A (Z)" und „Ziel nicht A ($\overline{Z}$)".
- Tragen Sie alle gegebenen Fakten ein und ergänzen Sie die restlichen Felder, sodass die Summen in Reihen und Spalten stimmen.
- Sie können sich zur Unterstützung auch einen zweistufigen Baum zeichnen.

Teilaufgabe 2.2

- Führen Sie die entsprechenden Divisionen durch. Das Ablesen aus der Vierfeldertafel kann helfen.
- Alternativ können Sie auch den Satz von Bayes bemühen.

Teilaufgabe 2.3

- Das erfordert ein wenig Logik. Wie viele Pakete sind denn überhaupt schwer?

Teilaufgabe 2.4

- Benutzen Sie den Satz von Bayes und berechnen Sie $P_S(\overline{Z})$.

Teilaufgabe 2.5

- Die Ungleichung, die gelöst werden muss, ist $P(X \geq 1) \geq 0{,}9$.
- Der Operator heißt „berechnen". Sie dürfen Ihren WTR (bzw. Ihr CAS) also erst ganz am Schluss der Rechnung benutzen.

Teilaufgabe 2.6

- Lesen Sie die Gesamtwahrscheinlichkeit aus dem Material ab. Dies ist naturgemäß nicht exakt.
- Die Gesamtzahl der Pakete ergibt sich aus dem Ansatz $E(Y) = n \cdot p$.

Teilaufgabe 3

- Zwei der angebotenen Ansätze sind korrekt.
- Machen Sie sich Gedanken über die folgenden Fragen:
  - Ändert sich die Wahrscheinlichkeit während der Entnahme der Pakete?
  - Wird mit Zurücklegen oder ohne Zurücklegen gezogen?
  - Was ist der Unterschied zwischen einer Binomialverteilung und einer hypergeometrischen Verteilung?

Lösung

1.1 X ist die Anzahl der Pakete, die B als Ziel haben. X ist binomialverteilt mit der Trefferwahrscheinlichkeit $p = 0{,}07$ und $n = 100$ als Zahl der Versuche.
Mit dem WTR bzw. CAS berechnet man:

```
binomialPDf(9, 100, 0.07)
                    0.1040145556
binomialCDf(0, 8, 100, 0.07)
                    0.7339658557
```

$$P(X = 9) = \binom{100}{9} \cdot 0{,}07^9 \cdot 0{,}93^{91} = B_{100;\,0,07}(9)$$

$$\approx 0{,}1040 = 10{,}4\ \%$$

$$P(X \le 8) = \sum_{k=0}^{8} \binom{100}{k} \cdot 0{,}07^k \cdot 0{,}93^{10-k} = F_{100;\,0,07}(8) \approx 0{,}7340 = 73{,}4\ \%$$

1.2 Der Erwartungswert ist gegeben durch: $\mu = n \cdot p = 100 \cdot 0{,}07 = 7$
Die Abweichung beträgt $\frac{9-7}{7} \approx 0{,}286$.
Die prozentuale Abweichung ist also etwa 28,6 %.

1.3.1 Wird der Anteil der Pakete, die C erreichen, mit p bezeichnet, so ist die Wahrscheinlichkeit, dass von 20 Paketen keines in C ankommt, gegeben durch $(1-p)^{20}$. Es folgt:

$$(1-p)^{20} = 0{,}54 \quad \Rightarrow \quad 1-p = \sqrt[20]{0{,}54} \quad \Rightarrow \quad p = 1 - \sqrt[20]{0{,}54} \approx 0{,}0303$$

Der gesuchte Anteil entspricht etwa 3 %.

1.3.2 Von den 20 Paketen haben die ersten 14 nicht das Ziel A (10 % der Pakete haben das Ziel A) und von den restlichen 6 haben höchstens 3 Pakete das Ziel A (bzw. mindestens 3 nicht das Ziel A).

2.1

	S	$\overline{S}$	
Z	0,8 %	9,2 %	10 %
$\overline{Z}$	4,2 %	85,8 %	90 %
	5 %	95 %	100 %

2.2 Der Anteil der Pakete mit dem Ziel A, die schwer sind (S), unter allen schweren Paketen beträgt:

$$\frac{0{,}8\ \%}{5\ \%} = 0{,}16 = 16\ \%$$

Der Anteil der Pakete mit dem Ziel A, die nicht schwer sind ($\overline{S}$), unter allen Paketen, die nicht schwer sind, beträgt:

$$\frac{9{,}2\ \%}{95\ \%} \approx 0{,}097 = 9{,}7\ \%$$

Die beiden Anteile sind also nicht gleich groß.

2.3 Der Anteil der schweren Pakete unter allen Paketen beträgt 5 %. Zusammen mit den Tatsachen, dass der Anteil der schweren Pakete mit Ziel A 8 % beträgt und derjenigen mit Ziel B 2 % sowie mehr Pakete das Ziel A als das Ziel B haben, muss der Anteil an schweren Paketen, die weder A noch B als Ziel haben, kleiner als 5 % sein.

Bemerkung: Möchte man eine Berechnung durchführen, die hier nicht gefordert wird, so kann man die obige Vierfeldertafel leicht zu einer 6-Feldertafel erweitern, indem man für die Ziele drei Zeilen A, B und „Rest" einführt.

2.4 Man benutzt hier am einfachsten den Satz von Bayes:

$$P_S(\overline{Z}) = \frac{P(S \cap \overline{Z})}{P(S)} = \frac{0{,}042}{0{,}05} = 0{,}84$$

Die Wahrscheinlichkeit beträgt also 84 %.

2.5 Die Zufallsvariable X sei die Anzahl der schweren Pakete. Dann soll die Wahrscheinlichkeit, dass ein Paket oder mehrere Pakete schwer sind, mindestens 90 % betragen:

$$P(X \geq 1) \geq 0{,}9 \quad \Leftrightarrow \quad 1 - P(X = 0) \geq 0{,}9 \quad \Leftrightarrow \quad P(X = 0) \leq 0{,}1$$

Daraus folgt bei n Versuchen und einer Trefferwahrscheinlichkeit von $p = 0{,}05$:

$$0{,}95^n \leq 0{,}1 \quad \Leftrightarrow \quad n \cdot \ln(0{,}95) \leq \ln(0{,}1) \quad \Leftrightarrow \quad n \geq \frac{\ln(0{,}1)}{\ln(0{,}95)} \approx 44{,}89$$

Man muss also mindestens 45 Versuche durchführen (Pakete abwiegen), um das gewünschte Ergebnis mit dieser Wahrscheinlichkeit zu erzielen.

2.6 In der Abbildung des Materials liest man in etwa ab:

$$P(Y = 10) + P(Y = 11) + P(Y = 12) \approx 0{,}125 + 0{,}12 + 0{,}095 \approx 0{,}34 < 0{,}4$$

Der Erwartungswert ist $E(Y) = 10$, weil er eine natürliche Zahl ist und eine Binomialverteilung vorliegt, er also beim „höchsten" Balken angenommen wird.

Außerdem gilt für den Erwartungswert:

$$E(Y) = n \cdot p = n \cdot 0{,}05 = 10$$

Daraus folgt $n = 200$.

3 (1) Dieser Ansatz ist falsch, da eine mögliche unterschiedliche Reihenfolge nicht beachtet wird. Es wird also nur berechnet, dass die beiden ersten gezogenen Pakete für den Leibnizweg und die darauf folgenden drei für den Eulerplatz bestimmt sind.

(2) Dieser Ansatz ist korrekt. Es handelt sich um eine hypergeometrische Verteilung (Lotto!). $\binom{100}{5}$ ist die Zahl aller Möglichkeiten, aus 100 Elementen 5 zu ziehen (ohne Zurücklegen). $\binom{30}{3}$ ist die Zahl der Möglichkeiten, aus den 30 für den Eulerplatz bestimmten Paketen 3 zu ziehen. Diese Zahl wird mit $\binom{25}{2}$ multipliziert, das sind alle Möglichkeiten, die restlichen 2 Pakete aus den 25 für den Leibnizweg auszuwählen.

(3) Das führt zum gleichen Ergebnis wie der Ansatz in (2), ist also korrekt. Hier wird berücksichtigt, dass es 10 unterschiedliche Pfade zum Ergebnis „3-mal Eulerstraße und 2-mal Leibnizweg" gibt.

(4) Dieser Ansatz ist falsch. Hier wird die Wahrscheinlichkeit bestimmt, unter 5 gezogenen Paketen 3 Treffer zu erzielen, wobei die Trefferwahrscheinlichkeit $p = 0{,}3$ beträgt. Die Wahrscheinlichkeit bleibt also konstant (Binomialverteilung), während bei den Paketen ohne Zurücklegen gezogen wird, sich die Wahrscheinlichkeit also bei jedem Zug ändert.

Hessen – Grundkurs Mathematik
2022 – C2.2: Stochastik (WTR/CAS)

Mehr als 200 Millionen ausrangierte Handys und Smartphones (im Folgenden als Alt-Handys bezeichnet) lagern in deutschen Wohnungen, ob als Ersatzgerät oder wegen der vielen gespeicherten Fotos.

1 Vor einem Einkaufszentrum werden Personen ab 16 Jahren zufällig ausgewählt und befragt, wie viele Alt-Handys sie besitzen. Es soll davon ausgegangen werden, dass die Anzahl der befragten Personen, die angeben, drei und mehr Alt-Handys, zwei Alt-Handys, ein Alt-Handy, kein Alt-Handy oder kein Handy zu besitzen, jeweils durch eine binomialverteilte Zufallsgröße beschrieben werden kann. Die im Material 1 angegebenen prozentualen Anteile sollen als Wahrscheinlichkeiten betrachtet werden.

1.1 Es werden 80 Personen befragt. Bestimmen Sie die Wahrscheinlichkeiten der folgenden Ereignisse.
E_1: Genau 16 der befragten Personen geben an, zwei Alt-Handys zu besitzen.
E_2: Höchstens 42 der befragten Personen geben an, drei und mehr Alt-Handys zu besitzen.
E_3: Mindestens 3, aber höchstens 6 der befragten Personen geben an, genau ein Alt-Handy zu besitzen.
E_4: Die Anzahl der befragten Personen, die angeben, kein Handy oder kein Alt-Handy zu besitzen, ist größer als die zu erwartende Anzahl. **(11 BE)**

1.2 Geben Sie den Wert des Terms $\binom{80}{35} \cdot 0{,}57^{35} \cdot 0{,}43^{45}$ an und erklären Sie die Bedeutung des Terms im Sachzusammenhang. **(3 BE)**

1.3 Berechnen Sie, wie viele Personen mindestens befragt werden müssen, damit sich mit einer Wahrscheinlichkeit von mindestens 85 % mindestens eine Person darunter befindet, die angibt, kein Alt-Handy zu besitzen. **(4 BE)**

2 16 % der Deutschen ab 16 Jahren heben ihre Alt-Handys ausnahmslos auf. Für eine Studie werden 1120 Frauen ab 16 Jahren und 952 Männer derselben Altersgruppe zufällig ausgewählt und telefonisch befragt. 1612 Personen, darunter 742 Männer, geben an, dass sie ihre Alt-Handys nicht ausnahmslos aufheben.

Eine der befragten Personen wird zufällig ausgewählt und folgende Ereignisse werden betrachtet:
W: „Die Person ist weiblich."
A: „Die Person gibt an, dass sie ihre Alt-Handys ausnahmslos aufhebt."

2.1 Der Sachverhalt soll tabellarisch dargestellt werden.
Geben Sie die fehlenden Werte in der Tabelle in Material 2 an.
Entscheiden Sie begründet, ob der prozentuale Anteil der in der Studie befragten Personen, die angeben, ihre Alt-Handys ausnahmslos aufzuheben, dem Bundesdurchschnitt entspricht. **(5 BE)**

2.2 Die Terme $P_W(A)$ und $P(W \cap A)$ bezeichnen Wahrscheinlichkeiten.
Beschreiben Sie die Bedeutung der Terme im Sachzusammenhang. **(2 BE)**

2.3 Untersuchen Sie, ob die Wahrscheinlichkeiten $P_{\overline{A}}(W)$ und $P(W)$ übereinstimmen.
Deuten Sie Ihr Ergebnis im Sachzusammenhang **(4 BE)**

3 Eine Firma ist darauf spezialisiert, gebrauchte Smartphones, die von ihr generalüberholt, gereinigt und geprüft werden, weiter zu verkaufen. Ein Zwischenhändler bietet der Firma in einer Großlieferung gebrauchte Smartphones zu einem sehr günstigen Preis an. Erfahrungsgemäß sind 20 % der Geräte dieses Zwischenhändlers so stark beschädigt, dass sie von der Firma nicht mehr verwertet werden können.

3.1 Ein Ankauf beim Zwischenhändler lohnt sich für die Firma nur, wenn bei einer Großlieferung im Mittel mindestens 5000 verwertbare Smartphones dabei sind.
In diesem Zusammenhang wird folgende Überlegung angestellt:

(1)	$(5000 + k) \cdot 0,2 = k \quad (k > 0)$
(2)	$\ldots \Leftrightarrow k = 1250$
(3)	$y \geq 6250$

Erläutern Sie den Ansatz in Zeile (1) im Sachzusammenhang. Geben Sie in Zeile (2) die durch Auslassungspunkte gekennzeichnete fehlende Berechnung an.
Erklären Sie das Ergebnis in Zeile (3) im Sachzusammenhang. **(5 BE)**

3.2 Die Firma überprüft zufällig ausgewählte Smartphones der Großlieferung des Zwischenhändlers. Die Zufallsgröße Z beschreibe die Anzahl der verwertbaren Geräte.
Wenn μ der Erwartungswert einer binomialverteilten Zufallsgröße Z ist und σ die zugehörige Standardabweichung, dann gilt für $\sigma > 3$: $P(\mu - 2\sigma \leq Z \leq \mu + 2\sigma) \approx 0{,}95$.

3.2.1 Berechnen Sie, wie viele Geräte mindestens überprüft werden müssen, damit die Bedingung $\sigma > 3$ erfüllt ist. **(2 BE)**

3.2.2 Die Firma überprüft 500 Geräte. Bestimmen Sie die Wahrscheinlichkeit $P(\mu - 2\sigma \leq Z \leq \mu + 2\sigma)$ auf vier Nachkommastellen genau. **(4 BE)**

Material 1

3 und mehr Alt-Handys sind keine Seltenheit

Wie viele Alt-Handys bzw. Alt-Smartphones haben Sie zu Hause liegen?

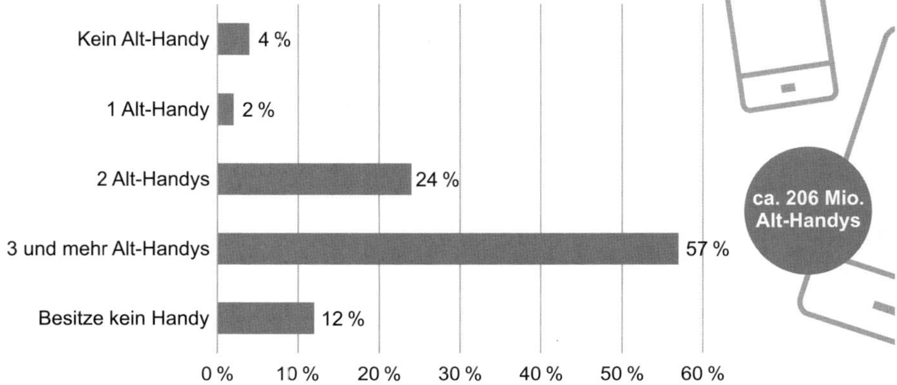

Hinweise: 1 % der Befragten machte keine Angaben. Befragte, die angeben, kein Alt-Handy zu besitzen, nutzen noch ihr erstes Handy.

Datenquelle: Bitkom Research

Material 2

	A	$\overline{A}$	Σ
W			
$\overline{W}$			
Σ			

Hinweise und Tipps

Teilaufgabe 1.1

- Hier liegen Binomialverteilungen vor.
- Benutzen Sie Ihren WTR (bzw. Ihr CAS) unter Eingabe der Trefferwahrscheinlichkeit, der Zahl der Versuche und der geforderten Trefferzahlen. Orientieren Sie sich an den Angaben im Material.

Teilaufgabe 1.2

- Berechnen Sie den Wert mit Ihrem WTR (bzw. Ihrem CAS).
- Der Sachzusammenhang ergibt sich aus dem Wert für die Trefferwahrscheinlichkeit (Material!).

Teilaufgabe 1.3

- Beachten Sie, dass gilt: $P(X \geq 1) = 1 - P(X = 0) \geq 0{,}85$
- Der Operator heißt „Berechnen“. Sie müssen u. a. mit dem Logarithmus arbeiten.

Teilaufgabe 2.1

- Tragen Sie die gegebenen Informationen in die Tabelle ein und ergänzen Sie, sodass die Spalten- und die Zeilensummen stimmig sind.
- Der prozentuale Anteil lässt sich aus der Tabelle ableiten (berechnen).

Teilaufgabe 2.2

- $P_W(A)$ ist eine bedingte Wahrscheinlichkeit. Die Bezugsgruppe ist hier eingeschränkt auf die weiblichen Befragten.

Teilaufgabe 2.3

- Verwenden Sie den Satz von Bayes.
- Die Frage ist: Hängt die Wahrscheinlichkeit des Aufhebens von Alt-Handys vom Geschlecht ab?

Teilaufgabe 3.1

- Das Ergebnis in Zeile (3) heißt offenbar, dass mindestens 6250 Handys abgenommen werden müssen, um im Mittel auf die 5000 verwertbaren zu kommen.

Teilaufgabe 3.2.1

- Welche Formel gilt für σ bei einer Binomialverteilung?
- Setzen Sie die gegebenen Werte ein.

Teilaufgabe 3.2.2

- Es gilt das in Teilaufgabe 3.2.1 Gesagte.
- Benutzen Sie für die Endberechnung der Wahrscheinlichkeit Ihren WTR (bzw. Ihr CAS).

Lösung

1.1 E_1: X_1 sei die Anzahl der Personen, die genau zwei Alt-Handys besitzen.
X_1 ist binomialverteilt mit n = 80 und p = 0,24.

$$P(X_1 = 16) = \binom{80}{16} \cdot 0{,}24^{16} \cdot 0{,}76^{84}$$

```
binomialPDf(16, 80, 0.24)
                0.07693801986
```

$$= B(80; 0{,}24; 16) \approx 0{,}0769 = 7{,}69\ \%$$

E_2: X_2 sei die Anzahl der Personen, die drei oder mehr Alt-Handys besitzen.
X_2 ist binomialverteilt mit n = 80 und p = 0,57.

$$P(X_2 \leq 42) = \sum_{k=0}^{42} \binom{80}{k} \cdot 0{,}57^k \cdot 0{,}43^{80-k}$$

```
binomialCDf(0, 42, 80, 0.57)
                0.2412112223
```

$$= F(80; 0{,}57; 42) \approx 0{,}2412 = 24{,}12\ \%$$

E_3: X_3 sei die Anzahl der Personen, die genau ein Alt-Handy besitzen.
X_3 ist binomialverteilt mit n = 80 und p = 0,02.

$$P(3 \leq X_3 \leq 6) = \sum_{k=3}^{6} \binom{80}{k} \cdot 0{,}02^k \cdot 0{,}98^{80-k}$$

```
binomialCDf(3, 6, 80, 0.02)
                0.2144444026
```

$$= F(80; 0{,}02; 6) - F(80; 0{,}02; 2)$$

$$\approx 0{,}2144 = 21{,}44\ \%$$

E_4: X_4 sei die Anzahl der Personen, die kein Alt-Handy bzw. gar kein Handy besitzen.
X_4 ist binomialverteilt mit n = 80 und p = 0,12 + 0,04 = 0,16.
Erwartungswert: $E(X_4) = \mu = n \cdot p = 80 \cdot 0{,}16 = 12{,}8$

$$P(X_4 \geq 13) = \sum_{k=13}^{80} \binom{80}{k} \cdot 0{,}16^k \cdot 0{,}84^{80-k}$$

```
binomialCDf(13, 80, 80, 0.16)
                0.5225824427
```

$$= 1 - F(80; 0{,}16; 12) \approx 0{,}5226 = 52{,}26\ \%$$

1.2 Es ist:

$$\binom{80}{35} \cdot 0{,}57^{35} \cdot 0{,}43^{45} \approx 0{,}0053$$

```
binomialPDf(35, 80, 0.57)
                5.301315637E-3
```

Der Term gibt die Wahrscheinlichkeit an, dass unter den 80 Befragten genau 35 sind, die drei oder mehr Alt-Handys besitzen.

1.3 Die Zufallsvariable X sei die Anzahl der befragten Personen, die kein Alt-Handy besitzen. Dann soll die Wahrscheinlichkeit, dass mindestens eine Person angibt, kein Alt-Handy zu besitzen, mindestens 85 % betragen:

$$P(X \geq 1) \geq 0{,}85 \quad \Leftrightarrow \quad 1 - P(X = 0) \geq 0{,}85 \quad \Leftrightarrow \quad P(X = 0) \leq 0{,}15$$

Daraus folgt bei n Versuchen und einer Trefferwahrscheinlichkeit von p = 1 – 0,04 = 0,96:

$$0{,}96^n \leq 0{,}15 \quad \Leftrightarrow \quad n \cdot \ln(0{,}96) \leq \ln(0{,}15) \quad \Leftrightarrow \quad n \geq \frac{\ln(0{,}15)}{\ln(0{,}96)} \approx 46{,}47$$

Es müssen also mindestens 47 Personen befragt werden.

2.1

	A	$\overline{A}$	Σ
W	250	870	1 120
$\overline{W}$	210	742	952
Σ	460	1 612	2 072

Der prozentuale Anteil derjenigen befragten Personen, die ihr Alt-Handy ausnahmslos aufheben, beträgt laut Studie $\frac{460}{2\,072} \approx 0,22$. Das sind ungefähr 22 %. Der Bundesdurchschnitt liegt aber laut Aufgabentext bei 16 %. Das Ergebnis entspricht also nicht dem Bundesdurchschnitt.

2.2 $P_W(A)$ bezeichnet die Wahrscheinlichkeit, dass eine Person ihr Handy ausnahmslos aufhebt, wenn sie aus der Bezugsgruppe der weiblichen Personen der Befragung stammt (bedingte Wahrscheinlichkeit).

$P(W \cap A)$ bezeichnet die Wahrscheinlichkeit, dass eine ausgewählte Person weiblich ist und ihr Handy ausnahmslos aufhebt.

2.3 Nach dem Satz von Bayes gilt:

$$P_{\overline{A}}(W) = \frac{P(\overline{A} \cap W)}{P(\overline{A})} = \frac{870}{1612} \approx 0,5397$$

$$P(W) = \frac{1120}{2072} \approx 0,5405$$

Wenn man die Nachkommastellen betrachtet, ergibt sich eine geringfügige Abweichung von etwa 0,15 %. Da dies auf Zählfehlern beruhen kann, ist trotzdem die Aussage erlaubt, dass die Wahrscheinlichkeit, Alt-Handys ausnahmslos aufzuheben, nicht davon abhängt, ob die Person weiblich oder männlich ist.

Eine andere Interpretation wäre auf Basis der geringfügigen Abweichung auch möglich.

3.1 (1) Auf der linken Seite der Gleichung steht die Zahl der nicht verwertbaren Geräte mit einer Ausfallrate von 20 %, wobei $5000 + k$ Geräte geliefert werden. Nur wenn die Zahl der defekten Geräte gleich k ist, sind exakt 5000 Geräte dabei, die aufgearbeitet werden können.

(2) Die Lösung der Gleichung aus Zeile 1 ergibt $k = 1250$.

$(5000 + k) \cdot 0,2 = 1000 + 0,2 \cdot k = k$, also:

$0,8 \cdot k = 1000 \;\Leftrightarrow\; k = 1250$

(3) Der Einkauf beim Zwischenhändler lohnt sich im Mittel für die Firma also erst, wenn mindestens $5000 + k = 6250$ Geräte geliefert werden.

3.2.1 Für die Standardabweichung σ einer binomialverteilten Zufallsgröße gilt:

$$\sigma = \sqrt{n \cdot p \cdot (1 - p)}$$

Mit $p = 0,8$ folgt:

$$\sigma = \sqrt{n \cdot 0,8 \cdot 0,2} = \sqrt{n \cdot 0,16}, \text{ also } \sigma > 3 \;\Leftrightarrow\; n > \frac{3^2}{0,16} = 56,25$$

Es müssten also mindestens 57 Geräte überprüft werden.

3.2.2 Es gilt:

$$\mu = n \cdot p = 500 \cdot 0{,}8 = 400$$

$$\sigma = \sqrt{n \cdot p \cdot (1-p)} = \sqrt{500 \cdot 0{,}8 \cdot 0{,}2} = \sqrt{80} \approx 8{,}9443$$

Daraus folgt:

$$\mu - 2 \cdot \sigma = 400 - 2 \cdot \sqrt{80} \approx 382{,}111 \quad \text{und} \quad \mu + 2 \cdot \sigma = 400 + 2 \cdot \sqrt{80} \approx 417{,}889$$

Daher ist die folgende Wahrscheinlichkeit zu bestimmen:

$$P(\mu - 2\sigma \leq Z \leq \mu + 2\sigma) = P(383 \leq Z \leq 417)$$

```
binomialCDf(383,417,500,0.8)
                0.9498417202
```

$$= \sum_{k=383}^{417} \binom{500}{k} \cdot 0{,}8^k \cdot 0{,}2^{500-k}$$

$$= F(500;\, 0{,}8;\, 417) - F(500;\, 0{,}8;\, 382) \approx 0{,}9498 = 94{,}98\ \%$$

Hessen – Grundkurs Mathematik
2023 – A: hilfsmittelfreier Teil

Analysis – Niveau 1

1 Die Abbildung im Material zeigt den Graphen der in $\mathbb{R}$ definierten Funktion $f: x \mapsto x^4 - 4x^3$.

1.1 Berechnen Sie den Wert des Integrals $\int_0^1 f(x)\,dx$. **(2 BE)**

1.2 Beurteilen Sie, ob die folgende Aussage richtig ist:
Für die Abbildung wurde eine Längeneinheit auf der x-Achse ebenso groß gewählt wie auf der y-Achse. **(3 BE)**

Material

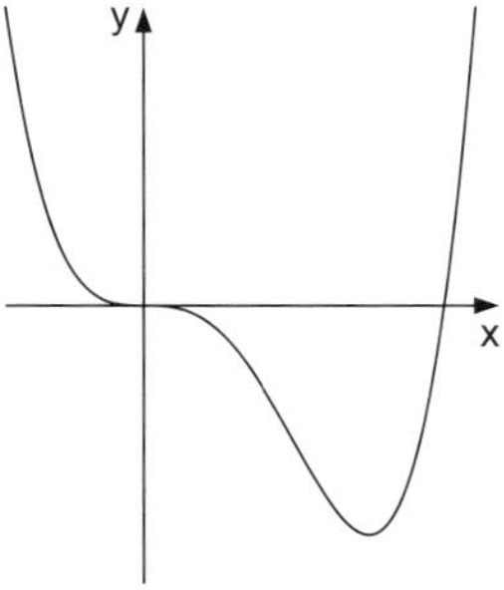

Lineare Algebra/Analytische Geometrie – Niveau 1

2 Gegeben sind die Gerade $g: \vec{x} = \begin{pmatrix} 2 \\ 3 \\ -7 \end{pmatrix} + s \cdot \begin{pmatrix} 1 \\ 0 \\ 5 \end{pmatrix}$ mit $s \in \mathbb{R}$ sowie die Gerade h durch die Punkte $A(4\,|\,0\,|\,0)$ und $B(5\,|\,1\,|\,b)$ mit einer reellen Zahl b.

2.1 Begründen Sie, dass A nicht auf g liegt. **(1 BE)**

2.2 Die Geraden g und h haben einen gemeinsamen Punkt. Ermitteln Sie den Wert von b. **(4 BE)**

Stochastik – Niveau 1

3 In einer Grundschule sind 60 Mädchen und 40 Jungen. Bei einer Befragung aller Mädchen und Jungen geben von den Mädchen 50 an, gerne Ballspiele im Sportunterricht zu spielen. Von den Jungen geben 5 an, nicht gerne Ballspiele im Sportunterricht zu spielen.
Betrachtet werden die Ereignisse:
M: Das befragte Kind ist ein Mädchen.
B: Das befragte Kind gibt an, gerne Ballspiele im Sportunterricht zu spielen.

3.1 Stellen Sie den Sachverhalt in einer Vierfeldertafel dar. **(3 BE)**

3.2 Zeigen Sie, dass $P_M(B) < P_{\overline{M}}(B)$ gilt. **(2 BE)**

Stochastik – Niveau 2

4 Zwei Tetraeder, deren vier Seiten jeweils mit den Zahlen 1 bis 4 beschriftet sind, werden geworfen (Material). Betrachtet werden die Ereignisse:
A: Die Summe der Augenzahlen ist gerade.
B: Das Produkt der Augenzahlen ist größer als 4.

4.1 Bestimmen Sie die folgenden Wahrscheinlichkeiten:
$P(A)$, $P(B)$ und $P(A \cap B)$ **(3 BE)**

4.2 Zeigen Sie, dass für die Wahrscheinlichkeit $P(A \cup B)$ der oben genannten Ereignisse A und B die Formel $P(A \cup B) = P(A) + P(B) - P(A \cap B)$ gilt. **(2 BE)**

Material

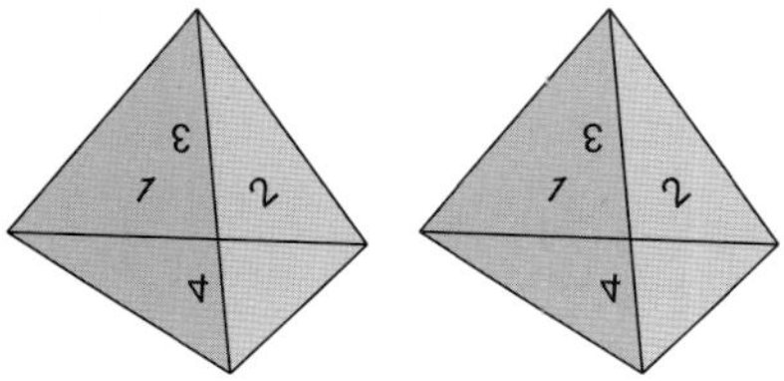

Lösung

1.1 Man bestimmt eine Stammfunktion und setzt die Integrationsgrenzen ein:

$$\int_0^1 f(x)\,dx = \int_0^1 (x^4 - 4x^3)\,dx = \left[\frac{1}{5}x^5 - x^4\right]_0^1 = \frac{1}{5} - 1 - (0-0) = -\frac{4}{5}$$

1.2 Die Nullstellen von f liegen an den Stellen 0 und 4:

$$f(x) = 0 \quad \Leftrightarrow \quad x^4 - 4x^3 = 0 \quad \Leftrightarrow \quad x^3 \cdot (x-4) = 0 \quad \Leftrightarrow \quad x = 0 \text{ oder } x = 4$$

Das Minimum der Funktion f liegt an der Stelle 3 (siehe Material):

$$f'(x) = 0 \quad \Leftrightarrow \quad 4x^3 - 12x^2 = 0 \quad \Leftrightarrow \quad 4x^2 \cdot (x-3) = 0 \quad \Leftrightarrow \quad x = 0 \text{ oder } x = 3$$

Es gilt:

$$f(3) = 3^4 - 4 \cdot 3^3 = -27$$

Wenn die Längeneinheiten auf beiden Achsen gleich groß gewählt wären, müsste die y-Koordinate des Minimums also einen weitaus größeren Abstand von der x-Achse aufweisen als die Nullstelle $x = 4$ von der y-Achse. Dies ist nicht erfüllt.

Die Aussage ist also falsch.

2.1 Alle Punkte, die auf g liegen, haben die y-Koordinate $y = 3$. Da die y-Koordinate des Punkts A gleich 0 ist, kann A nicht auf g liegen.

2.2 Eine mögliche Geradengleichung von h ist:

$$h: \vec{x} = \begin{pmatrix} 4 \\ 0 \\ 0 \end{pmatrix} + r \cdot \begin{pmatrix} 5-4 \\ 1-0 \\ b-0 \end{pmatrix} = \begin{pmatrix} 4 \\ 0 \\ 0 \end{pmatrix} + r \cdot \begin{pmatrix} 1 \\ 1 \\ b \end{pmatrix}$$

Gleichsetzen der Gleichungen von g und h ergibt:

$$\begin{pmatrix} 2 \\ 3 \\ -7 \end{pmatrix} + s \cdot \begin{pmatrix} 1 \\ 0 \\ 5 \end{pmatrix} = \begin{pmatrix} 4 \\ 0 \\ 0 \end{pmatrix} + r \cdot \begin{pmatrix} 1 \\ 1 \\ b \end{pmatrix}$$

Die zweite Koordinatengleichung ergibt $r = 3$. Eingesetzt in die erste Koordinatengleichung erhält man damit:

$$2 + s = 4 + r \quad \Rightarrow \quad s = 4 + 3 - 2 = 5$$

Einsetzen der beiden Werte für r und s in die dritte Koordinatengleichung ergibt:

$$-7 + 5s = r \cdot b \quad \Rightarrow \quad -7 + 25 = 3b \quad \Rightarrow \quad 18 = 3b \quad \Rightarrow \quad b = 6$$

Es gilt also $b = 6$.

3.1

	M	$\overline{M}$	
B	50	35	85
$\overline{B}$	10	5	15
	60	40	100

3.2 $P_M(B)$ ist die Wahrscheinlichkeit, ein Kind auszuwählen, das angibt, gerne Ballspiele zu spielen, wenn zuvor ein Mädchen ausgewählt wurde.

$P_{\overline{M}}(B)$ ist die Wahrscheinlichkeit, ein Kind auszuwählen, das angibt, gerne Ballspiele zu spielen, wenn zuvor ein Junge ausgewählt wurde.

Es gilt:

$$P_M(B) = \frac{50}{60} = \frac{5}{6} \quad \text{und} \quad P_{\overline{M}}(B) = \frac{35}{40} = \frac{7}{8}$$

Wegen $\frac{5}{6} < \frac{7}{8}$ ist damit $P_M(B) < P_{\overline{M}}(B)$ gezeigt.

4.1 Es gibt beim Würfeln mit den beiden Tetraedern insgesamt $4 \cdot 4$, also 16 mögliche Ergebnisse.

Eine gerade Augensumme kommt nur zustande, wenn zwei ungerade oder zwei gerade Zahlen summiert werden. Also ist

$$A = \{(1, 1); (1, 3); (2, 2); (2, 4); (3, 1); (3, 3); (4, 2); (4, 4)\}$$

und daher:

$$P(A) = \frac{8}{16} = \frac{1}{2}$$

Für das Ereignis B, dass das Produkt der Augenzahlen größer als 4 ist, erhält man die folgende Ergebnismenge:

$$B = \{(2, 3); (2, 4); (3, 2); (3, 3); (3, 4); (4, 2); (4, 3); (4, 4)\}$$

Es gilt also ebenfalls:

$$P(B) = \frac{8}{16} = \frac{1}{2}$$

$A \cap B$ enthält alle Ergebnisse, die in beiden Mengen A und B vorkommen, also:

$$A \cap B = \{(2, 4); (3, 3); (4, 2); (4, 4)\}$$

Daraus folgt:

$$P(A \cap B) = \frac{4}{16} = \frac{1}{4}$$

4.2 Betrachtet man die Vereinigung der beiden Mengen A und B, darf man alle Ergebnisse, die in beiden Mengen vorkommen, nur einmal zählen. Das sind vier Kombinationen. Es verbleiben also 12 Ergebnisse. Daraus folgt:

$$P(A \cup B) = \frac{12}{16} = \frac{3}{4}$$

Berechnet man den Term $P(A) + P(B) - P(A \cap B)$, so erhält man mit den Ergebnissen aus Teilaufgabe 4.1 denselben Wert:

$$P(A) + P(B) - P(A \cap B) = \frac{1}{2} + \frac{1}{2} - \frac{1}{4} = \frac{3}{4}$$

Die Formel $P(A \cup B) = P(A) + P(B) - P(A \cap B)$ gilt damit für die Ereignisse A und B.

Auf vielen Gebäuden befinden sich Photovoltaikanlagen. Umgangssprachlich bezeichnet man solche der Stromerzeugung dienenden Anlagen häufig als „Solaranlagen“. Die Menge des erzeugten Stroms hängt unter anderem vom Sonnenstand ab und schwankt daher im Jahres-, aber auch im Tagesverlauf. In dieser Aufgabe wird die Leistungsabgabe einer Solaranlage auf einem Einfamilienhaus während eines sonnigen Tages im Juli 2022 näher untersucht.

Diese lässt sich in sehr guter Näherung durch die Funktion f mit $f(t) = (-0{,}1t^2 + 2{,}6t) \cdot e^{-0{,}1 \cdot (t-13)^2}$ modellieren. Dabei beschreibt t die Zeit in Stunden nach Tagesbeginn um Mitternacht und f(t) die Leistungsabgabe in kW (Kilowatt). Der Definitionsbereich der Funktion f ist $0 \le t \le 24$.

1 Der Graph der Funktion f ist in Material 1 dargestellt. Beschreiben Sie den Verlauf des Graphen im Sachzusammenhang unter Bezugnahme auf wesentliche Eigenschaften und charakteristische Punkte. **(5 BE)**

2 Im Zeitraum von 9 Uhr bis 17 Uhr, d. h. für $9 \le t \le 17$, soll anstelle der Funktion f vereinfachend eine quadratische Funktion g zur Modellierung der Leistungsabgabe der Solaranlage verwendet werden.

2.1 Der Graph von g soll den Hochpunkt $H(13\,|\,17)$ besitzen und durch den Punkt $(9\,|\,1)$ verlaufen.
Bestimmen Sie die Funktionsgleichung der Funktion g. **(7 BE)**

Im Folgenden soll die Funktion g mit der Funktionsgleichung $g(t) = -t^2 + 26t - 152$ verwendet werden (t: Zeit in Stunden nach Mitternacht, g(t): Leistungsabgabe in kW).
Der Graph der Funktion g ist in Material 2 dargestellt.

2.2 Berechnen Sie die Zeitpunkte, zu denen gemäß der Modellierung mit der Funktion g die Leistungsabgabe 8 kW beträgt.
Geben Sie die Zeitspanne, in welcher die Leistungsabgabe mindestens 8 kW beträgt, im Sachzusammenhang an. **(4 BE)**

2.3 Die in der Zeitspanne von t_1 bis t_2 bereitgestellte Energiemenge berechnet man, indem man die Funktion g über dem Zeitintervall $[t_1; t_2]$ integriert.
Berechnen Sie die von 10 Uhr bis 16 Uhr bereitgestellte Energiemenge in Kilowattstunden (kWh). **(5 BE)**

3 Betrachtet wird nun wieder die Funktion f, die im Vergleich zur Funktion g die Leistungsabgabe im Verlauf des Tages deutlich präziser beschreibt.

3.1 Der Inhalt der Fläche, die der Graph der Funktion f in einem Intervall mit der t-Achse einschließt, kann nicht algebraisch mithilfe der Integralrechnung berechnet werden. Um die von 10 Uhr bis 16 Uhr bereitgestellte Energiemenge näherungsweise zu ermitteln, soll daher der Inhalt der zugehörigen Fläche mithilfe einer Rechtecksumme approximiert werden.
Skizzieren Sie im Material 1 die zur Untersumme zugehörige Fläche, die man bei Unterteilung des Intervalls [10; 16] in drei Abschnitte gleicher Breite erhält.
Berechnen Sie den Wert dieser Untersumme. **(7 BE)**

3.2 Nehmen Sie ohne Verwendung einer Rechnung Stellung zu der Aussage: „Die Rechtecksumme, durch die in Aufgabe 3.1 die von 10 Uhr bis 16 Uhr bereitgestellte Energiemenge näherungsweise ermittelt wird, ist sicher kleiner als die gemäß der Modellierung mit der Funktion f bereitgestellte Energiemenge in dieser Zeitspanne.“ **(2 BE)**

3.3 Geben Sie den Wert des Terms $\int_{10}^{16} f(t)\,dt$ mithilfe der erweiterten Funktionalitäten des Taschenrechners an.

Dieser Wert weicht deutlich von dem mithilfe der Untersumme in Aufgabe 3.1 bestimmten Wert ab. Geben Sie zwei verschiedene Möglichkeiten an, wie man die in Aufgabe 3.1 vorgenommene Approximation verbessern könnte. **(4 BE)**

4 Die Hauseigentümer besitzen ein Elektroauto und eine Ladestation. Diese bezieht so viel Strom wie möglich direkt von der Solaranlage auf dem eigenen Hausdach. Zum Laden des Elektroautos wird eine konstante Ladeleistung von 11 kW benötigt. Fällt die Leistungsabgabe der Solaranlage unter diesen Wert, so wird der zusätzlich benötigte Strom zum Preis von 0,3 € pro kWh aus dem öffentlichen Stromnetz hinzugefügt. Vereinfachend kann davon ausgegangen werden, dass über den Ladevorgang hinaus im betrachteten Zeitraum kein Strom benötigt wird.
Die Hauseigentümer schließen ihr Elektroauto um 14 Uhr an die Ladestation an und wollen 33 kWh aufladen. Demnach bleibt das Elektroauto für drei Stunden angeschlossen.
Zur Modellierung der Leistungsabgabe der Solaranlage wird im Folgenden die Funktion f verwendet.
Erläutern Sie den Ansatz in Zeile (1) sowie die Berechnung in Zeile (2) im Sachzusammenhang. Deuten Sie die Rechnung und das Ergebnis in Zeile (3) im Sachzusammenhang.

(1) $f(t) = 11 \quad \Leftrightarrow \quad t_1 \approx 11,\ t_2 = 15$

(2) $1 \cdot 11 + \int_{15}^{17} f(t)\,dt \approx 11 + 13{,}4 = 24{,}4$

(3) $(33 - 24{,}4) \cdot 0{,}3 = 2{,}58$ **(6 BE)**

Material 1
Graph der Funktion f

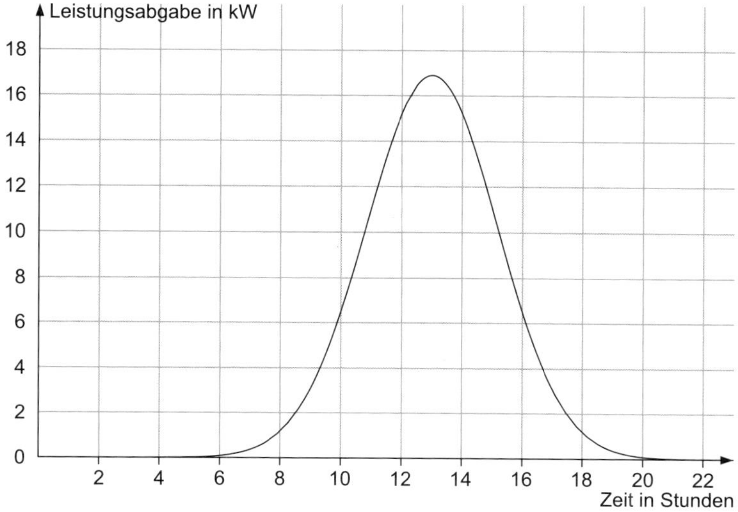

Material 2
Graph der Funktion g

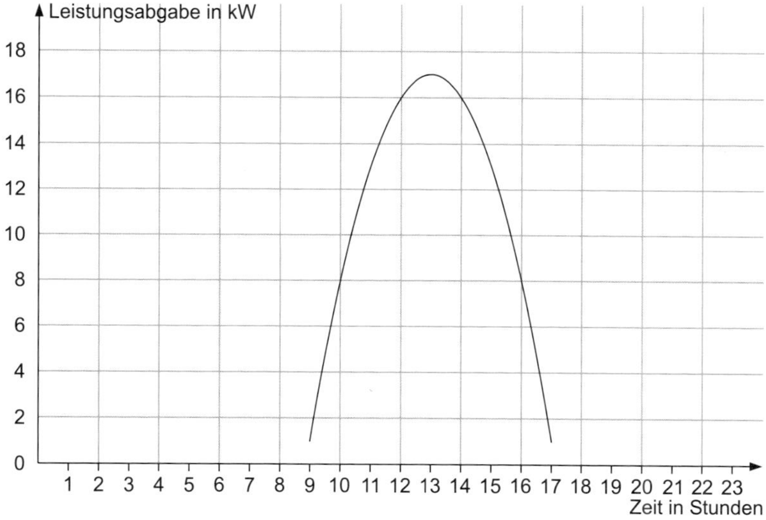

Hinweise und Tipps

Teilaufgabe 1

- Betrachten Sie den Graphen hinsichtlich seiner Funktionswerte, seines Steigungsverhaltens und seiner markanten Punkte (Extrempunkte, Wendepunkte).
- Wichtig: Alle Ausführungen sollen im Sachzusammenhang sein (hier: Uhrzeit und Leistungsabgabe in kW).

Teilaufgabe 2.1

- Wie lautet die allgemeine Funktionsgleichung einer quadratischen Funktion? Wie lautet deren Ableitung?
- Notieren Sie alle Informationen aus dem Text (Punkte, markante Punkte wie Hochpunkte, Tiefpunkte und Wendepunkte).
- Übersetzen Sie die Informationen in Gleichungen und lösen Sie das lineare Gleichungssystem. Achtung: Der Operator „bestimmen" lässt auch eine Lösung mit dem WTR zu.

Teilaufgabe 2.2

- Stellen Sie eine Gleichung auf, mit der man die Stellen mit dem Funktionswert 8 berechnen kann.
- Lösen Sie die Gleichung mit den Ihnen bekannten Methoden (p-q-Formel).

Teilaufgabe 2.3

- Bilden Sie eine Stammfunktion von g. Integrieren Sie mit allen Zwischenschritten.

Teilaufgabe 3.1

- Achten Sie auf die Beschreibung der geforderten Skizze („drei Abschnitte gleicher Breite").
- Berechnen Sie die Inhalte der Rechteckflächen einzeln und addieren Sie diese im Anschluss.

Teilaufgabe 3.2

- Betrachten Sie die Skizze aus Teilaufgabe 3.1.

Teilaufgabe 3.3

- Hier soll der Wert nur mit dem WTR bestimmt werden.
- Mögliche Verbesserungen sollten Ihnen aus dem Themenbereich Ober-/Untersumme bekannt sein.

Teilaufgabe 4

- Welche Bedeutung hat $f(t) = 11$ in Zeile (1) im Kontext? Welche Bedeutungen haben die Lösungen dieser Gleichung?
- Was berechnet man mit dem Integral in Zeile (2)?
- Welche Bedeutungen haben die Zahlen 33 bzw. 0,3 in Zeile (3)?
- Wichtig: Alle Ausführungen müssen im Sachzusammenhang sein.

Lösung

1 Bis etwa 6 Uhr findet nahezu keine Leistungsabgabe statt. Ab ca. 6 Uhr steigt die Leistungsabgabe kontinuierlich an (positive Steigung), etwa um 11 Uhr ist der Anstieg am stärksten (Wendepunkt), danach wird der Anstieg wieder flacher. Die größte Leistungsabgabe wird um 13 Uhr mit ca. 17 kW erreicht (Maximum). Danach fällt die Leistungsabgabe ab, etwa um 15 Uhr fällt sie am stärksten ab (erneuter Wendepunkt). Ab ca. 20 Uhr findet nahezu keine Leistungsabgabe mehr statt.

2.1 Die allgemeinen Funktionsgleichungen der gesuchten quadratischen Funktion und deren Ableitung lauten:

$$g(t) = a \cdot t^2 + b \cdot t + c; \quad g'(t) = 2a \cdot t + b$$

Der Punkt (13 | 17) liegt auf dem Graphen von g:

$$g(13) = 17 \quad \Leftrightarrow \quad 17 = 169a + 13b + c \qquad \text{(I)}$$

Für den Hochpunkt (13 | 17) liefert das notwendige Kriterium $g'(t) = 0$:

$$g'(13) = 0 \quad \Leftrightarrow \quad 0 = 26a + b \qquad \text{(II)}$$

Der Punkt (9 | 1) liegt auf dem Graphen von g:

$$g(9) = 1 \quad \Leftrightarrow \quad 1 = 81a + 9b + c \qquad \text{(III)}$$

Gemäß dem Operator „bestimmen" kann das LGS mit dem WTR gelöst werden:

$$a = -1; \ b = 26; \ c = -152$$

Daraus folgt:

$$g(t) = -t^2 + 26t - 152$$

2.2 Damit die Leistungsabgabe 8 kW beträgt, muss $g(t) = 8$ gelten. Daraus folgt:

$$-t^2 + 26t - 152 = 8$$

Umformen zum Anwenden der p-q-Formel ergibt:

$$t^2 - 26t + 160 = 0$$

Die Formel liefert:

$$t_{1/2} = 13 \pm \sqrt{169 - 160} = 13 \pm \sqrt{9} = 13 \pm 3 \quad \Rightarrow \quad t_1 = 10; \ t_2 = 16$$

Um 10 Uhr und um 16 Uhr beträgt die Leistungsabgabe gemäß der Modellierung mit der Funktion g genau 8 kW.

In der Zeitspanne von 10 Uhr bis 16 Uhr beträgt die Leistungsabgabe gemäß der Modellierung mit der Funktion g mindestens 8 kW, da es sich beim zugehörigen Graphen um eine nach unten geöffnete Parabel handelt (siehe Material 2). Die Funktionswerte sind also zwischen den berechneten Stellen größer als 8.

2.3 Die Berechnung des Integrals mit Zwischenschritten ergibt:

$$\int_{10}^{16} g(t)\,dt = \left[-\frac{1}{3}t^3 + 13t^2 - 152t\right]_{10}^{16}$$

$$= -\frac{1}{3} \cdot 16^3 + 13 \cdot 16^2 - 152 \cdot 16 - \left(-\frac{1}{3} \cdot 10^3 + 13 \cdot 10^2 - 152 \cdot 10\right) = 84 \,[\text{kWh}]$$

Es werden somit 84 kWh bereitgestellt.

3.1 Skizzieren ergibt:

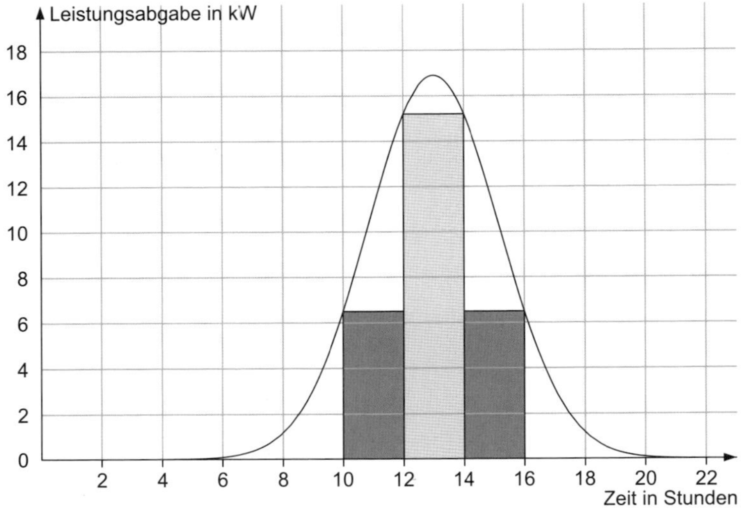

Berechnung der Untersumme:

$$U = 2 \cdot f(10) + 2 \cdot f(12) + 2 \cdot f(16) \approx 2 \cdot 6{,}5 + 2 \cdot 15{,}2 + 2 \cdot 6{,}5 \approx 56{,}4$$

Dabei wird entsprechend der Skizze jeweils die Breite eines Rechtecks mit der entsprechenden Höhe multipliziert.

3.2 Die Aussage ist korrekt. Es handelt sich hierbei um eine Untersumme. Daher liegen alle Rechteckflächen innerhalb der Fläche, die der Graph von f im betrachteten Intervall mit der t-Achse einschließt. Somit ist die auf diesem Weg näherungsweise ermittelte Energiemenge kleiner als die gemäß der Modellierung mit der Funktion f bereitgestellte Energiemenge. Das kann man auch an der Skizze in Teilaufgabe 3.1 erkennen.

3.3 Bestimmen mit dem WTR ergibt:

$$\int_{10}^{16} f(t)\,dt \approx 76{,}62$$

Die Verbesserung der vorgenommenen Approximation könnte man beispielsweise durch eine Erhöhung der Anzahl an Rechtecken erreichen. Hierbei wären die „Restflächen zum Graphen" in der Summe kleiner.

Alternativ könnte man zusätzlich die Obersumme berechnen und dann das arithmetische Mittel aus Ober- und Untersumme bilden. Dabei würden sich die jeweiligen Abweichungen gegenseitig verrechnen, sodass insgesamt eine bessere Approximation möglich wäre.

4 Bei Betrachtung der Ansätze ergeben sich folgende Erläuterungen:

(1) Es werden die Zeitpunkte ermittelt, zu denen die Solaranlage genau die für die konstante Ladeleistung benötigte Leistungsabgabe von 11 kW liefert. Dies ist etwa um 11 Uhr und etwa um 15 Uhr der Fall.

(2) Es wird die Summe der Energiemenge errechnet, welche von der Solaranlage von 14 Uhr bis 15 Uhr und von 15 Uhr bis 17 Uhr für den Ladevorgang bereitgestellt wird. Da die Funktionswerte von 14 Uhr bis 15 Uhr mindestens 11 kW betragen, kann die Solaranlage hier die benötigte Leistungsabgabe liefern, sodass die Batterie um 11 kWh aufgeladen wird. Während der zweiten Zeitspanne stellt die Solaranlage nur noch etwa 13,4 kWh bereit. Insgesamt stellt sie somit während der drei Stunden eine Energiemenge von etwa 24,4 kWh bereit.

(3) Für den kompletten Ladevorgang benötigt die Batterie 33 kWh. Da aber von der Solaranlage nur 24,4 kWh bereitgestellt werden können, muss die Differenz für einen Strompreis von 0,3 € pro kWh hinzugekauft werden. Somit ergeben sich Gesamtkosten in Höhe von 2,58 €.

Hessen – Grundkurs Mathematik
2023 – B1: Analysis (CAS)

Auf vielen Gebäuden befinden sich Photovoltaikanlagen. Umgangssprachlich bezeichnet man solche der Stromerzeugung dienenden Anlagen häufig als „Solaranlagen“. Die Menge des erzeugten Stroms hängt unter anderem vom Sonnenstand ab und schwankt daher im Jahres-, aber auch im Tagesverlauf. In dieser Aufgabe wird die Leistungsabgabe einer Solaranlage auf einem Einfamilienhaus während eines sonnigen Tages im Juli 2022 näher untersucht.

Diese lässt sich in sehr guter Näherung durch die Funktion f mit $f(t) = (-0{,}1t^2 + 2{,}6t) \cdot e^{-0{,}1 \cdot (t-13)^2}$ modellieren. Dabei beschreibt t die Zeit in Stunden nach Tagesbeginn um Mitternacht und f(t) die Leistungsabgabe in kW (Kilowatt). Der Definitionsbereich der Funktion f ist $0 \leq t \leq 24$.

1 Der Graph der Funktion f ist in Material 1 dargestellt. Beschreiben Sie den Verlauf des Graphen im Sachzusammenhang unter Bezugnahme auf wesentliche Eigenschaften und charakteristische Punkte. **(5 BE)**

2 Im Zeitraum von 9 Uhr bis 17 Uhr, d. h. für $9 \leq t \leq 17$, sollen anstelle der Funktion f vereinfachend ganzrationale Funktionen zur Modellierung der Leistungsabgabe der Solaranlage verwendet werden.
Als erste stark vereinfachende Alternative wird die Funktion g mit der Funktionsgleichung $g(t) = -t^2 + 26t - 152$ verwendet. Der Graph der Funktion g ist in Material 2 im nun betrachteten Intervall zusammen mit dem Graphen von f dargestellt.
Als zweite Alternative werden ganzrationale Funktionen der Funktionenschar $h_{a,\,b,\,c}$ mit $h_{a,\,b,\,c}(t) = a \cdot (t-13)^4 + b \cdot (t-13)^2 + c$ verwendet.

Für beide Alternativen gibt t jeweils die Zeit in Stunden nach Mitternacht an, die Funktionswerte geben jeweils die Leistungsabgabe in kW an.

2.1.1 Der Graph der Funktion f besitzt zwei Wendepunkte. Erläutern Sie, warum unter Berücksichtigung dieser Wendepunkte eine alternative ganzrationale Modellfunktion mindestens vierten Grades sein muss. **(2 BE)**

2.1.2 Erläutern Sie anhand der Funktionsgleichung, welche Symmetrieeigenschaft die Graphen der zur Funktionenschar $h_{a,\,b,\,c}$ gehörigen Funktionen aufweisen. **(2 BE)**

2.2 Bestimmen Sie diejenige Funktion h der Schar $h_{a,\,b,\,c}$ deren Graph durch $P(13\,|\,16{,}8)$ verläuft und den Wendepunkt $W(10{,}5\,|\,8{,}9875)$ besitzt.
Zeichnen Sie den Graphen der Funktion h in das Material 2.
Entscheiden Sie anschließend begründet anhand von Material 2, welche der beiden Alternativen besser zur Modellierung der Funktion f geeignet ist. **(7 BE)**

2.3 Die in der Zeitspanne von t_1 bis t_2 bereitgestellte Energiemenge berechnet man, indem man die betrachtete Modellfunktion über dem Zeitintervall $[t_1;\, t_2]$ integriert.
Berechnen Sie die von 10 Uhr bis 16 Uhr gemäß der Modellierung mit der Funktion g bereitgestellte Energiemenge in Kilowattstunden (kWh). **(5 BE)**

3 Betrachtet wird nun wieder die Funktion f, die im Vergleich zu den Funktionen g und h die Leistungsabgabe im Verlauf des Tages deutlich präziser beschreibt.

3.1 Der Inhalt der Fläche, die der Graph der Funktion f in einem Intervall mit der t-Achse einschließt, kann nicht algebraisch mithilfe der Integralrechnung berechnet werden. Um die von 10 Uhr bis 16 Uhr bereitgestellte Energiemenge näherungsweise zu ermitteln, soll daher der Inhalt der zugehörigen Fläche mithilfe einer Rechtecksumme approximiert werden.
Skizzieren Sie im Material 1 die zur Untersumme zugehörige Fläche, die man bei Unterteilung des Intervalls [10; 16] in drei Abschnitte gleicher Breite erhält.
Berechnen Sie den Wert dieser Untersumme. **(7 BE)**

3.2 Nehmen Sie ohne Verwendung einer Rechnung Stellung zu der Aussage: „Die Rechtecksumme, durch die in Aufgabe 3.1 die von 10 Uhr bis 16 Uhr bereitgestellte Energiemenge näherungsweise ermittelt wird, ist sicher kleiner als die gemäß der Modellierung mit der Funktion f bereitgestellte Energiemenge in dieser Zeitspanne.“ **(2 BE)**

3.3 Geben Sie den Wert des Terms $\int_{10}^{16} f(t)\,dt$ an.
Dieser Wert weicht deutlich von dem mithilfe der Untersumme in Aufgabe 3.1 bestimmten Wert ab. Geben Sie zwei verschiedene Möglichkeiten an, wie man die in Aufgabe 3.1 vorgenommene Approximation verbessern könnte. **(4 BE)**

4 Die Hauseigentümer besitzen ein Elektroauto und eine Ladestation. Diese bezieht so viel Strom wie möglich direkt von der Solaranlage auf dem eigenen Hausdach. Zum Laden des Elektroautos wird eine konstante Ladeleistung von 11 kW benötigt. Fällt die Leistungsabgabe der Solaranlage unter diesen Wert, so wird der zusätzlich benötigte Strom zum Preis von 0,3 € pro kWh aus dem öffentlichen Stromnetz hinzugefügt. Vereinfachend kann davon ausgegangen werden, dass über den Ladevorgang hinaus im betrachteten Zeitraum kein Strom benötigt wird.
Die Hauseigentümer schließen ihr Elektroauto um 14 Uhr an die Ladestation an und wollen 33 kWh aufladen. Demnach bleibt das Elektroauto für drei Stunden angeschlossen.
Zur Modellierung der Leistungsabgabe der Solaranlage wird im Folgenden die Funktion f verwendet.
Erläutern Sie den Ansatz in Zeile (1) sowie die Berechnung in Zeile (2) im Sachzusammenhang. Deuten Sie die Rechnung und das Ergebnis in Zeile (3) im Sachzusammenhang.

(1) $f(t) = 11 \quad \Leftrightarrow \quad t_1 \approx 11,\ t_2 = 15$

(2) $1 \cdot 11 + \int_{15}^{17} f(t)\,dt \approx 11 + 13{,}4 = 24{,}4$

(3) $(33 - 24{,}4) \cdot 0{,}3 = 2{,}58$ **(6 BE)**

Material 1
Graph der Funktion f

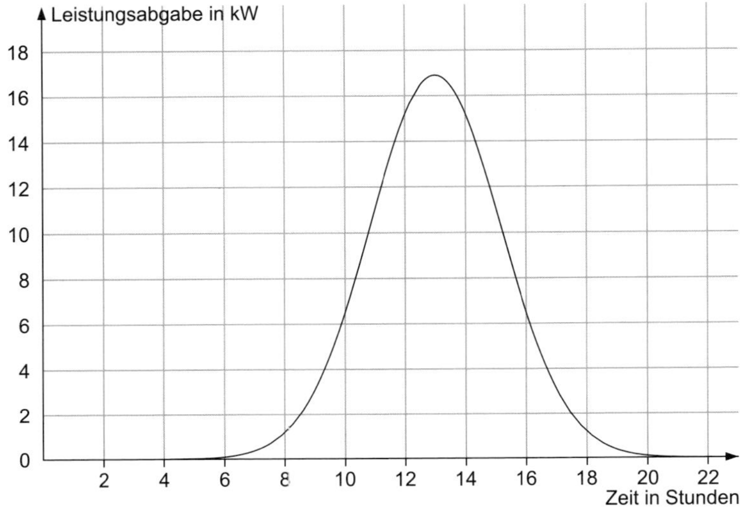

Material 2
Graphen der Funktionen f und g

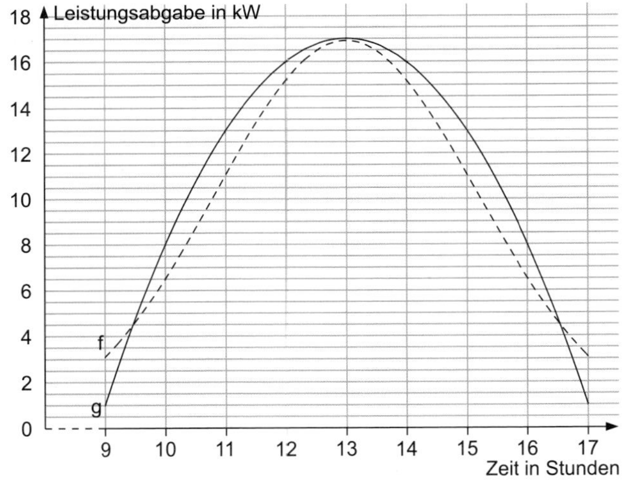

Hinweise und Tipps

Teilaufgabe 1

- Beschreiben Sie nicht nur den Höchststand, sondern auch die Stellen mit maximaler und minimaler Änderung der Leistungsabgabe.

Teilaufgabe 2.1.1

- Was bedeuten zwei Wendepunkte für die 2. Ableitung, die 1. Ableitung und die Ursprungsfunktion?

Teilaufgabe 2.1.2

- Gehen Sie von einer achsensymmetrischen Funktion aus und verschieben Sie diese geeignet.

Teilaufgabe 2.2

- Stellen Sie ein lineares Gleichungssystem auf und benutzen Sie zur Lösung Ihr CAS.
- Die Eignung ergibt sich aus der Grafik und ist offensichtlich.

Teilaufgabe 2.3

- Beachten Sie, dass eine Berechnung verlangt wird. Das bedeutet unter anderem die Bestimmung einer Stammfunktion.

Teilaufgabe 3.1

- Hier soll der Wert der Untersumme berechnet werden. Es müssen drei Rechteckflächen berechnet und die Werte summiert werden.

Teilaufgabe 3.2

- Betrachten Sie die Fläche unter der Kurve und vergleichen Sie diese mit der Flächensumme der Rechtecke.

Teilaufgabe 3.3

- Benutzen Sie das CAS zur Bestimmung.
- Denken Sie z. B. an die Obersumme.

Teilaufgabe 4

- Beachten Sie die Zeiten und den Start des Ladevorgangs.
- Am Ende muss noch Leistung aus dem öffentlichen Stromnetz bezogen werden.

Lösung

1 In der Nacht bis etwa kurz vor 6 Uhr gibt es nahezu keine Leistungsabgabe. Mit steigendem Sonnenstand nimmt die Leistungsabgabe zu. Die Steigerung ist um ca. 11 Uhr am größten. Um etwa 13 Uhr wird die maximale Leistungsabgabe erreicht. Danach fällt die Leistungsabgabe mit dem stärksten Gefälle um ca. 15 Uhr. Ab etwa 20 Uhr wird nahezu keine Leistung mehr abgegeben.

2.1.1 Da der Graph zwei Wendepunkte besitzen soll, muss die zweite Ableitung mindestens zwei Nullstellen aufweisen, also mindestens quadratisch sein. Daraus folgt, dass die zugrundeliegende ganzrationale Funktion mindestens vierten Grades sein muss.

2.1.2 $h^*(t) = a \cdot t^4 + b \cdot t^2 + c$ ist eine achsensymmetrische Funktion, da nur gerade Exponenten vorkommen. Verschiebt man die zugehörige Kurve um 13 in positive t-Richtung, so erhält man eine zur Gerade $t = 13$ achsensymmetrische Kurve mit der Gleichung:

$$h_{a,b,c}(t) = a \cdot (t-13)^4 + b \cdot (t-13)^2 + c$$

2.2 Aufgrund der Vorgaben müssen für $h_{a,b,c}$ folgende Bedingungen erfüllt sein:

$$h_{a,b,c}(13) = 16{,}8$$

$$h_{a,b,c}(10{,}5) = 8{,}9875$$

$$h''_{a,b,c}(10{,}5) = 0$$

```
Define h(t)=a*(t-13)^4+b*(t-13)^2+c
                                      done
{h(13)=16.8
{h(10.5)=8.9875
{diff(h(t),t,2,10.5)=0 | a,b,c
           {a=0.04,b=-1.5,c=16.8}
```

Das CAS ermittelt für a, b und c die folgenden Werte:

$a = 0{,}04$, $b = -1{,}5$ und $c = 16{,}8$

Es ist also $h = h_{0,04,\,-1,5,\,16,8}$.

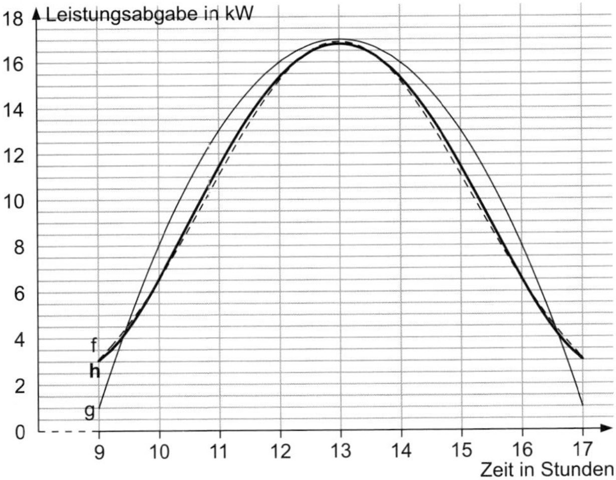

Der Graph von h (dickere Linie) schmiegt sich besser an den Graphen von f an, während der Graph von g nicht unerheblich abweicht. Die alternative Funktion h ist also besser geeignet, um f zu modellieren.

2.3 $\int_{10}^{16} (-t^2+26t-152)\,dt = \left[-\frac{t^3}{3}+13t^2-152t\right]_{10}^{16}$

$$= -\frac{16^3}{3}+13\cdot 16^2-152\cdot 16-\left(-\frac{10^3}{3}+13\cdot 10^2-152\cdot 10\right)$$

$$= -\frac{4096}{3}+3328-2432+\frac{1000}{3}-1300+1520=1116-\frac{3096}{3}=84$$

Es werden somit 84 kWh bereitgestellt.

3.1

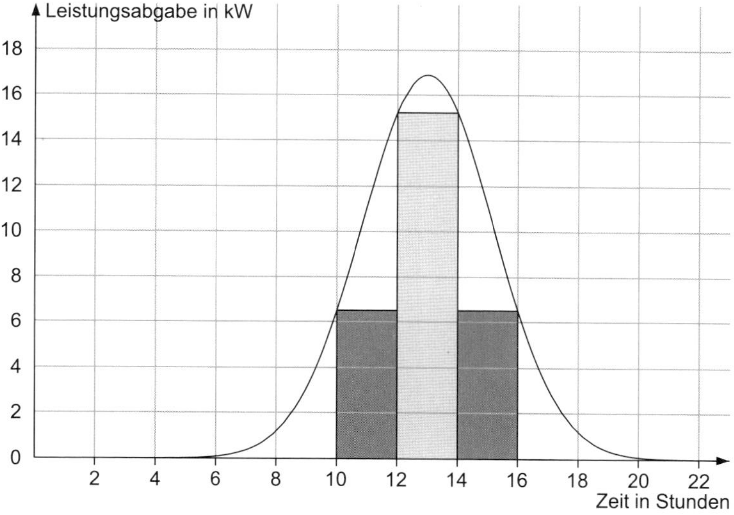

$U = 2\cdot f(10)+2\cdot f(12)+2\cdot f(16)\approx 2\cdot 6{,}5+2\cdot 15{,}2+2\cdot 6{,}5\approx 56{,}4$

3.2 Da die Fläche der Untersumme kleiner ist als die Fläche unterhalb des Graphen zwischen den Werten $t=10$ und $t=16$, stimmt die Aussage, dass die näherungsweise Ermittlung der Energiemenge kleiner ist als die tatsächliche durch die Modellierung gegebene.

3.3 $\int_{10}^{16} f(t)\,dt \approx 76{,}62$

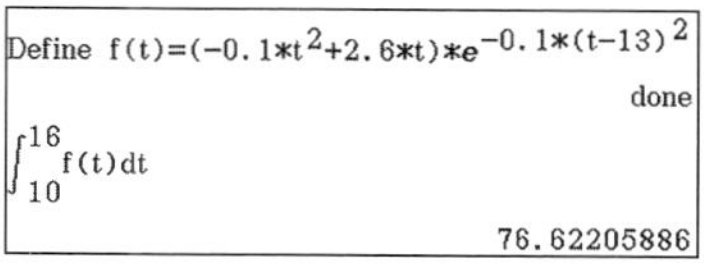

Um die Genauigkeit der Untersummenbildung zu erhöhen, kann man mehr Intervalle einfügen und damit auch eine Verkleinerung der Intervallbreiten erreichen oder *alternativ* die Obersumme O bilden und als Näherungswert für die Fläche den Mittelwert von Ober- und Untersumme nehmen:

$$\frac{U+O}{2}$$

4 (1) Hier wird ermittelt, zu welchen Zeitpunkten die Solaranlage die für den Ladevorgang benötigte Leistungsabgabe von (mindestens) 11 kW bereitstellen kann. Dies ist zwischen 11 und 15 Uhr der Fall.

(2) Da der Wagen erst um 14 Uhr angeschlossen wird, bleibt nur 1 Stunde, um mit der vollen Kapazität von 11 kW zu laden. Das Integral ermittelt den Wert, der in der Zeit von 15 Uhr bis 17 Uhr geladen werden kann. Das sind etwa 13,4 kWh. Insgesamt ergibt sich für die dreistündige Ladedauer ein Wert von etwa 24,4 kWh.

(3) Um den Wagen voll aufzuladen, fehlen also noch $33 - 24{,}4$ kWh. Diese müssen aus dem Netz zu einem Preis von 0,3 € pro kWh bezogen werden. Für die Kosten erhält man somit $(33 - 24{,}4) \cdot 0{,}3 = 2{,}58$. Die Gesamtkosten betragen also 2,58 €.

Hessen – Grundkurs Mathematik
2023 – B2: Analysis (WTR)

1 Gegeben ist die in $\mathbb{R}$ definierte Funktion f mit $f(x) = \frac{1}{27}x^3 - \frac{4}{3}x$. Ihr Graph G_f hat den Wendepunkt $(0\,|\,0)$.

1.1 Begründen Sie, dass G_f symmetrisch bezüglich seines Wendepunkts ist. Bestimmen Sie die Koordinaten der Schnittpunkte von G_f mit den Koordinatenachsen. **(5 BE)**

1.2 G_f hat zwei Extrempunkte. Zeigen Sie, dass einer der beiden ein Tiefpunkt mit der x-Koordinate $\sqrt{12}$ ist. **(4 BE)**

1.3 Berechnen Sie eine Gleichung der Tangente t an G_f im Punkt $P(6\,|\,f(6))$. [zur Kontrolle: $t\colon y = \frac{8}{3}x - 16$] **(3 BE)**

1.4 Die Tangente t hat mit G_f neben P nur den Punkt $Q(-12\,|\,f(-12))$ gemeinsam. Berechnen Sie den Inhalt der Fläche, die G_f und t einschließen. **(5 BE)**

G_f soll in drei Schritten verändert werden. Die drei Schritte sind:
- Spiegeln an der x-Achse
- Verschieben um 6 in positive x-Richtung
- Verschieben um 14 in positive y-Richtung

1.5 Geben Sie an, wie viele verschiedene neue Graphen entstehen, wenn die drei Schritte in allen möglichen Reihenfolgen ausgeführt werden. Begründen Sie Ihre Angabe. **(4 BE)**

Wird G_f den drei Schritten in der angegebenen Reihenfolge unterzogen, so entsteht der Graph der in der Aufgabe 2 betrachteten Funktion g.

2 Die Abbildung im Material zeigt den Graphen der in $\mathbb{R}$ definierten Funktion g mit $g(x) = -\frac{1}{27}x \cdot (x-6) \cdot (x-12) + 14.$

In einem Modell, das aus langjährigen Messungen gewonnen wurde, beschreibt g für $0 \le x \le 12$ den Verlauf der Tagesdurchschnittstemperatur an einem bestimmten Ort. Dabei ist x die seit einem bestimmten Tag des Kalenderjahres vergangene Zeit in Monaten und g(x) die Temperatur in °C.

2.1 Geben Sie die Wendestelle von g an. Beschreiben Sie die Bedeutung dieser Wendestelle hinsichtlich des Verlaufs der Tagesdurchschnittstemperatur. **(2 BE)**

2.2 Die folgenden Rechnungen stellen in Verbindung mit der Abbildung im Material die Lösung einer Aufgabe im Sachzusammenhang dar:

$$g'(x) = 0 \quad \Leftrightarrow \quad x = 6 - \sqrt{12} \;\vee\; x = 6 + \sqrt{12}$$

$$g(6+\sqrt{12}) - g(6-\sqrt{12}) \approx 6{,}2$$

Geben Sie eine passende Aufgabenstellung an und erläutern Sie den dargestellten Lösungsweg. **(4 BE)**

Zur Beschreibung des Verlaufs der Tagesdurchschnittstemperatur könnte im Modell anstelle von g auch die Funktion h mit $h(x) = -3 \cdot \sin\left(\frac{\pi}{6}x\right) + 14$ und $0 \leq x < 12$ verwendet werden.

2.3.1 Zeigen Sie, dass die Funktion H mit $H(x) = \frac{18}{\pi} \cdot \cos\left(\frac{\pi}{6}x\right) + 14x$ eine Stammfunktion der Funktion h ist. **(2 BE)**

2.3.2 Bestimmen Sie $\frac{1}{6} \cdot \int_0^6 h(x)\,dx$ und deuten Sie das Ergebnis im Sachzusammenhang. **(3 BE)**

2.4 Geben Sie die Tagesdurchschnittstemperaturen an, die im Modell unter Verwendung der Funktion h angenommen werden.
Geben Sie für jede dieser Temperaturen an, wie oft sie angenommen wird. **(4 BE)**

2.5 Beurteilen Sie die folgende Aussage:
Im Modell ist unter Verwendung von h der Zeitraum steigender Tagesdurchschnittstemperatur etwa einen Monat kürzer als unter Verwendung von g. **(4 BE)**

Material

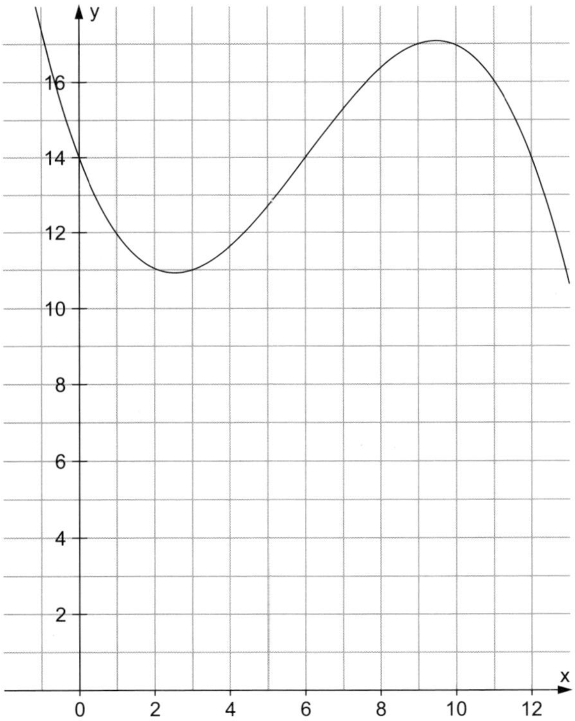

Hinweise und Tipps

Teilaufgabe 1.1

- Schauen Sie genau auf den Ort des Wendepunkts und überlegen Sie, wie man z. B. mithilfe der Potenzen eine Symmetrie begründen kann.
- Was wissen Sie über Schnittpunkte mit den Koordinatenachsen?

Teilaufgabe 1.2

- Welche Kriterien gelten für Tiefpunkte? Sie dürfen hier sogar die genannte Stelle verwenden.

Teilaufgabe 1.3

- Wie lautet eine allgemeine Form der Geradengleichung? Wie findet man die Steigung an einer bestimmten Stelle des Graphen heraus? Was benötigt man, um den y-Achsenabschnitt der Tangente zu bestimmen?

Teilaufgabe 1.4

- Beachten Sie, dass beide Schnittpunkte gegeben sind. Wie berechnet man Flächen zwischen Graphen?

Teilaufgabe 1.5

- Skizzieren Sie einen beliebigen Funktionsgraphen einer Funktion 3. Grades und versuchen Sie die genannten Veränderungen in jeder beliebigen Reihenfolge durchzuführen. Beachten Sie, welche Reihenfolgen am Ende zum selben Graphen führen.

Teilaufgabe 2.1

- Lesen Sie die Wendestelle am Graphen ab. Welche zentrale Eigenschaft einer Wendestelle kennen Sie? Achten Sie auf den Sachzusammenhang.

Teilaufgabe 2.2

- Für welche Stellen des Graphen gilt die erstgenannte Bedingung? Eventuell könnte man auch den Wert des Terms $6-\sqrt{12}$ berechnen und schauen, was sich an dieser Stelle befindet.
- Welche Werte berechnet man mit g(x)? Denken Sie an den Sachzusammenhang.

Teilaufgabe 2.3.1

- Das ist eine Standardaufgabe. In welchem Zusammenhang stehen Stammfunktion und Funktion?
- Hier muss man nicht die Stammfunktion bilden!

Teilaufgabe 2.3.2

- Benutzen Sie den WTR.
- Die Bedeutung des Vorfaktors sollten Sie kennen.

Teilaufgabe 2.4

- Betrachten Sie den Graphen und schauen Sie dort, welche Werte wie oft vorkommen.

Teilaufgabe 2.5

- Vergleichen Sie die Abstände der Extrema beider Funktionen in x-Richtung.

Lösung

1.1 Bei einem ganzrationalen Funktionsterm kann man die geforderte Aussage anhand der Potenzen tätigen. Hier sind ausschließlich Potenzen von x mit ungeradzahligen Exponenten vorhanden. Daher ist der Graph punktsymmetrisch zum Ursprung, der hier auch der Wendepunkt ist.

Durch Faktorisieren kann man die Schnittpunkte mit den Koordinatenachsen bestimmen:

$$f(x) = \frac{1}{27}x^3 - \frac{4}{3}x = \frac{1}{27}x \cdot (x^2 - 36)$$

Mit $f(x) = 0$ ergeben sich $x_1 = 0$, $x_2 = 6$ und $x_3 = -6$ sowie die Punkte $(0|0)$, $(6|0)$ und $(-6|0)$.

Alternativ kann man auch die Gleichung mit dem WTR lösen (Operator „bestimmen“).

1.2 Hier reicht es, für die gegebene Stelle $\sqrt{12}$ sowohl das notwendige als auch das hinreichende Kriterium für den nachzuweisenden Tiefpunkt zu überprüfen.

Zweimaliges Ableiten ergibt:

$$f'(x) = \frac{1}{9}x^2 - \frac{4}{3};\ f''(x) = \frac{2}{9}x$$

Einsetzen ergibt:

$$f'(\sqrt{12}) = \frac{1}{9} \cdot 12 - \frac{4}{3} = 0 \text{ und } f''(\sqrt{12}) = \frac{2}{9} \cdot \sqrt{12} > 0$$

Daraus folgt, dass an besagter Stelle ein Tiefpunkt existiert.

1.3 Die allgemeine Funktionsgleichung einer Geraden lautet $y = mx + b$. Die Steigung m berechnet man zu $f'(6) = \frac{8}{3}$, da die Tangente im Punkt $(6|0)$ beschrieben werden soll. Damit ergibt sich die Gleichung $y = \frac{8}{3}x + c$. Mit $f(6) = 0$ erhält man $0 = \frac{8}{3} \cdot 6 + c$, nach Auflösen dann $c = -16$. Somit lautet die Gleichung der Tangente t: $y = \frac{8}{3}x - 16$.

1.4 Die Fläche zwischen zwei Graphen berechnet man hier, indem man zunächst die Differenzfunktion $h(x) = f(x) - t(x)$ bestimmt und diese dann über dem Intervall $[-12; 6]$ integriert. Das Intervall ergibt sich aus den beiden einzigen gemeinsamen Punkten.

$$h(x) = \frac{1}{27}x^3 - \frac{4}{3}x - \left(\frac{8}{3}x - 16\right) = \frac{1}{27}x^3 - \frac{4}{3}x - \frac{8}{3}x + 16 = \frac{1}{27}x^3 - 4x + 16$$

Integrieren ergibt:

$$\int_{-12}^{6} \left(\frac{1}{27}x^3 - 4x + 16\right) dx$$

$$= \left[\frac{1}{108}x^4 - 2x^2 + 16x\right]_{-12}^{6}$$

$$= \frac{1}{108} \cdot 6^4 - 2 \cdot 6^2 + 16 \cdot 6 - \left(\frac{1}{108} \cdot (-12)^4 - 2 \cdot (-12)^2 + 16 \cdot (-12)\right) = 324$$

Der Flächeninhalt beträgt demnach 324 FE.

1.5 Die Veränderungen können in verschiedenen Reihenfolgen durchgeführt werden. Dabei entstehen zwei verschiedene Graphen. Das Ergebnis der Veränderung ist unabhängig davon, wann die Verschiebung in x-Richtung vorgenommen wird. Lediglich bei der Spiegelung und der Verschiebung in y-Richtung können je nach Reihenfolge unterschiedliche Graphen entstehen. Wenn man z. B. den Wendepunkt $(0\,|\,0)$ betrachtet, geht dieser in $(6\,|\,-14)$ über, wenn man erst in y-Richtung verschiebt und dann spiegelt. Bei der anderen Reihenfolge geht er in $(6\,|\,14)$ über.

2.1 Anhand des Graphen mit dazugehöriger Skalierung kann man die Wendestelle $x=6$ ablesen. Da die Wendestelle hier ein lokales Maximum der Steigung darstellt, kann man deren Bedeutung als den Zeitpunkt mit der stärksten Zunahme der Tagesdurchschnittstemperatur deuten.

2.2 Eine mögliche Aufgabenstellung könnte lauten: Ermitteln Sie die Differenz zwischen der höchsten und der niedrigsten Tagesdurchschnittstemperatur.

Erklärung: Man kann die Berechnung der Extrema am notwendigen Kriterium $g'(x)=0$ erkennen. Im Anschluss werden die zugehörigen Funktionswerte voneinander subtrahiert.

2.3.1 Um dies zu zeigen, reicht es, die gegebene Funktion H abzuleiten und zu zeigen, dass $H'(x)=h(x)$ gilt:

$$H'(x)=\frac{18}{\pi}\cdot\frac{\pi}{6}\cdot\left(-\sin\left(\frac{\pi}{6}x\right)\right)+14=-3\cdot\sin\left(\frac{\pi}{6}x\right)+14=h(x)$$

2.3.2 Der Wert des Integrals wird entsprechend des Operators mit dem WTR bestimmt:

$$\frac{1}{6}\cdot\int_0^6 h(x)\,dx\approx 12{,}09$$

Deutung: Es geht hier um die durchschnittliche Tagesdurchschnittstemperatur in den ersten 6 Monaten. Diese beträgt ca. 12,09 °C.

2.4 Entsprechend dem Graphen im Material kann man sagen, dass alle Temperaturen von 11 °C (lokales Minimum) bis 17 °C (lokales Maximum) angenommen werden. Die Temperaturen 11 °C und 17 °C werden je einmal angenommen, alle anderen Temperaturen je zweimal.

2.5 Um die Aussage zu beurteilen, muss man den Abstand vom Minimum zum Maximum der Tagesdurchschnittstemperatur auf der x-Achse betrachten.

Der Graph von h ist um den Faktor $\frac{6}{\pi}$ gestreckt, hat also eine Periodenlänge von 12.

Daher beträgt der Abstand zwischen Minimum und Maximum 6. Somit steigt die Tagesdurchschnittstemperatur in einem Zeitraum von 6 Monaten.

Beim Graphen von g betrachtet man die in Teilaufgabe 2.2 angegebenen x-Werte für die Extrema. Die Differenz, und somit der Abstand, beträgt hier ca. 6,93:

$$6+\sqrt{12}-(6-\sqrt{12})=2\sqrt{12}\approx 6{,}93$$

Somit steigt die Tagesdurchschnittstemperatur für einen Zeitraum von ca. 6,93 Monaten. Dieser Zeitraum ist in etwa einen Monat länger als bei Funktion h. Somit ist die Aussage korrekt.

Hessen – Grundkurs Mathematik
2023 – B2: Analysis (CAS)

1 Das Wachstum einer Hopfenpflanze kann – zergliedert in drei Abschnitte – näherungsweise durch die folgenden Funktionen modelliert werden:

Abschnitt 1: Funktion h_1 mit $h_1(t) = 0{,}9 \cdot e^{0{,}022 \cdot t}$ für $0 \le t < 63$

Abschnitt 2: Funktion h_2 mit $h_2(t) = 0{,}08 \cdot t - 1{,}4$ für $63 \le t < 88$

Abschnitt 3: Funktion h_3 mit $h_3(t) = 8 - 20 \cdot e^{-0{,}024 \cdot t}$ für $t \ge 88$

Dabei gibt t die Zeit in Tagen nach Auspflanzung des Setzlings an; die Funktionswerte $h_1(t)$, $h_2(t)$ bzw. $h_3(t)$ geben angenähert die Höhe der Hopfenpflanze in Meter an.

1.1 Ordnen Sie zwei der zu den drei Abschnitten gehörenden Funktionen die Begriffe „lineares Wachstum“ und „exponentielles Wachstum“ begründet zu.
Skizzieren Sie den Verlauf der Graphen aller drei Funktionen in ihren Definitionsbereichen in ein gemeinsames Koordinatensystem. **(6 BE)**

1.2 Geben Sie den Wert $h_1(0)$ an und bestimmen Sie den Grenzwert $\lim\limits_{x \to +\infty} h_3(t)$.
Geben Sie die Bedeutung beider Werte im Sachzusammenhang an. **(4 BE)**

1.3 Berechnen Sie, zu welchem Zeitpunkt die Hopfenpflanze eine Höhe von 7 m erreicht hat. Ermitteln Sie die mittlere Wachstumsgeschwindigkeit vom Beobachtungsbeginn bis zu diesem Zeitpunkt. **(6 BE)**

1.4 Begründen Sie rechnerisch mithilfe der Funktionen h_1, h_2, h_3, dass die maximale Wachstumsgeschwindigkeit der Hopfenpflanze im Intervall [0; 200] den Wert von 8 cm pro Tag nicht überschreitet. **(6 BE)**

2 Die Wachstumsgeschwindigkeit einer weiteren Hopfenpflanze kann durch die Funktion f mit $f(t) = \frac{85}{976 + (t - 67{,}5)^2}$ modelliert werden.

Hierbei gibt t die Zeit in Tagen nach Auspflanzung des Setzlings an; f(t) gibt die Wachstumsgeschwindigkeit in $\frac{\text{m}}{\text{Tag}}$ an.

2.1 Begründen Sie, dass der Graph der Funktion g mit $g(t) = \frac{85}{976 + t^2}$ symmetrisch zur y-Achse ist.
Beschreiben Sie, wie der Graph der Funktion f aus dem Graphen von g hervorgeht. **(4 BE)**

2.2 Es sei F eine Stammfunktion der Funktion f.
Es gilt $f(t) > 0$ für alle $t \in \mathbb{R}$. Erläutern Sie, was dies für die Funktion F bedeutet. **(2 BE)**

2.3 Bestimmen Sie nur unter Überprüfung der notwendigen Bedingung die Wendestelle der Funktion F.
Erläutern Sie die Bedeutung dieser Wendestelle im Sachzusammenhang. **(4 BE)**

2.4 Die Hopfenpflanze war zum Zeitpunkt $t = 0$ Tage 85 cm hoch. Exakt 18 Wochen später wird der Hopfen geerntet.

2.4.1 Bestimmen Sie die Höhe der Hopfenpflanze zum Zeitpunkt des Erntens. **(4 BE)**

2.4.2 Ermitteln Sie den Wert des Terms $\frac{1}{126} \cdot \int_0^{126} f(t)\,dt$ und beschreiben Sie die Bedeutung dieses Wertes im Sachzusammenhang. **(4 BE)**

Hinweise und Tipps

Teilaufgabe 1.1

- Exponentielles Wachstum wird beschrieben durch einen Term e^{bt} mit $b > 0$. Der Graph einer linearen Funktion ist eine Gerade.
- Die Graphen der drei Funktionen knüpfen aneinander an.
- Eine Skizze muss nicht äußerst akkurat sein.

Teilaufgabe 1.2

- Im Sachzusammenanhang sollten z. B. die Worte „Beginn der Auspflanzung“ und „maximale Höhe“ eine Rolle spielen.

Teilaufgabe 1.3

- Bei der Berechnung muss man den Logarithmus anwenden. Für den Endwert darf man wieder das CAS benutzen.
- Vergessen Sie bei der mittleren Wachstumsgeschwindigkeit nicht, dass die Pflanze zu Beginn schon eine gewisse Höhe hatte.

Teilaufgabe 1.4

- Die Wachstumsgeschwindigkeiten sind durch die Ableitungen der drei Funktionen gegeben.
- Argumentieren Sie mit dem Begriff der strengen Monotonie im ersten und dritten Abschnitt (wachsend und fallend).

Teilaufgabe 2.1

- Wie verändert sich ein Funktionsterm, wenn eine Verschiebung des Graphen in positive bzw. negative t-Richtung erfolgt?
- Notieren Sie $g(t-67{,}5)$.

Teilaufgabe 2.2

- Was erhält man, wenn man die Stammfunktion F ableitet?
- Wie hängen Ableitung und (strenge) Monotonie voneinander ab?

Teilaufgabe 2.3

- Gesucht wird die Lösung der Gleichung $F''(t) = 0$ (notwendige Bedingung).
- Was lässt sich über die Steilheit der Kurve an der Wendestelle aussagen und was bedeutet das für das Wachstum?

Teilaufgabe 2.4.1

- Rechnen Sie die Anzahl der Wochen in Tage um.
- Bedenken Sie, dass die Pflanze zu Beginn schon eine bestimmte Höhe besitzt.

Teilaufgabe 2.4.2

- Benutzen Sie Ihr CAS für die Berechnung.
- Es geht um einen Mittelwert.

Lösung

1.1 Die Funktion h_1 besitzt eine Funktionsgleichung der Form $h_1(t) = a \cdot e^{b \cdot t}$ mit $b > 0$. Damit beschreibt h_1 ein exponentielles Wachstum.

Die Funktion h_2 besitzt eine Funktionsgleichung der Form $h_2(t) = m \cdot t + c$. Das ist die Gleichung einer Geraden. Die zugehörige Funktion ist also linear.

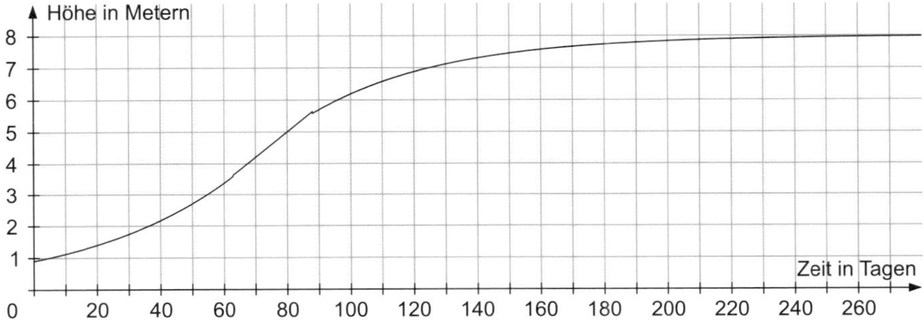

1.2 Es ist:

$$h_1(0) = 0{,}9 \cdot e^0 = 0{,}9$$

$$\lim_{t \to +\infty} (8 - 20 \cdot \underbrace{e^{-0{,}024 \cdot t}}_{\to 0}) = 8 - 0 = 8$$

Zu Beginn der Auspflanzung ist der Setzling also 0,9 m hoch und die maximal mögliche Höhe der Pflanze beträgt 8 m.

1.3 Wie man aus der Skizze ersieht, werden die 7 Meter in Abschnitt 3 erreicht. Damit lautet der Ansatz:

$$h_3(t) = 7$$

Daraus folgt:

$$8 - 20 \cdot e^{-0{,}024 \cdot t} = 7 \quad \Rightarrow \quad 20 \cdot e^{-0{,}024 \cdot t} = 1 \quad \Rightarrow \quad e^{-0{,}024 \cdot t} = \frac{1}{20}$$

Durch Logarithmieren erhält man:

$$-0{,}024 \cdot t = \ln\left(\frac{1}{20}\right) \quad \Rightarrow \quad t = -\frac{1}{0{,}024} \cdot \ln\left(\frac{1}{20}\right) \approx 124{,}82$$

Die Pflanze hat also nach etwa 125 Tagen eine Höhe von 7 Meter erreicht.

Die mittlere Wachstumsgeschwindigkeit erhält man, indem man den Zuwachs (7 – 0,9 m) durch die Zahl der vergangenen Tage (ca. 124,82) dividiert:

$$\frac{7 - 0{,}9}{124{,}82} \approx 0{,}049$$

Die mittlere Wachstumsgeschwindigkeit beträgt somit etwa 0,049 m bzw. 4,9 cm pro Tag.

1.4 Da die lineare Funktion eine konstante Steigung besitzt (0,08), beträgt die Wachstumsgeschwindigkeit im zweiten Abschnitt immer 0,08 Meter, also genau 8 cm pro Tag.

Im ersten Abschnitt liegt eine wachsende Exponentialfunktion vor. Diese hat ihre maximale Steigung am Ende des Definitionsbereichs (t = 63). Die Wachstumsgeschwindigkeit ist durch die 1.Ableitung gegeben:

$$h_1'(t) = 0{,}022 \cdot 0{,}9 \cdot e^{0{,}022 \cdot t} = 0{,}0198 \cdot e^{0{,}022 \cdot t} \quad \Rightarrow \quad h_1'(63) \approx 0{,}079$$

Das sind weniger als 8 cm pro Tag.

Der dritte Abschnitt wird von einer Exponentialfunktion bestimmt, deren Steigung immer kleiner wird und die ihr Maximum daher an der Stelle t = 88 besitzt:

$$h_3'(t) = -20 \cdot (-0{,}024) \cdot e^{-0{,}024 \cdot t} = 0{,}48 \cdot e^{-0{,}024 \cdot t} \quad \Rightarrow \quad h_3'(88) \approx 0{,}058$$

Auch dieser Wert ist kleiner als 0,08.

Daraus folgt insgesamt, dass eine Wachstumsgeschwindigkeit von 8 cm pro Tag im Intervall [0; 200] nicht überschritten wird.

2.1 Der Graph von g ist achsensymmetrisch, weil t nur quadratisch vorkommt und daher $g(t) = g(-t)$ gilt.

Verschiebt man den Graphen von g um 67,5 in positive t-Richtung, ersetzt also t durch $t - 67{,}5$, so bekommt man den Graphen von f.

2.2 f ist die Ableitungsfunktion der Stammfunktion F. Da $f(t) > 0$ ist, bedeutet dies, dass die Steigung der Funktion F immer positiv ist, sie also streng monoton wächst.

2.3 Gesucht wird die Wendestelle der Funktion F, also die Nullstelle der 2. Ableitung.

Aus $F''(t) = f'(t) = 0$ folgt $t = 67{,}5$ als Lösung.

Die Wendestelle ist die Stelle des schnellsten Wachstums der Pflanze. Dies ist nach 67,5 Tagen der Fall.

```
Define f(t)=        85
             976+(t-67.5)^2
                                done
solve(d/dt(f(t))=0,t)
                           {t=67.5}
```

2.4.1 18 Wochen sind $18 \cdot 7 = 126$ Tage.

Da f(t) die Wachstumsgeschwindigkeit angibt, erhält man den Höhenzuwachs durch Integration über den betrachteten Zeitraum. Durch Addition der Anfangshöhe erhält man dann die Höhe der Pflanze zum Erntezeitpunkt (nach 126 Tagen). Diese beträgt etwa 6,88 Meter.

```
0.85+∫_0^126 f(t)dt
                        6.883659427
```

2.4.2 Der Wert gibt die mittlere Wachstumsgeschwindigkeit während der 126 Tage bis zur Ernte an. Sie beträgt etwa 0,048 Meter pro Tag.

```
1/126 ∫_0^126 f(t)dt
                      0.04788618593
```

Hessen – Grundkurs Mathematik
2023 – C1: Lineare Algebra / Analytische Geometrie (WTR / CAS)

Der Turm des One-World-Trade-Centers in New York ist (ohne Spitze) ca. 420 m hoch (Material 1). Die Grund- und Dachfläche des Turms sind quadratisch und liegen parallel zueinander, wobei die Dachfläche kleiner als die Grundfläche ist. Die Eckpunkte der Dachfläche liegen jeweils vertikal oberhalb der Mittelpunkte der Seiten der Grundfläche. Die Außenwände des Turms bestehen aus acht Dreiecksflächen. Vier zueinander kongruente Dreiecke weisen mit der Spitze nach unten, vier zueinander kongruente Dreiecke weisen mit der Spitze nach oben. Der Gebäudesockel wird in der folgenden Aufgabenstellung vernachlässigt.

1 Im Modell hat die quadratische Grundfläche des Turms die Eckpunkte $A(-4\,|\,2\,|\,0)$, B, $C(4\,|\,-2\,|\,0)$ und $D(2\,|\,4\,|\,0)$. Die quadratische Dachfläche hat (in entsprechender Reihenfolge) die Eckpunkte E, F, $G(3\,|\,1\,|\,42)$ und H.

Der Punkt G liegt vertikal über dem Mittelpunkt der Seite $\overline{CD}$. Der Erdboden wird durch die x-y-Ebene beschrieben. Eine Längeneinheit entspricht 10 Meter.

1.1 Zeichnen Sie den Grundriss der Grundfläche in das Koordinatensystem in Material 2 ein.
Zeichnen Sie den Grundriss der Dachfläche ebenfalls in das Koordinatensystem ein.
Geben Sie die Koordinaten der Punkte B, E, F und H an. **(6 BE)**

1.2 Das Dreieck CDG liegt in der Ebene L. Geben Sie eine Gleichung der Ebene L in Parameterform an und bestimmen Sie eine Gleichung der Ebene L in Koordinatenform.
Beschreiben Sie die besondere Lage der Ebene L im Koordinatensystem. **(7 BE)**

1.3 Das Dreieck CGF liegt in der Ebene M.

1.3.1 Zeigen Sie, dass $84x - 42y + 5z = 420$ eine Gleichung der Ebene M ist. **(2 BE)**

1.3.2 Im Rahmen der Planung des Gebäudes wird die im Kasten angegebene Rechnung durchgeführt.
Erläutern Sie I und II im Sachzusammenhang.
Deuten Sie das Ergebnis in III in Bezug auf das Gebäude.

I $\quad \vec{n}_M = \begin{pmatrix} 84 \\ -42 \\ 5 \end{pmatrix};\ \vec{n}_{Gr} = \begin{pmatrix} 0 \\ 0 \\ 1 \end{pmatrix}$

II $\quad \cos(\alpha) = \dfrac{\left| \begin{pmatrix} 84 \\ -42 \\ 5 \end{pmatrix} \circ \begin{pmatrix} 0 \\ 0 \\ 1 \end{pmatrix} \right|}{\sqrt{84^2 + (-42)^2 + 5^2} \cdot \sqrt{0^2 + 0^2 + 1^2}} = \dfrac{5}{\sqrt{8845}}$

III $\quad \Rightarrow \quad \alpha \approx 86{,}95°$

(4 BE)

1.4 Berechnen Sie den Gesamtflächeninhalt der acht Dreiecke, aus denen die Außenwände des Turms bestehen, in Quadratmeter. **(8 BE)**

1.5 Im Mittelpunkt der Dachfläche des Turms ist eine Antenne montiert. Im Modell befindet sich die Antennenspitze im Punkt $S(0|0|54)$. Zu einem bestimmten Zeitpunkt fallen Sonnenstrahlen in Richtung des Vektors $\vec{u} = \begin{pmatrix} 1 \\ \frac{1}{3} \\ -4 \end{pmatrix}$ auf das Gebäude.

Bestimmen Sie die Koordinaten des Schattenpunkts S' der Antennenspitze auf dem Erdboden unter der Annahme, dass es rings um das Gebäude keine weitere Bebauung gibt. **(5 BE)**

2 Der Turm besitzt im 100. Stock eine Aussichtsplattform, die für Besucher geöffnet ist. Ein reguläres Ticket kostet 32 Dollar, Senioren zahlen 30 Dollar und Kinder 26 Dollar. An einem Tag werden 10 000 Tickets verkauft. Die Tageseinnahmen betragen 308 000 Dollar. Diese Angaben wurden in das angegebene Gleichungssystem überführt:

$$\begin{aligned} &\text{I} \quad r + s + k = 10\,000 \\ &\text{II} \quad 32r + 30s + 26k = 308\,000 \end{aligned}$$

2.1 Geben Sie die Bedeutung der Variablen r, s und k an und erläutern Sie die Bedeutung der Gleichung II im Sachzusammenhang. **(2 BE)**

2.2 Berechnen Sie die Lösungsmenge des linearen Gleichungssystems und geben Sie eine im Sachzusammenhang mögliche Lösung an. **(6 BE)**

Material 1

Material 2

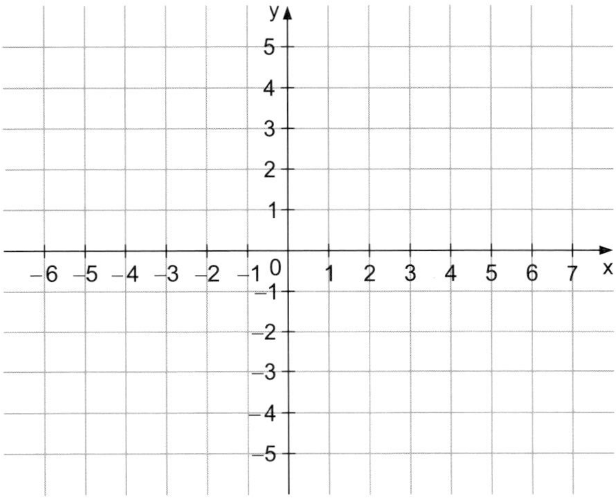

Hinweise und Tipps

Teilaufgabe 1.1

- Zeichnen Sie die gegebenen Punkte der Grundfläche in das Koordinatensystem. Ergänzen Sie so, dass ein Quadrat entsteht.
- G liegt über dem Mittelpunkt der Seite $\overline{CD}$. Zeichnen Sie die Projektion von G in das Koordinatensystem und verfahren Sie für die fehlenden Punkte analog, sodass auch hier ein Quadrat entsteht.
- Entnehmen Sie die x- und y-Koordinaten der Punkte B, E, F und H der Zeichnung. Beachten Sie, dass B auf dem Erdboden und E, F und H jeweils 42 Einheiten über dem Erdboden liegen.

Teilaufgabe 1.2

- Dies ist eine Standardaufgabe. Zur Formulierung der Parameterdarstellung benötigen Sie einen Orts- und zwei Richtungsvektoren. Berechnen Sie mithilfe der beiden Richtungsvektoren einen Normalenvektor der Ebene. Setzen Sie den Ortsvektor und den Normalenvektor in die Gleichung $\vec{n} \circ \vec{x} = \vec{n} \circ \vec{a}$ ein und berechnen Sie die Skalarprodukte auf beiden Seiten.

Teilaufgabe 1.3.1

- Zeigen Sie, dass die Gleichung jeweils erfüllt ist, wenn man die Koordinaten der drei Punkte einsetzt.

Teilaufgabe 1.3.2

- I Erläutern Sie die Bedeutung der angegebenen Vektoren.
- II Wozu dient die angegebene Formel allgemein? Wozu dient sie, wenn man die in I angegebenen Vektoren verwendet?
- III Wo findet man den angegebenen Winkel?

Teilaufgabe 1.4

- Laut Aufgabentext gibt es zwei Gruppen zu je vier dreieckigen Außenflächen. Berechnen Sie die Fläche von jeweils einem Dreieck dieser Gruppen und berechnen Sie damit die Gesamtfläche.
- Vergessen Sie nicht, das Ergebnis in Quadratmetern anzugeben. Beachten Sie, dass eine Längeneinheit 10 m entspricht. Eine Flächeneinheit ist damit $10 \text{ m} \cdot 10 \text{ m}$.

Teilaufgabe 1.5

- Dies ist eine Standardaufgabe. Beschreiben Sie die Gerade, auf der der Lichtstrahl durch S liegt, durch eine Parameterdarstellung. Der Schattenpunkt S' ist der Schnittpunkt dieser Geraden mit dem Erdboden, also mit der x-y-Ebene.

Teilaufgabe 2.1

- Beschreiben Sie präzise die Bedeutung der Variablen. Zur Interpretation von II finden Sie alle benötigten Informationen im Aufgabentext.

Teilaufgabe 2.2

- Gesucht ist die allgemeine Lösung eines unterbestimmten Gleichungssystems. Eliminieren Sie dazu z. B. die Variable r in Gleichung II. Setzen Sie $k = n$ und geben Sie s in Abhängigkeit von n an. Ersetzen Sie dann s und k in der Gleichung I und Sie erhalten r in Abhängigkeit von n. Dies liefert die drei Komponenten des Lösungsvektors.
- Für die Angabe einer konkreten Lösung des Sachproblems wählen Sie ein n so, dass r, s und k ganzzahlige, nichtnegative Werte annehmen. Geben Sie die entsprechenden Werte von r, s und k an.

Lösung

1.1 Man trägt die gegebenen Punkte A, C und D ein und ergänzt den Punkt B so, dass ein Quadrat entsteht, das den Grundriss des Gebäudes darstellt.

Laut Aufgabentext liegen die Eckpunkte der quadratischen Dachfläche jeweils vertikal oberhalb der Mittelpunkte der Seiten der Grundfläche. Man zeichnet den gegebenen Punkt G ein und ergänzt die Punkte E, F und H, die in der Projektion jeweils auf den Mittelpunkten der Seiten des Quadrats ABCD liegen.

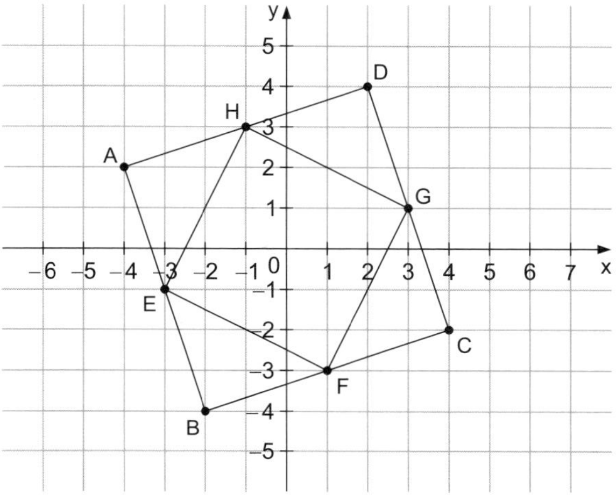

Die fehlenden Koordinaten der Eckpunkte lassen sich anhand der Zeichnung ablesen. Man erhält B(–2 | –4 | 0) und für die Eckpunkte der Dachfläche, die 42 Einheiten über dem Erdboden liegen:

E(–3 | –1 | 42); F(1 | –3 | 42); H(–1 | 3 | 42)

1.2 Mit dem Vektor $\overrightarrow{OC}$ als Stützvektor und den Vektoren

$$\overrightarrow{CD} = \begin{pmatrix} 2 \\ 4 \\ 0 \end{pmatrix} - \begin{pmatrix} 4 \\ -2 \\ 0 \end{pmatrix} = \begin{pmatrix} -2 \\ 6 \\ 0 \end{pmatrix} \quad \text{und} \quad \overrightarrow{CG} = \begin{pmatrix} 3 \\ 1 \\ 42 \end{pmatrix} - \begin{pmatrix} 4 \\ -2 \\ 0 \end{pmatrix} = \begin{pmatrix} -1 \\ 3 \\ 42 \end{pmatrix}$$

als Richtungsvektoren erhält man als eine mögliche Parameterdarstellung der Ebene:

$$L\colon\ \vec{x} = \overrightarrow{OC} + s \cdot \overrightarrow{CD} + r \cdot \overrightarrow{CG} = \begin{pmatrix} 4 \\ -2 \\ 0 \end{pmatrix} + s \cdot \begin{pmatrix} -2 \\ 6 \\ 0 \end{pmatrix} + r \cdot \begin{pmatrix} -1 \\ 3 \\ 42 \end{pmatrix}$$

Zur Ermittlung der Koordinatengleichung benötigt man einen Normalenvektor $\vec{n} = \begin{pmatrix} n_1 \\ n_2 \\ n_3 \end{pmatrix}$ der Ebene. Dieser steht senkrecht auf den beiden Richtungsvektoren der Ebene. Daraus ergibt sich der Ansatz:

$$\text{(I)} \quad \vec{n} \circ \overrightarrow{CD} = \begin{pmatrix} n_1 \\ n_2 \\ n_3 \end{pmatrix} \circ \begin{pmatrix} -2 \\ 6 \\ 0 \end{pmatrix} = 0 \quad \Leftrightarrow \quad -2n_1 + 6n_2 = 0$$

$$\text{(II)} \quad \vec{n} \circ \overrightarrow{CG} = \begin{pmatrix} n_1 \\ n_2 \\ n_3 \end{pmatrix} \circ \begin{pmatrix} -1 \\ 3 \\ 42 \end{pmatrix} = 0 \quad \Leftrightarrow \quad -n_1 + 3n_2 + 42n_3 = 0$$

Aus (I) folgt unmittelbar $n_1 = 3n_2$. Damit ergibt sich mit (II):

$$42n_3 = 0 \quad \Rightarrow \quad n_3 = 0$$

Das Gleichungssystem ist nicht eindeutig lösbar. Da nur eine Lösung gesucht ist, wählt man z. B. $n_2 = 1$. Daraus ergibt sich $n_1 = 3$ und man erhält:

$$\vec{n} = \begin{pmatrix} 3 \\ 1 \\ 0 \end{pmatrix}$$

Unter Verwendung des Ortsvektors $\overrightarrow{OC}$ ergibt sich durch Einsetzen in $\vec{n} \circ \vec{x} = \vec{n} \circ \vec{a}$:

$$\begin{pmatrix} 3 \\ 1 \\ 0 \end{pmatrix} \circ \begin{pmatrix} x \\ y \\ z \end{pmatrix} = \begin{pmatrix} 3 \\ 1 \\ 0 \end{pmatrix} \circ \begin{pmatrix} 4 \\ -2 \\ 0 \end{pmatrix}$$

$$3x + y = 10$$

Diese Ebene ist parallel zur z-Achse.

1.3.1 Es reicht aus zu zeigen, dass die drei Punkte C, G und F (die die Eckpunkte eines Dreiecks bilden und damit nicht auf einer Geraden liegen) die Gleichung erfüllen.

Für $C(4\,|\,-2\,|\,0)$ ergibt sich die wahre Aussage $84 \cdot 4 - 42 \cdot (-2) + 5 \cdot 0 = 420$,

für $G(3\,|\,1\,|\,42)$ ergibt sich die wahre Aussage $84 \cdot 3 - 42 \cdot 1 + 5 \cdot 42 = 420$

und für $F(1\,|\,-3\,|\,42)$ ergibt sich die wahre Aussage $84 \cdot 1 - 42 \cdot (-3) + 5 \cdot 42 = 420$.

Die Gleichung beschreibt also die Ebene M, in der das Dreieck CGF liegt.

1.3.2 In (I) werden zwei Normalenvektoren angegeben. Der Vektor $\vec{n}_M$ ist ein Normalenvektor der Ebene M, deren Gleichung in Teilaufgabe 1.3.1 gegeben ist. Der Vektor $\vec{n}_{Gr}$ ist ein Vektor, der senkrecht auf der x-y-Ebene steht.

Mit der in (II) verwendeten Formel werden Winkel zwischen Vektoren berechnet. Da die Normalenvektoren aus (I) verwendet werden, wird der Winkel zwischen diesen beiden Vektoren berechnet. Dieser Winkel entspricht dem Schnittwinkel der Ebene M (in der die Seitenwand CGF liegt) mit der x-y-Ebene, also der Bodenfläche.

Das Ergebnis in (III) sagt aus, dass der Winkel zwischen der Seitenwand CGF und der Bodenfläche ca. 87° beträgt, d. h., die Seitenwand steht nicht rechtwinklig, sondern leicht geneigt auf dem Erdboden.

1.4 Laut Aufgabenstellung bestehen die Außenwände des Gebäudes aus acht Dreiecken, von denen jeweils vier kongruente Dreiecke sind.

Zur Gruppe der Dreiecke, deren Spitze nach oben zeigt, gehört das Dreieck CDG, dessen Fläche sich berechnen lässt als:

$$A_{CDG} = \frac{1}{2} \cdot |\overrightarrow{CD}| \cdot 42$$

$\overrightarrow{CD}$ wurde bereits in Teilaufgabe 1.2 berechnet. Man erhält damit:

$$|\overrightarrow{CD}| = \left|\begin{pmatrix} -2 \\ 6 \\ 0 \end{pmatrix}\right| = \sqrt{(-2)^2 + 6^2 + 0^2} = \sqrt{40}$$

Daher ist:

$$A_{CDG} = \frac{1}{2} \cdot \sqrt{40} \cdot 42\,[\text{FE}]$$

Zur Gruppe der Dreiecke, deren Spitze nach unten zeigt, gehört das Dreieck FGC, dessen Fläche sich berechnen lässt als:

$$A_{FGC} = \frac{1}{2} \cdot |\overrightarrow{FG}| \cdot h$$

Man erhält:

$$|\overrightarrow{FG}| = \left| \begin{pmatrix} 3-1 \\ 1-(-3) \\ 42-42 \end{pmatrix} \right| = \left| \begin{pmatrix} 2 \\ 4 \\ 0 \end{pmatrix} \right| = \sqrt{2^2 + 4^2 + 0^2} = \sqrt{20}$$

und $h = |\overrightarrow{CM_{FG}}|$, wobei M_{FG} den Mittelpunkt der Seite $\overline{FG}$ beschreibt. Der Zeichnung entnimmt man die Koordinaten als $M_{FG}(2\,|-1\,|\,42)$. Damit ist

$$h = |\overrightarrow{CM_{FG}}| = \left| \begin{pmatrix} 2-4 \\ -1-(-2) \\ 42-0 \end{pmatrix} \right| = \left| \begin{pmatrix} -2 \\ 1 \\ 42 \end{pmatrix} \right| = \sqrt{(-2)^2 + 1^2 + 42^2} = \sqrt{1769}$$

und man erhält:

$$A_{FGC} = \frac{1}{2} \cdot \sqrt{20} \cdot \sqrt{1769} \text{ [FE]}$$

Der Gesamtflächeninhalt beträgt somit:

$$A_{gesamt} = 4 \cdot A_{CDG} + 4 \cdot A_{FGC} = 4 \cdot \frac{1}{2} \cdot \sqrt{40} \cdot 42 + 4 \cdot \frac{1}{2} \cdot \sqrt{20} \cdot \sqrt{1769} \approx 907{,}45 \text{ [FE]}$$

Laut Aufgabenstellung entspricht eine Längeneinheit 10 m. Damit entspricht eine Flächeneinheit 100 m^2. Die Außenwände haben also eine Gesamtfläche von ca. 90 745 m^2.

1.5 Die Gerade, auf der der Sonnenstrahl durch den Punkt S liegt, wird beschrieben durch die Parameterdarstellung:

$$g\colon \vec{x} = \overrightarrow{OS} + r \cdot \vec{u} = \begin{pmatrix} 0 \\ 0 \\ 54 \end{pmatrix} + r \cdot \begin{pmatrix} 1 \\ \frac{1}{3} \\ -4 \end{pmatrix}$$

Gesucht ist der Schattenpunkt auf dem Erdboden, also in der x-y-Ebene. Alle Punkte, die in der x-y-Ebene liegen, haben die Koordinaten $P(x\,|\,y\,|\,0)$. Daher formuliert man als Ansatz:

$$\begin{pmatrix} x \\ y \\ 0 \end{pmatrix} = \begin{pmatrix} 0 \\ 0 \\ 54 \end{pmatrix} + r \cdot \begin{pmatrix} 1 \\ \frac{1}{3} \\ -4 \end{pmatrix}$$

Die dritte Zeile der Vektorgleichung liefert $0 = 54 - 4r$, also $r = 13{,}5$, und man erhält über

$$\overrightarrow{OS'} = \begin{pmatrix} 0 \\ 0 \\ 54 \end{pmatrix} + 13{,}5 \cdot \begin{pmatrix} 1 \\ \frac{1}{3} \\ -4 \end{pmatrix} = \begin{pmatrix} 13{,}5 \\ 4{,}5 \\ 0 \end{pmatrix}$$

den Schattenpunkt $S'(13{,}5\,|\,4{,}5\,|\,0)$ der Antennenspitze.

2.1 Die Variable r steht für die Anzahl verkaufter regulärer Tickets, s beschreibt die Anzahl verkaufter Seniorentickets und k steht für die Anzahl verkaufter Kindertickets.

Multipliziert man jeweils die Anzahl der verkauften Tickets mit ihrem Verkaufspreis und addiert diese Produkte, so erhält man die Gesamteinnahmen von 308 000 Dollar. Dies ist die Aussage von Gleichung (II).

2.2 Das Gleichungssystem ist nicht eindeutig lösbar, da für drei Unbekannte lediglich zwei Informationen vorliegen.

Ausgehend von

$$\left| \begin{array}{l} r + s + k = 10\,000 \\ 32r + 30s + 26k = 308\,000 \end{array} \right|$$

lässt sich in der zweiten Zeile eine Variable eliminieren. Man subtrahiert das 32-Fache der ersten Gleichung von der zweiten Gleichung und erhält:

$$-2s - 6k = -12\,000 \quad \Rightarrow \quad s = 6000 - 3k$$

Setzt man $k = n$, so ist:

$$s = 6000 - 3n$$

Dies liefert eingesetzt in die erste Zeile:

$$r + 6000 - 3n + n = 10\,000 \quad \Rightarrow \quad r = 4000 + 2n$$

Als Lösungsvektor erhält man:

$$\vec{x} = \begin{pmatrix} r \\ s \\ k \end{pmatrix} = \begin{pmatrix} 4000 + 2n \\ 6000 - 3n \\ n \end{pmatrix}, \; n \in \mathbb{R}$$

Alternativ lässt sich die Lösungsmenge angeben als:

$$L = \{(4000 + 2n; 6000 - 3n; n) \mid n \in \mathbb{R}\}$$

Für die Angabe einer möglichen Lösung des Sachproblems setzt man z. B. $n = 500$. Dann ist:

$$r = 4000 + 2 \cdot 500 = 5000$$

$$s = 6000 - 3 \cdot 500 = 4500$$

$$k = 500$$

Hier sind alle Lösungen geeignet, die ganzzahlige, nichtnegative r, s und k liefern. Diese erhält man genau für $0 \le n \le 2000$ mit $n \in \mathbb{N}$.

Hessen – Grundkurs Mathematik
2023 – C2.1: Stochastik (WTR / CAS)

1 Zu einem bestimmten Zeitpunkt wird ein Spielcasino von insgesamt 80 Gästen besucht. Alle Gäste spielen entweder an einem Spieltisch oder an einem Automaten. 32 Gäste sind jünger als 45 Jahre. 37,5 % der Gäste, die jünger als 45 Jahre sind, und zwei Drittel der restlichen Gäste spielen an einem Automaten.
Ein Gast wird zufällig ausgewählt. Betrachtet werden folgende Ereignisse:
J: Der Gast ist jünger als 45 Jahre.
A: Der Gast spielt an einem Automaten.

1.1 Stellen Sie den beschriebenen Sachzusammenhang in einem Baumdiagramm dar. **(3 BE)**

1.2 Beschreiben Sie das Ereignis $J \cap \overline{A}$ im Sachzusammenhang. **(2 BE)**

1.3 Zeigen Sie durch eine geeignete Rechnung, dass insgesamt 55 % der Gäste an einem Automaten spielen. **(2 BE)**

1.4 Berechnen Sie, welcher Anteil der an einem Automaten spielenden Gäste jünger als 45 Jahre ist. **(2 BE)**

1.5 Untersuchen Sie die Ereignisse J und A auf stochastische Unabhängigkeit. **(3 BE)**

2 Bei einem der in diesem Spielcasino angebotenen Glücksspiele wird mit drei fairen Würfeln gespielt. Diese sind jeweils mit den Zahlen 1, 2, 3, 4, 5 und 6 beschriftet. Sie werden gleichzeitig geworfen.
Der Spieler legt die Höhe seines Einsatzes fest und wählt eine der sechs Zahlen als Gewinnzahl aus. Fällt die Gewinnzahl mindestens einmal, so erhält der Spieler seinen Einsatz zurück. Zusätzlich dazu erhält er einen Gewinn. Der Gewinn entspricht dem Produkt der Anzahl der Würfel, welche die ausgewählte Gewinnzahl zeigen, und dem festgelegten Einsatz. Fällt die Gewinnzahl nicht, so verliert der Spieler seinen Einsatz.

2.1 Ein Spieler setzt einen Einsatz von 10 € und wählt die Gewinnzahl „4“. Erläutern Sie, weshalb er mit einer Wahrscheinlichkeit von $\frac{25}{72}$ nach einmaligem Spielen 20 € erhält. **(3 BE)**

2.2 Ein anderer Spieler setzt ebenfalls einen Einsatz von 10 € und wählt eine Gewinnzahl. Erläutern Sie die Bedeutung der Summanden sowie des Ergebnisses der Rechnung $\frac{25}{72} \cdot 20 + \frac{5}{72} \cdot 30 + \frac{1}{216} \cdot 40 = \frac{995}{108} \approx 9{,}21$ im Sachzusammenhang. **(5 BE)**

3 Die Abbildung in Material 1 zeigt das Netz eines Würfels.

3.1 Der Würfel wird 30-mal geworfen. Die Zufallsgröße X gibt an, wie oft die Zahl „4“ erzielt wird.

3.1.1 Begründen Sie, dass X binomialverteilt mit dem Parameter $p = \frac{1}{3}$ ist. **(2 BE)**

3.1.2 Ermitteln Sie die Wahrscheinlichkeit dafür, dass die Zahl „4“ häufiger erzielt wird als die Zahl „2“. **(2 BE)**

3.1.3 Geben Sie im Sachzusammenhang ein Ereignis an, dessen Wahrscheinlichkeit mit dem Term $\binom{29}{8} \cdot \left(\frac{1}{3}\right)^8 \cdot \left(\frac{2}{3}\right)^{21} \cdot \frac{1}{3}$ berechnet werden kann. **(2 BE)**

3.1.4 Bestimmen Sie den Erwartungswert für die Summe der erzielten Zahlen. **(3 BE)**

3.2 Zwei Personen werfen den Würfel abwechselnd so lange, bis eine Person mit einem Wurf eine andere Zahl erzielt als die andere Person beim unmittelbar vorhergehenden Wurf. Die Person, die dabei die größere Zahl erzielt hat, gewinnt das Spiel.

3.2.1 Begründen Sie, dass mit dem Term $1-\left(\frac{1}{3}\right)^3-\left(\frac{2}{3}\right)^3$ die Wahrscheinlichkeit dafür berechnet werden kann, dass das Spiel spätestens mit dem dritten Wurf entschieden wird. **(2 BE)**

3.2.2 Eine der beiden Personen beginnt das Spiel. Bestimmen Sie die Wahrscheinlichkeit dafür, dass diese Person verliert und der Würfel höchstens viermal geworfen wird. **(3 BE)**

4 Die Abbildung in Material 2 zeigt das Netz eines weiteren Würfels.
Der Würfel wird 7500-mal geworfen. Bei den ersten 1500 Würfen wird 735-mal die Zahl „1“ und 285-mal die Zahl „6“ erzielt.

4.1 Bestimmen Sie für die ersten 1500 Würfe die relative Häufigkeit der Zahl „3“. **(2 BE)**

4.2 Ermitteln Sie die Wahrscheinlichkeit dafür, dass bei höchstens 17 % der 7500 Würfe die Zahl „6“ erzielt wird. **(4 BE)**

Material 1

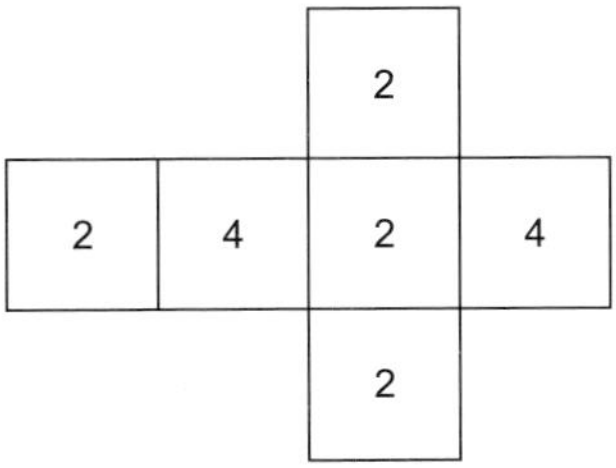

Material 2

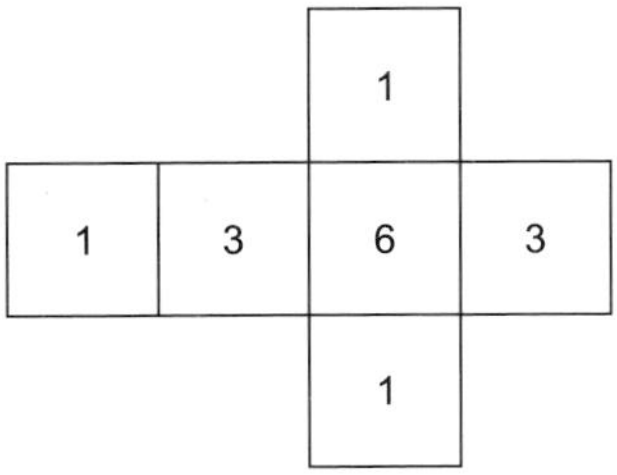

Hinweise und Tipps

Teilaufgabe 1.1

Legen Sie ein zweistufiges Baumdiagramm an, das zunächst nach J und $\overline{J}$ und dann jeweils nach A und $\overline{A}$ unterscheidet. Entnehmen Sie die jeweiligen Anteile dem Aufgabentext und notieren Sie diese an den zugehörigen Ästen.

Teilaufgabe 1.2

Was bedeuten die Eigenschaften J und $\overline{A}$? Das Zeichen „$\cap$" steht für eine Schnittmenge.

Teilaufgabe 1.3

Berechnen Sie die Wahrscheinlichkeiten der beiden Pfade, die Gäste beschreiben, die an einem Automaten spielen. Addieren Sie die beiden Wahrscheinlichkeiten.

Teilaufgabe 1.4

Gesucht ist eine bedingte Wahrscheinlichkeit: Es werden nur die Gäste betrachtet, die an einem Automaten spielen. Welcher Anteil dieser Gäste ist jünger als 45 Jahre?

Teilaufgabe 1.5

Verwenden Sie die in der Formelsammlung angegebene Formel. Dazu müssen Sie die benötigten Wahrscheinlichkeiten berechnen und prüfen, ob die formulierte Bedingung erfüllt ist.

Teilaufgabe 2.1

Entscheiden Sie, wie oft die Gewinnzahl erzielt werden muss, damit 20 € ausgezahlt werden. Wie sehen die zugehörigen Spielverläufe aus? Berechnen Sie die Wahrscheinlichkeit für diese Spielverläufe.

Teilaufgabe 2.2

Der erste Summand lässt sich anhand der Informationen aus Teilaufgabe 2.1 interpretieren. Beachten Sie, dass hier das Produkt „Wahrscheinlichkeit einer Ausprägung" mal „Ausprägung" gebildet wird. Analog interpretiert man die beiden anderen Summanden.

Vergessen Sie nicht, die Bedeutung des Ergebnisses, also der Summe, zu erläutern.

Teilaufgabe 3.1.1

Begründen Sie anhand des Würfelnetzes, warum $p = \frac{1}{3}$ gilt. Nennen Sie die Kriterien für das Vorliegen einer Binomialverteilung und begründen Sie, warum sie erfüllt sind.

Teilaufgabe 3.1.2

Wie oft muss bei 30 Würfen die Zahl „4" erzielt werden, damit sie öfter als die Zahl „2" fällt? Berechnen Sie die Wahrscheinlichkeit dieses Ereignisses.

Teilaufgabe 3.1.3

Mit dem ersten Teil wird die Wahrscheinlichkeit für eine bestimmte Trefferzahl bei einer binomialverteilten Zufallsgröße berechnet. Konkretisieren Sie diesen Sachverhalt. Welche Bedeutung hat der zusätzliche Faktor $\frac{1}{3}$, der am Ende hinzugefügt wird?

Teilaufgabe 3.2.1

Welche Spielverläufe werden durch die Wahrscheinlichkeiten $\left(\frac{1}{3}\right)^3$ und $\left(\frac{2}{3}\right)^3$ beschrieben?

Beachten Sie, dass hier eine Wahrscheinlichkeit mithilfe des Gegenereignisses berechnet wird.

Teilaufgabe 3.2.2

- Notieren Sie alle Spielverläufe, die dazu führen, dass die beginnende Person verliert.
- Berechnen Sie die Summe der zugehörigen Wahrscheinlichkeiten.

Teilaufgabe 4.1

- Berechnen Sie die absolute Häufigkeit der Würfe mit „3“ und teilen Sie diese durch die Gesamtzahl der Würfe.

Teilaufgabe 4.2

- Berechnen Sie die maximale Anzahl der Würfe mit „6“. Beachten Sie, dass bereits Würfe durchgeführt wurden. Wie oft darf die „6“ noch maximal fallen? Berechnen Sie die zugehörige Wahrscheinlichkeit.

Lösung

1.1 Die im Text genannten Anteile führen zu den Eintragungen im Baumdiagramm 1 (links).

Baumdiagramm 1:

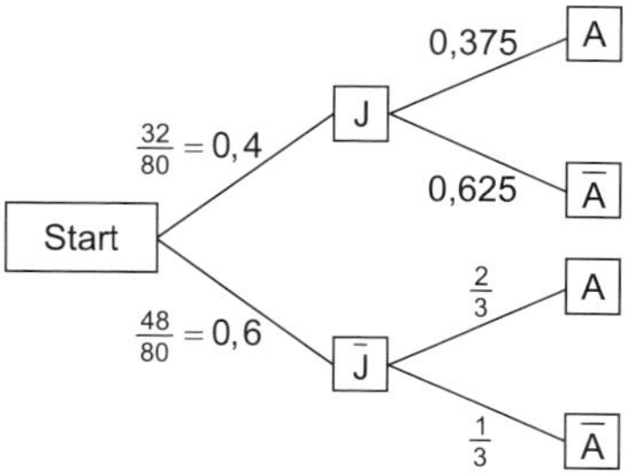

Baumdiagramm 2:

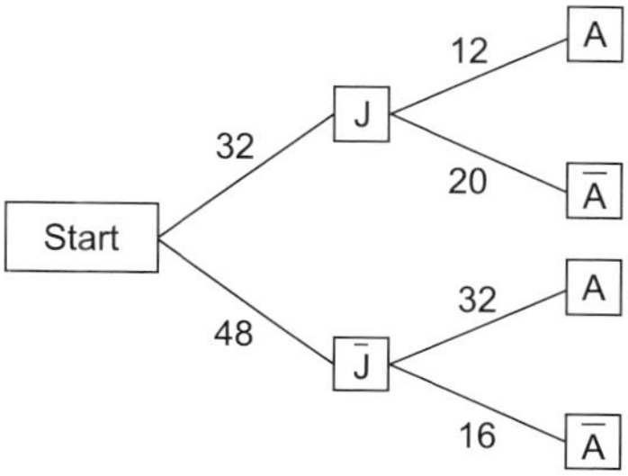

Für die Bearbeitung der weiteren Aufgaben kann es hilfreich sein, die absoluten Häufigkeiten anzugeben, obwohl dies nicht in der Aufgabenstellung gefordert ist. Dies liefert die alternative Darstellung im Baumdiagramm 2 (rechts).

1.2 $J \cap \overline{A}$ beschreibt die Menge der Personen, die die Eigenschaften J und Nicht-A haben, die also jünger als 45 Jahre sind und an einem Spieltisch spielen.

1.3 Mithilfe der im Baumdiagramm angegeben Wahrscheinlichkeiten ermittelt man:

$$P(A) = P(J \cap A) + P(\overline{J} \cap A) = 0{,}4 \cdot 0{,}375 + 0{,}6 \cdot \frac{2}{3} = \frac{11}{20} = 55\ \%$$

Alternativer Lösungsweg durch Verwendung der absoluten Häufigkeiten aus Baumdiagramm 2:

$$P(A) = \frac{12 + 32}{80} = \frac{11}{20}$$

1.4 Gesucht ist die bedingte Wahrscheinlichkeit $P_A(J)$.

Aus Teilaufgabe 1.3 ist bekannt, dass der Anteil der an einem Automaten spielenden Gäste 55 Prozent beträgt.

Der Anteil der Gäste, die jünger als 45 Jahre sind und an einem Automaten spielen, beträgt:

$$P(J \cap A) = 0{,}4 \cdot 0{,}375 = \frac{3}{20} = 15\ \%$$

Dies liefert:

$$P_A(J) = \frac{P(J \cap A)}{P(A)} = \frac{15}{55} = \frac{3}{11} = 0{,}\overline{27} \approx 27{,}27\ \%$$

Alternativer Lösungsweg durch Verwendung der absoluten Häufigkeiten aus Baumdiagramm 2:

$$P_A(J) = \frac{P(J \cap A)}{P(A)} = \frac{12}{44} = \frac{3}{11}$$

1.5 Die beiden Ereignisse sind stochastisch unabhängig, wenn $P(J) \cdot P(A) = P(J \cap A)$ gilt.

Es ist:

$$P(J) \cdot P(A) = 0{,}4 \cdot 0{,}55 = \frac{11}{50} = 22\ \%$$

Aus Teilaufgabe 1.4 ist bekannt:

$$P(J \cap A) = 15\ \%$$

Die beiden Werte sind nicht gleich, daher sind die Ereignisse A und J nicht stochastisch unabhängig.

Alternativ kann überprüft werden, ob der Anteil der Gäste unter 45 Jahren unter allen Gästen dem Anteil der Gäste unter 45 Jahren unter den Gästen, die am Automaten spielen, entspricht.

Es ist:

$$P(J) = 0{,}4 = 40\ \% \quad \text{und} \quad P_A(J) \approx 27{,}27\ \%$$

Auch diese Prüfung ergibt, dass die Werte nicht gleich sind. A und J sind nicht stochastisch unabhängig.

2.1 Bei einem Einsatz von 10 € erhält der Spieler 20 €, wenn bei den drei Würfen genau einmal eine „4" fällt; das sind die Wurffolgen:

(keine 4; 4; 4); (4; keine 4; 4); (4; 4; keine 4)

Jede dieser Kombinationen ist gleich wahrscheinlich und man berechnet als Wahrscheinlichkeit, dass eine dieser Wurffolgen eintritt, als:

$$P(\text{genau eine „4"}) = 3 \cdot \frac{5}{6} \cdot \frac{1}{6} \cdot \frac{1}{6} = \frac{5}{72} \approx 6{,}94\ \%$$

Da die Zufallsgröße X: „Anzahl der ‚4' beim dreimaligen Würfeln" binomialverteilt ist, lässt sich diese Wahrscheinlichkeit auch berechnen als:

$$P(\text{genau eine „4"}) = \binom{3}{1} \cdot \left(\frac{5}{6}\right)^1 \cdot \left(\frac{1}{6}\right)^2 = \frac{5}{72} \approx 6{,}94\ \%$$

2.2 Mit der angegebenen Gleichung wird ein Erwartungswert berechnet, denn der Term auf der linken Seite enthält für alle möglichen Ergebnisse die Summanden der Form „Wahrscheinlichkeit einer Ausprägung mal Ausprägung".

So wird durch den ersten Summanden die Ausprägung „20 € Auszahlung" (die Gewinnzahl wurde also genau einmal gewürfelt) mit der Wahrscheinlichkeit ihres Auftretens, also $\frac{25}{72}$, gewichtet.

Analog steht der zweite Summand für die Ausprägung „30 € Auszahlung", die Gewinnzahl wird also genau zweimal gewürfelt. Die Wahrscheinlichkeit dafür ist $\frac{5}{72}$.

Der dritte Summand steht für die Ausprägung „40 € Auszahlung" beim genau dreimaligen Werfen der Gewinnzahl. Die Wahrscheinlichkeit hierfür beträgt $\frac{1}{216}$.

Die Summe liefert die zu erwartende Auszahlung, wenn man das Spiel einmal spielt.

3.1.1 Das Würfelnetz zeigt zweimal die „4“ und viermal die „2“. Daher ist $P(„4“) = \frac{2}{6} = \frac{1}{3}$.
Die Zufallsgröße X: „Anzahl der ‚4‘ beim 30-maligen Werfen des Würfels“ ist binomialverteilt, weil die folgenden Bedingungen erfüllt sind:
- Es gibt nur zwei mögliche Ergebnisse: Jeder Versuch kann nur mit einem Erfolg (Werfen einer „4“) oder einem Misserfolg (Werfen einer „2“) abgeschlossen werden,
- Die Erfolgs- und die Misserfolgswahrscheinlichkeit bleiben konstant: Die Wahrscheinlichkeiten beim Werfen des Würfels ändern sich nicht.

3.1.2 Beim 30-maligen Würfeln wird die Zahl „4“ häufiger als die Zahl „2“ erzielt, wenn mindestens 16-mal die Zahl „4“ gewürfelt wird. Die Wahrscheinlichkeit für dieses Ereignis berechnet man mithilfe des Taschenrechners:

$$P(X \geq 16) = \sum_{k=16}^{30} \binom{30}{k} \cdot \left(\frac{1}{3}\right)^k \cdot \left(\frac{2}{3}\right)^{30-k} \approx 1{,}88\ \%$$

binomialCDf$\left(16, 30, 30, \frac{1}{3}\right)$
0.01879500123

3.1.3 Der Teilterm $\binom{29}{8} \cdot \left(\frac{1}{3}\right)^8 \cdot \left(\frac{2}{3}\right)^{21}$ beschreibt die Wahrscheinlichkeit, dass bei 29 Würfen genau 8-mal die Zahl „4“ gewürfelt wird.

Der Faktor $\frac{1}{3}$ beschreibt die Wahrscheinlichkeit, dass bei einem weiteren Wurf die Zahl „4“ geworfen wird.

Zusammenfassend beschreibt der Wert des Terms also die Wahrscheinlichkeit, dass bei 30 Würfen genau 9-mal eine „4“ gewürfelt wird, darunter aber eine „4“ bei einem zuvor festgelegten Wurf (z. B. beim letzten Wurf).

3.1.4 Zunächst berechnet man die erwartete Anzahl an Würfen, die die Zahl „4“ liefern. Man erhält:

$$E(X) = 30 \cdot \frac{1}{3} = 10$$

Daraus ergibt sich, dass 20-mal mit einer „2“ zu rechnen ist.

Als Summe der gewürfelten Zahlen erhält man damit:

$$S = 10 \cdot 4 + 20 \cdot 2 = 80$$

3.2.1 Das Spiel ist nach drei Würfen nur dann nicht beendet, wenn die beiden Spieler dreimal hintereinander dieselbe Zahl würfeln.

Die Wahrscheinlichkeit, dass dreimal hintereinander die Zahl „2“ fällt, ist $\left(\frac{2}{3}\right)^3$, die Wahrscheinlichkeit, dass dreimal hintereinander die Zahl „4“ fällt, ist $\left(\frac{1}{3}\right)^3$.

In allen anderen Fällen wurde das Spiel spätestens mit dem dritten Wurf entschieden. Die Wahrscheinlichkeit hierfür beträgt somit:

$$P(\text{Spiel spätestens mit dem dritten Wurf entschieden}) = 1 - \left(\frac{2}{3}\right)^3 - \left(\frac{1}{3}\right)^3$$

3.2.2 Es wird angenommen, dass Spieler A beginnt. Bei den folgenden Spielverläufen verliert Spieler A:

Wurf 1 Spieler A	Wurf 2 Spieler B	Wurf 3 Spieler A	Wurf 4 Spieler B
2	4		
2	2	2	4
4	4	2	

Die gesuchte Wahrscheinlichkeit ermittelt somit man als:

$$P(\text{Spieler A verliert}) = P(2; 4) + P(2; 2; 2; 4) + P(4; 4; 2)$$

$$= \frac{2}{3} \cdot \frac{1}{3} + \left(\frac{2}{3}\right)^3 \cdot \frac{1}{3} + \left(\frac{1}{3}\right)^2 \cdot \frac{2}{3} = \frac{32}{81} \approx 39{,}51\,\%$$

4.1 Da bei 1500 Würfen 735-mal eine „1“ und 285-mal eine „6“ erzielt wurde, muss bei den restlichen 480 Würfen die Zahl „3“ erzielt worden sein.

Als relative Häufigkeit ergibt sich:

$$H = \frac{480}{1500} = 0{,}32$$

4.2 Von 7500 Würfen soll bei höchstens 17 % die Zahl „6“ erzielt werden – das sind maximal 1275 Sechsen.

Bereits durchgeführt wurden 1500 Versuche, bei denen bereits 285-mal die Zahl „6“ erzielt wurde.

Bei den verbleibenden 6000 Würfen darf die Zahl „6“ also höchstens noch 990-mal fallen.

Die Wahrscheinlichkeit hierfür berechnet man mithilfe des Taschenrechners:

$$P(X \le 990) = F\left(6000; \frac{1}{6}; 990\right) \approx 37{,}23\,\%$$

binomialCDf$\left(0, 990, 6000, \frac{1}{6}\right)$
0.3723448527

Hessen – Grundkurs Mathematik
2023 – C2.2: Stochastik (WTR/CAS)

1 In einem Land besuchen 45 % der Siebtklässler ein Gymnasium.

1.1 Es werden 60 Siebtklässler zufällig ausgewählt und befragt, welche Schulform sie besuchen. Die Zufallsgröße X bezeichnet die Anzahl der befragten Siebtklässler, die angeben, ein Gymnasium zu besuchen. Es ist davon auszugehen, dass alle Siebtklässler wahrheitsgemäß antworten.

Begründen Sie, dass X näherungsweise binomialverteilt mit dem Parameter $p = 0{,}45$ ist, und bestimmen Sie die Wahrscheinlichkeiten der folgenden Ereignisse:
A: Genau 29 der befragten Siebtklässler geben an, ein Gymnasium zu besuchen.
B: Die Anzahl der befragten Siebtklässler, die angeben, ein Gymnasium zu besuchen, weicht um höchstens 2 vom Erwartungswert von X ab. **(8 BE)**

1.2 Berechnen Sie, wie viele zufällig ausgewählte Siebtklässler man mindestens befragen muss, damit mit einer Wahrscheinlichkeit von mindestens 99 % mindestens ein Siebtklässler darunter ist, der angibt, ein Gymnasium zu besuchen. **(4 BE)**

1.3 Die Klasse 7b der Gauß-Schule besteht aus 12 Jungen und 15 Mädchen. Für die Vorbereitung eines Themas werden 3 Kinder aus der Klasse zufällig ausgewählt.

1.3.1 Berechnen Sie die Wahrscheinlichkeit dafür, dass genau 2 Mädchen ausgewählt werden. **(3 BE)**

1.3.2 Beschreiben Sie ein Ereignis E, für dessen Wahrscheinlichkeit $P(E) = 1 - \frac{15}{27} \cdot \frac{14}{26} \cdot \frac{13}{25}$ gilt. **(2 BE)**

1.4 Für einen Staffellauf wurden 4 Mädchen und 3 Jungen zufällig ausgewählt. Diese stellen sich hintereinander in einer Reihe auf. Berechnen Sie, wie viele mögliche Anordnungen es gibt, wenn, beginnend mit einem Mädchen, Jungen und Mädchen einander immer abwechseln. Erläutern Sie Ihre Rechnung. **(3 BE)**

2 Von den Lehrkräften eines Landes arbeiten 25 % an einem Gymnasium. 15 % der Lehrkräfte sind weiblich und arbeiten an einem Gymnasium. Insgesamt sind 72 % der Lehrkräfte weiblich.

2.1 Stellen Sie den Sachzusammenhang in einer vollständig ausgefüllten Vierfeldertafel dar. **(3 BE)**

2.2 Ermitteln Sie die Wahrscheinlichkeit dafür, dass eine zufällig ausgewählte Lehrkraft weiblich ist oder an einem Gymnasium arbeitet. **(2 BE)**

2.3 Eine zufällig ausgewählte Lehrkraft ist weiblich. Bestimmen Sie die Wahrscheinlichkeit dafür, dass sie an einem Gymnasium arbeitet. **(2 BE)**

2.4 100 Lehrkräfte werden zufällig ausgewählt.

2.4.1 Bestimmen Sie die Wahrscheinlichkeit dafür, dass unter diesen 100 Lehrkräften die Anzahl derer, die nicht an einem Gymnasium arbeiten, mindestens viermal so groß ist wie die Anzahl derer, die an einem Gymnasium arbeiten. **(3 BE)**

2.4.2 Geben Sie die Bedeutung des Terms $\sum_{k=75}^{100} \binom{100}{k} \cdot 0{,}75^k \cdot 0{,}25^{100-k}$ im Sachzusammenhang an. **(2 BE)**

3 In einem Behälter befinden sich vier weiße und fünf schwarze Kugeln. Dazu wird ein Spiel angeboten. Der Spieler bezahlt zunächst einen Einsatz von 2 Euro; dieser Betrag wird neben dem Behälter ausgelegt. Anschließend muss der Spieler aus dem Behälter zweimal nacheinander eine Kugel zufällig ziehen und wieder zurücklegen. Nach jedem der beiden Züge wird der ausliegende Betrag vom Spielleiter verdoppelt, wenn eine weiße Kugel gezogen wird, und sonst halbiert. Nach dem Spiel erhält der Spieler den dann ausliegenden Betrag.

3.1 Der Term $8 \cdot \left(\frac{4}{9}\right)^2 + 2 \cdot 2 \cdot \frac{4}{9} \cdot \frac{5}{9} + \frac{1}{2} \cdot \left(\frac{5}{9}\right)^2$ gibt den Erwartungswert für den Betrag in Euro an, den der Spieler nach dem Spiel erhält. Geben Sie die Bedeutung des zweiten der drei Summanden im Sachzusammenhang an und erläutern Sie Ihre Angabe. **(3 BE)**

3.2 Die Wahrscheinlichkeit dafür, eine weiße Kugel zu ziehen, wird mit p bezeichnet. Berechnen Sie, wie das Verhältnis der Anzahlen der weißen und schwarzen Kugeln im Behälter gewählt werden müsste, damit Spieler und Spielleiter die gleiche Gewinnerwartung haben. **(5 BE)**

Hinweise und Tipps

Teilaufgabe 1.1

- Welche beiden wesentlichen Eigenschaften haben binomialverteilte Zufallsgrößen?
- Wie berechnet man den Erwartungswert? Welche Werte für X sind im gesuchten Bereich von P(B)?
- Man kann hier die erweiterten Funktionalitäten des WTR bzw. das CAS verwenden.

Teilaufgabe 1.2

- Hier ist eine unbekannte Zahl n gesucht. Zur Berechnung muss man das Gegenereignis betrachten und eine geeignete Gleichung aufstellen.

Teilaufgabe 1.3.1

- Welche Kombinationen sind möglich? Achten Sie auf die Reihenfolge.

Teilaufgabe 1.3.2

- Hier wird ein Gegenereignis betrachtet. Welche Wahrscheinlichkeit wird mit dem zweiten Term berechnet?

Teilaufgabe 1.4

- Da die Reihenfolge festgelegt ist, kann man Mädchen und Jungen getrennt voneinander betrachten und beide „Betrachtungen" im Anschluss kombinieren.

Teilaufgabe 2.1

- Welche Informationen sind im Text enthalten? Welche Regeln gelten für Vierfeldertafeln in den Zeilen bzw. Spalten?

Teilaufgabe 2.2

- Betrachten Sie die Vierfeldertafel. Welche Ereignisse passen hier nicht?

Teilaufgabe 2.3

- Das ist eine Standardaufgabe. Wie berechnet man bedingte Wahrscheinlichkeiten?

Teilaufgabe 2.4.1

- Versuchen Sie, den Text in eine konkrete Anzahl zu übersetzen, die Sie im Anschluss zur Berechnung nutzen können.
- Achtung: Hier steht „mindestens".

Teilaufgabe 2.4.2

- Welche Bedeutung haben die einzelnen Werte, insbesondere p, im Sachzusammenhang?

Teilaufgabe 3.1

- Versuchen Sie, sich das im Text beschriebene Spiel vorzustellen. Was kommt wie oft vor? Was muss zu Beginn bezahlt werden und was bekommt man?

Teilaufgabe 3.2

- Hier wird im Grunde ein neuer Wert für p gesucht. Nutzen Sie den Berechnungsterm aus Teilaufgabe 3.1 in abgeänderter Form und berechnen Sie p.

Lösung

1.1 Es gibt bei allen befragten Siebtklässlern nur zwei mögliche Ergebnisse: Entweder besucht das Kind ein Gymnasium oder eine andere Schulform. Wegen der großen Anzahl der Siebtklässler kann davon ausgegangen werden, dass die Wahrscheinlichkeiten gleichbleiben. Daher ist X näherungsweise binomialverteilt.

Es ergeben sich damit folgende Wahrscheinlichkeiten:

$$P(A) = P(X = 29) = B(60; 0,45; 29) \approx 8,97\ \%$$

```
binomialPDf(29,60,0.45)
                0.08974712276
binomialCDf(25,29,60,0.45)
                 0.4831463266
```

Für Ereignis B muss zunächst der Erwartungswert berechnet werden: $E(X) = n \cdot p = 60 \cdot 0,45 = 27$

$$P(B) = P(25 \le X \le 29) = F(60; 0,45; 29) - F(60; 0,45; 24) \approx 48,31\ \%$$

1.2 Betrachtet wird die Wahrscheinlichkeit, dass mindestens ein Siebtklässler darunter ist, der angibt, ein Gymnasium zu besuchen. Daher muss $X \ge 1$ gelten. Die Gegenwahrscheinlichkeit ist dann die, dass kein Siebtklässler darunter ist, der angibt, ein Gymnasium zu besuchen. Ansatz:

$$P(X \ge 1) = 1 - P(X = 0) \ge 0,99 \quad \text{mit } P(X = 0) = 0,55^n$$

Zunächst wird auf beiden Seiten 1 subtrahiert und dann durch –1 dividiert. Hierbei wird das Relationszeichen umgekehrt:

$$P(X = 0) = 0,55^n \le 0,01$$

Mit dem WTR bzw. dem CAS kann man nun den Logarithmus zur Basis 0,55 ziehen. Auch hier wird das Relationszeichen umgekehrt:

$$n \ge \log_{0,55}(0,01) \approx 7,7$$

```
log0.55(0.01)
                   7.70305314
```

Daraus folgt, dass man mindestens 8 Siebtklässler befragen muss.

1.3.1 Hier betrachtet man ein „Ziehen ohne Zurücklegen“. Betrachtet man beispielsweise das Ereignis JMM, so ergibt sich die Wahrscheinlichkeit:

$$P(JMM) = \frac{12}{27} \cdot \frac{15}{26} \cdot \frac{14}{25} = \frac{28}{195}$$

Da es aber drei verschiedene Anordnungsmöglichkeiten gibt (JMM, MJM, MMJ), muss man die berechnete Wahrscheinlichkeit mit 3 multiplizieren, sodass schließlich gilt:

$$P = 3 \cdot \frac{28}{195} = \frac{28}{65} \approx 43,08\ \%$$

1.3.2 Der zweite Term beschreibt die Wahrscheinlichkeit dafür, dass nur Mädchen ausgewählt werden. Es wird aber das Gegenereignis betrachtet. Daher kann man folgendes Ereignis formulieren:

Unter den drei zufällig ausgewählten Kindern befindet sich mindestens ein Junge.

1.4 Es gibt $4! \cdot 3! = 144$ Möglichkeiten.

Betrachtet man zunächst nur die Mädchen, so gibt es 4! verschiedene Anordnungsmöglichkeiten auf den vier für Mädchen vorgesehenen Positionen in der Reihe. Für die Anordnungen der Jungen gibt es 3! verschiedene Möglichkeiten. Kombiniert man beide, so ergeben sich insgesamt 144 Möglichkeiten der Anordnung.

2.1 G: Die ausgewählte Lehrkraft arbeitet an einem Gymnasium.

W: Die ausgewählte Lehrkraft ist weiblich.

	G	$\overline{G}$	
W	**15 %**	57 %	**72 %**
$\overline{W}$	10 %	18 %	28 %
	25 %	75 %	100 %

Die fett gedruckten Werte ergeben sich direkt aus dem Aufgabentext, die restlichen Werte durch Betrachtung der Summen in den Zeilen bzw. Spalten.

2.2 „Weiblich oder an einem Gymnasium“ ist genau das Gegenteil von „nicht weiblich und nicht an einem Gymnasium“ (18 %). Daher kann man mit der Gegenwahrscheinlichkeit arbeiten:

$$P(W \cup G) = 1 - P(\overline{W} \cap \overline{G}) = 100\ \% - 18\ \% = 82\ \%$$

2.3 Nach dem Satz von Bayes gilt:

$$P_W(G) = \frac{P(W \cap G)}{P(W)} = \frac{15\ \%}{72\ \%} \approx 20{,}83\ \%$$

2.4.1 Hier kann man von einem Bernoulli-Experiment mit $n = 100$ und $p = 0{,}75$ ausgehen. Y sei dann die Anzahl der Lehrkräfte, die nicht an einem Gymnasium arbeiten.

Falls die Anzahl derer, die nicht an einem Gymnasium arbeiten, viermal so groß sein soll, wie die Anzahl derer, die an einem Gymnasium arbeiten, dann muss Y mindestens den Wert 80 annehmen. Daher ist die folgende Wahrscheinlichkeit gesucht:

$$P(Y \geq 80) = 1 - P(Y \leq 79)$$
$$= 1 - F(100; 0{,}75; 79) \approx 14{,}88\ \%$$

```
1-binomialCDf(0,79,100,0.75)
                0.1488310504
```

2.4.2 Der Term gibt die Wahrscheinlichkeit an, dass mindestens 75 der 100 ausgewählten Lehrkräfte nicht an einem Gymnasium arbeiten.

Alternativ: Der Term gibt die Wahrscheinlichkeit an, dass höchstens 25 der 100 ausgewählten Lehrkräfte an einem Gymnasium arbeiten.

3.1 Der zweite Summand betrachtet den Fall, dass eine weiße und eine schwarze Kugel gezogen werden.

Erläuterung: Die Wahrscheinlichkeit, eine weiße Kugel zu ziehen, beträgt $\frac{4}{9}$, die, eine schwarze Kugel zu ziehen, beträgt $\frac{5}{9}$. Es existieren zwei Reihenfolgen (erst weiß, dann schwarz oder erst schwarz, dann weiß); daher der eine Faktor 2. Da der Spielleiter bei weiß den ausliegenden Betrag verdoppelt und bei schwarz halbiert, erhält der Spieler in diesem Fall 2 €. Daher wird erneut mit 2 multipliziert.

3.2 Man kann hier folgende Gleichung aufstellen:

$$8 \cdot p^2 + 2 \cdot 2 \cdot p \cdot (1-p) + \frac{1}{2} \cdot (1-p)^2 = \frac{9}{2}p^2 + 3p + \frac{1}{2}$$

Im Grunde ist der linke Term ähnlich wie in Teilaufgabe 3.1, mit dem Unterschied, dass p ein allgemeiner Wert für die Wahrscheinlichkeit ist, eine weiße Kugel zu ziehen. Demnach beträgt dann die Wahrscheinlichkeit, eine schwarze Kugel zu ziehen, $1-p$. Zusammengefasst ergibt sich dann der rechte Term.

Der Erwartungswert muss 2 betragen, denn dann würde dem Spieler exakt sein Einsatz ausgezahlt werden. Somit hätten Spieler und Spielleiter die gleiche Gewinnerwartung.

Deshalb muss gelten:

$$\frac{9}{2}p^2 + 3p + \frac{1}{2} = 2 \qquad \left| : \tfrac{9}{2} \right.$$

$$p^2 + \frac{6}{9}p + \frac{1}{9} = \frac{4}{9} \qquad \left| - \tfrac{4}{9} \right.$$

$$p^2 + \frac{2}{3}p - \frac{1}{3} = 0$$

Nun kann man mithilfe der p-q-Formel zwei Lösungen für p berechnen:

$$p_1 = -1 \quad \text{und} \quad p_2 = \frac{1}{3}$$

Da der erste Wert im Sachzusammenhang nicht sinnvoll ist, betrachtet man $p_2 = \frac{1}{3}$. Hieraus ergibt sich, dass die Wahrscheinlichkeit für eine schwarze Kugel $\frac{2}{3}$ beträgt, demnach ihr Anteil doppelt so groß wie derjenige der weißen Kugeln sein müsste.